걷기의 유혹

걷기가 이끄는 삶

우 정 지음

JMG

걷기의 유혹 : 걷기가 이끄는 삶

2020년 11월 02일 1판 1쇄 인쇄
2020년 11월 05일 1판 1쇄 발행

지은이 우　정
펴낸이 김 송 희
펴낸곳 도서출판 JMG(자료원, 메세나, 그래그래)

우편 21444
주소 인천광역시 부평구 하정로 19번길 39, B01호(십정동, 성원아트빌)
전화 (032)463-8338(대표)
팩스 (032)463-8339(전용)
홈페이지 www.jmgbooks.kr

출판등록 제2015-000005호(1992. 11. 18)

ISBN 979-11-87715-09-2　03190

이 도서는 한국출판문화산업진흥원의 '2020년 우수출판콘텐츠 제작 지원' 사업 선정작입니다.

걷기의 유혹

걷기가 이끄는 삶

우 정 지음

JMG

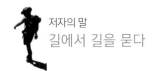

무엇이 나를 먼길로 이끌어가는 것일까? 늙음의 길에서 "왜 이렇게 힘든 길을 걷는가?"라는 촌스러운 질문을 던진다. 그것은 걷기 자체가 나에게는 큰 즐거움이요 의식 무의식적으로 거기에 빠져들기 때문이다.

어쩌면 유익한 중독이다. 인간은 무언가에 중독되기 쉬운 동물이다. 걷는 것이 버릇이 되고 걷는 바보가 된다. 다른 사람들은 술이나 담배, 마약, 게임, 사랑에 중독되지만 나는 걷기중독에 빠진 듯하다. 몸이 지쳐서 만신창이가 되어도 정신만은 맑고 충만해지는 기분, 이것이 걷기의 중독이다. 걷기 마니아들이 그렇다. 문제는 중독은 뭔가 결핍돼 있다는 말과 상통하는데 걷기는 어딘가 채우는 계시가 되고 걷기 자체가 동기부여가 된다. 걷기만 자주 해도 질병에서 벗어날 수 있고 늙음을 막을 수 있다.

우리는 걷기 위해 떠난다. 길 따라 이야기 따라 걷는다. 어디로 더 걸어서 머무를지 모르지만 도시 생활 속에 박제해 두었던 영혼을 깨워 낯설은 길, 숲속으로 들어간다. 많은 사람이 외로워서, 슬퍼서, 인생이 허무해서, 혹은 모험 삼아 몇 날 며칠을 걸어보면 답답한 마음에 희망이 새로운 힘도 솟아난다. 젊은이들은 사랑을 찾아 천리 길도 마다하지 않고 길을 떠난다. 특별히 60~70대 세대는 나를 찾아가는 길이다. 걸으면서 혼자 걷고 묵언(默言) 자세로 걸으면 진실한 의미를 깨닫게 된다. 내가 힘들게 걸어가서 만날 장소는 지친 내 영혼을 받아주는 세상일 것이다. 나는 걸으면서 알 수 없는 미래를 향해 달려갔던 것이다.

나는 은퇴 후 제주에 거처를 정한 후 제주 한라산, 올레길에서부터 주요 명산은 물론 동해 해파랑길(770km), 지리산 둘레길(274km), 강화 나들길(310km), 제주올레길(2회 완주, 800km)을 걸었다. 매일 아침 1~2시간씩 습관적으로 걷는다. 그리고 걷기의 발견은 계속되어 스페인 산티아고 순례길(800km), 프랑스 파리 시내 산책, 시코쿠 순례길(300km)을 걸으며 삶의 의미를 찾고자 했다. 어느 해는 일 년에 2,000km 이상을 걸었다.

이렇게 노년기에 수백 킬로미터씩 걷는 것은 나에게 거대한 도전이었다. 더 늙기 전에 "떠나자. 야생의 숲으로". 나는 목적지를 정해 놓고 걷는 동안 지름길이든 우횟길이든 부지런히 걷고 쉬고 하며 걸었다. 시속 8~9km로 걷는 스피드 워킹이다. 도보 여행자에게는 어디를 가다가 쉬는 곳이 꽃자리다. 걷다가 카페에서 따뜻한 커피 한 잔, 허름한 바에서 칵테일 한 잔은 방랑자의 즐거움이다. 늙었다고 멍청한 화석 인간처럼 살아갈 수는 없었기 때문이다. 늘 느끼는 것이지만 집 밖의 세상은 넓고 아름다웠다. 먼 장거리 도보여행 걷기 자체를 위한 걷기 즐거움을 얻기 위한 걷기, 예방의학적으로 건강에 도움이 되는 걷기. 나 자신을 발견하기 위한 걷기였다.

지금은 바야흐로 걷기의 시대이다. 걷기의 르네상스다. 현대인들이 즐기는 자유로움을 추구하는 보헤미안일까. 방랑자라고 할까. 길에 나서면 많은 사람이 걷고 있는 모습을 볼 수 있다. 못 이룬 최선, 뭔가 잘못 살아온 것 같은, 아니면 패배로 끝나는 내 삶을 짊어지고 먼길, 험한 길, 골목길을 걸어가는 것은 일종의 종교 행위와 같다.

먼길을 걷는 자의 여정은 영적인 싸움 과정이다. 그래서 걷기는 깨달음의 길이다. 나는 넓은 길을 찾기보다는 때 묻지 않은 원시적인 좁은 길, 골목길을 더 좋아한다. 이미 난 길이 아니라 내가 만들어가는 길, 그런 길 위에서 나를 보는 것이다. 걷는 것은 인간다움이요 자기다움이다.

게다가 우리가 걸으면서 만나는 자연은 짜인 각본이 아니다. 삶의 과정은 자연과정이다. 태어나는 것, 늙는 것, 죽는 것, 모두가 자연의 논리다. 자연을 따라 걸으면 마음도 평안해진다. 정신 자본이 축적된다. 그래서 나는 가까운 친구들에게 "어서 걸어 봐. 저 들판 계곡 숲에 숨어 있는 의미를 찾아 느끼며 걸어 봐. 당신의 하루가 아름다울 거야." 하고 말이다.

뿐만 아니라 걷는 자가 길의 주인이 된다. 걷기는 길 위에서 경험하는 삶의 현장이다. 걷기의 재미, 길거리에서도 맛볼 수 있는 미쉐린(Michelin) 음식을 즐길 때 살맛이 난다. 내가 걷는 이 길은 이름이 뭔지도 모르지만 우리 삶의 참된 의미를 간직한 역사이며 종교이며 정신이 아닐까. 산천은 우리의 사상이고 어머니의 자궁이다. 이런 곳을 따라가며 확인하고 느끼는 것이 걷기의 묘미다.

이 책은 걷기를 좋아하는 사람들을 독자로 잡았다. 내가 그동안 걸었던 길을 기억하며 몸의 글로 옮겼다. 걷기의 인문학이라고 할까? 미련할 만큼 걷기에 미쳤다고 할까? 걸을 때 몸은 녹초가 되지만 마음은 분홍빛으로 빛나던 경험을 다시 꺼내서 옮겨 놓은 것이다. 걷기 전도사가 아닌 걷기 바보로서 내가 말하고 싶은 주제는 몸과 정신을 위해서 자주 걸으라는 것이다. 걷는 것이 곧 건강이요 웰빙이 되기 때문이다. 예를 들면 100명 중 99명은 아파서 못 걷는 게 아니라 걷지 않아서 아프다. 그래서 우리는 늘 변해야 한다. 생각은 언젠가 변하겠지만 걷기가 꼭 힘든 것은 아니다. 힘든 길을 안고 걷기를 시작한다면 그것만으로도 가치가 있다. 산 따라 물 따라 걸으면 행복해질 수 있다.

따라서 이 책은 국내의 동해 해파랑길을 비롯해 스페인 산티아고 순례길, 일본의 시코쿠 순례길 등 7개소를 걸은 경험 중에 몇 개 코스만을 선택해 일부만 소개한 것이다. 책 구성은 걷기의 유혹과 매력으로부터 걷기와 철학적 사유, 왜 걷는 인간인가를 살펴보고 이어 내가 힘들게 걸은 걷기의 명품 코스 7개를 소개했다.

마지막으로 현시대의 화두인 AI 시대에 걷기의 미래를 제시했다. 나는 이 책을 통해 "70대 중반에 내가 왜 홀로 먼거리 도보여행을 떠났을까? 기쁘게 걸었을까, 아니면 지루하게 힘든 걷기는 아니었을까?" 하는 걷기의 미학을 발견할 수 있을 것이다. 독자들이여 "더 늙기 전에 꼭 걷고 싶은 길은 어딜까?" 하고 헤아려 보라.

차 례

제 1 장

걷기의 유혹과 매력

1. 걷기의 유혹과 매력

나는 기분 내키는 대로 발길 닿는 대로 걸었다. 우보천리(牛步千里)처럼 느긋하게 일어나 먹고 마시고, "오늘 못 가면 내일로 미루고 아니면 집으로 돌아갔다가 한 달 후 혹은 몇 년 지난 후 걸으면 된다."라는 식이다. 내가 이렇게 걸은 해파랑길, 지리산 둘레길, 산티아고 순례길, 강화나들길을 어떻게 걸을 수 있었을까? 그것에 대한 유일한 질문은 아니지만 중요한 것은 걷기가 나를 지키는 삶의 스타일이라는 점이다.

미국의 문학가 헨리 데이비드 소로우(Henry David Thoreau, 1817~1862)는 걷기 위해 어디 멀리까지 갈 필요는 없다고 했다. 걷는 자체기 삶의 활력이 된다. 그러니 멀리 한눈을 팔며 걸어보자. 섰다 가다 하며 걸어보자. 그때 삶의 방향과 의미가 보일 것이다. 세상에서 필요한 것은 살아 있다는 자존감이 아닌가. 저 들판을 지나가면 누가 있을까. 아무도 모른다. 하지만 걸어가야 한다. 동네 길이라고 해서 쓸모없는 걸음일까. 쓸모없는 걸음 속에 쓸모 있는 걸음은 '나' 찾기가 될 것 같다. 자주 가고 싶은 곳을 걸으면 된다. 걷기의 참뜻은 다른 문화의 끝에서 홀로 느껴보는 경험이다. 그리고 뭔가 발견해 내 삶의 자양분으로 삼는 것이다.

□ 걷기의 매력이 넘쳐나다

세상의 모든 길은 그 누구도 거부하지 않는다. 길에는 임자가 없다. 걷는 사람이 주인이다. 무슨 돈을 주고 걷는 길도 아니다. 부지런히 걸으면 원하는 곳, 좋은 곳에 닿을 수 있다. 그리고 길에는 모든 게 있다. 이미지가 있고 역사가 있고 문화가 있고 기쁨이 있다. 그래서 홀로 걸어도 좋다. 걸으면서 어제와 다른 새로움을 찾는 게 걷기의 즐거움이요 매력이다.

걷는 것은 즐기는 것이다. 나에게는 '걷기의 삼락(三樂)'이 있다. 목적지까지 가는 것이 주요한 것이 아니라 걸으면서 즐기는 방식이다. 그것은 첫째, 남이 보지 못하는 숨겨진 풍광을 내 눈으로 보고 즐기는 일이다. 두 번째는 마음의 눈으로 보며 깊이 만물을 사유하는 것이다. 생각을 정리하며 걸을 때 지적 근육이 붙고 동기부여의 기회가 된다. 세 번째는 미지의 사람을 만나는 일이다. 걸으면서 미지의 장소에서 다양한 사람을 만나며 즐겁게 걸을 수 있다. 이런 삶이 곧 나 자신이 성장할 수 있는 기회가 되는 것이다.

나는 걷는 바보이다. 걸으며 노는 사람이다. 젊어서는 목표까지 쫓기듯이 달려갔지만 이제는 걸어가야 할 곳은 많고 나 자신을 찾는 길이니 천천히 즐기며 걷는 것이다. 나의 걷기 철학은 별것이 없다. 다만 심혈 관계, 근육 유지, 스트레스 해소 등에 도움이 되기 때문이다. 걸을 때 가벼운 몸이 되고 아름답게 되는 것은 물론이다. 정신적 치유 자유의 조건도 역시 걷기다. 그리고 나 자신을 찾아 나서는 것이다. 걸으면서 어제와 다른 새로움을 찾는 게 걷기의 즐거움이요 매력이다. 그러면 걷는다는 것이 무슨 의미가 있는가. 걷기가 당신의 일상생활에 미치는 영향은 무엇인가?

인생은 걷기의 삶이다

인류는 지난 350만 년 전부터, 즉 수렵 채취시대부터 걷기를 했다. 걷기는 생명의 바탕이 되었다. 걷기는 신이 인간에게 준 가장 큰 축복이 아닐 수 없다. 걷기는 인생 무대 자체이다. 걷기는 또한 마지막에 대지로 돌아가려는 출발이다. 걷기는 유효기간이 없다. 두 발로 걸으면 된다. 그래서 걷기는 인류의 미래다. 걷다 보면 공존의 철학도 느낀다. 아름다운 길을 걷는다는 것은 희망의 꿈을 안고 살아가는 것이 아닐까 싶다.

걷기는 하나의 철학이다

걸을 때 자주 떠 올리는 질문이지만 나는 누구인가? 늙음의 길에서 무엇을 해야 하는가? 내 삶의 의미는 뭔가? 이런 질문은 나만이 아니라 옛 선지자 철학자들의 질문이다. 걸을 때, 눈을 감을 때 더 선명해지는 내 삶의 무게를 느끼게 된다. 내가 걷기를 계속하는 것은 현실에서 도피하는 것이 아니라 현실에서 더 가까이 가려는 것이다. 어디로 더 걸어서 머무를지, 걸으면서 자연히 뭔가 덜어내는 기회가 되기 때문이다. 걷기는 빼기 중심의 삶이다. 힘들지만 먼길을 떠나는 것은 내가 걷는 길 너머의 무엇을 보는 것이다. 그 무엇은 상상력이다. 걷기를 끝내니 감동 같은 것이 짝 밀려온다. 그게 뭐랄까? 그것은 아마도 종교가 아닐까? 이성으로 알아차리기 어렵고 새로운 의미를 찾아내는 능력, 세상에 공감할 수 있는 의미를 찾아보는 것이 걷는 자의 철학이다.

걷지 않으면 생각하는 일도 없다

생각이 바뀌는 걷기의 즐거움, 당신이 생각하는 모든 것이 길 위에 있다. 그러니 걸어보자. 걷지 않으면 아무것도 할 수 없다. 먼길은 세속의 삶을 씻어 버리기에 좋은 곳이다. 잡생각을 버리고 새로운 사고로 채우는 곳이다. 우리 눈에 보이지 않던 것도 보인다. 그것은 눈이 아니라 머리가 아니다. 마음의 눈으로 봐야만 알 수 있다. 그럴 때 생각의 깊이가 더해진다. 뇌과학자들에 의하면 사람의 뇌는 죽을 때까지 많이 사용해 봐야 7~15%라고 한다. 85~93%는 써보지도 못하고 죽는다는 것이다. 걷지 않으면 사람들이 둔해지고 뇌도 자연스럽게 돌아가지 않는다. 길은 우리에게 인생을 어떻게 살 것인가를 알려주는 공간이다.

걷기와 고독은 늘 같이 있다

혼자 걸으면 고독할 때가 더 많다. 소울메이트와 같이 걸으면 좋으련만 동행자 없이 걸을 때 외로움은 더 커질 수 있다. 고독하니 걸으면서 묵언에 빠진다고 할까. 주위에서 보면 실제로 혼자서 걷는 사람이 많다. 둘레길이나 장거리 도보여행을 하다 보면 고독을 즐기며 홀로 걷는 사람들을 많이 만나는데 3명 중에 한 사람은 혼자 걷는다. 이유인즉 혼자 걸을 때 자유로움과 혼자만의 시간 소유, 잠자리, 식사 등의 자유로운 자기 결정 등을 꼽는다. 니체, 소로우, 루소 모두가 혼자 걸으며 자유를 느꼈다. 그들은 깊은 사유에 빠지며 글을 썼다. 혼자 걸어도 자신과의 대화, 자연과의 만남 때문에 결코 혼자가 아니었다.

걷기는 동행이다

걷기는 때때로 낯선 사람들과 동행하게 된다. 걷는 사람들이 누군지 모른다. 경력, 가족 관계, 자존감, 어떤 집에 사는지 눈에 보이지 않는다. 서로의 지식 지혜를 말하고 문화를 교환하며 놀라운 삶을 공유하며 걷는 것이다. 온갖 어려운 일을 당해도 동행 속에 협력 공감을 유지하며 놀라운 동행자가 된다. 또 함께 가면 멀리 갈 수 있다. 그래서 동행 협력은 세계로 이어진다. 걷다가 길동무를 만나 세상 이야기를 나누다 보면 삶의 목소리를 들을 수 있다. 우리가 혼자 여행하거나 걷는 혼행(혼자 여행)으로 떠나 왔지만 막상 현지에서는 동행자를 만날 기회가 많아진다. 걷기를 같이 하는 사람은 겸손하고 소박하며 때로는 시크(chic) 해서 좋다.

걷기는 치유수단이다

어쩌면 하나님은 당신의 건강을 위해 두 다리를 준 것인지 모르겠다. 걷기는 밖에서 안을 살찌게 하는 것이다. 걷기의 본질은 기(氣)를 살리는 것이다. 로버트 루이스 스티븐슨(Stevenson, 1850~1894)은《보물섬》에서 "위대한 바깥"이 치유해 준다고 했다. 그렇다면 건강하게 기분 좋게 하루에 30분 만이라도 걸으며 산책을 즐기는 일이다. 그것이 삶의 교양수업이요 건강 유지의 비결이다. 걸으면 다리 근육도 좋아지지만 지적 근육도 좋아진다. 건강을 찾는 즐거움이다. 기쁨 호르몬(도파민)도 넘칠 것이다. 몸은 거짓말을 하지 않는다. 걷기에서 오는 건강은 자기 자신을 우아하게 완숙하게 해준다. 걸을 때 우리 몸을 이루는 200여 개의 뼈와 600개 이상의 근육이 일제히 움직이면서 모든 세포를 깨우기 때문이다. 건강의 척도는 걷는 시간 길이에 비례한다는 사실이다.

걷기는 놀이다

놀이로서의 걷기는 마음을 이완시키고 행복감을 느끼는 자기초월감으로 인도한다. 열정적으로 걸으면 일상의 신분을 잃어버리게 된다. 미국 교육자이자 철학자인 존 핀레이(John Finlay, 1863~1940)는 걸기광(步行狂)으로 불린다. 그는 뉴욕 맨해튼 전체 섬을 매년 한 번씩 걸으며 자신의 학문체계와 건강을 챙겼다. 그는 "내가 혼자 하는 놀이는 매일 걸으면서 그 거리만큼 지구상의 어딘가를 걷는 놀이."라고 했다. 걷기에 몰입하면 자연히 성과를 높일 수 있다. 인간은 탐험 같은 길을 걸어볼 때 더 나은 사람이 된다. 그런 점에서 걷기는 당신을 보다 건강하게 창조적일 뿐만 아니라 당신의 고민을 해결하는 아이디어가 솟아나게 할 것이다.

걷기를 통한 쉼, 안식을 얻는다

쉼의 인문학이 있듯이 걷기는 힘든 길이지만 '안식'을 전제로 한다. 안식이란 편히 쉰다는 의미가 담겨 있다. 혹자는 "힘들게 걷는데 무슨 안식?"이냐고 투덜거릴 것이다. 그러나 걸을 때 몸은 피곤할지 모르지만 마음은 휴식시간이다. 먼길 위에서 혹은 산속에 안겨보라. 거기서 '편안함'을 느낄 것이다. 이런 것이 쉼이다. 말을 바꿔서 우리가 느끼는 피로는 만성피로에 가까운 육체적인 것보다 뇌가 지쳐 있기 때문이다. 따라서 걷기는 단순히 건강 유지가 아니라 더 건강한 몸을 만들고 더 깊은 명상, 사유하기 위해서다. 걷는 사람의 대부분이 육체적, 정신적 스트레스를 벗어나기 위해 걷는다는 전문가들의 연구보고서가 있다.

흔히 누구나 위기지학(爲己之學)을 말한다. 누구든지 자기가 좋아하는 것이 있다. 나의 경우는 노년기에 들어와서 '걷기공부'가 나의

'위기지학'이다. 그래서 나는 걷는 바보인지 모른다. 속상해서 나온 길이라도 그것을 풀어놓고 걷는 바보, 목적지가 어디인지도 모르고 걷는 바보, 험한 길을 마다하고 걸어가는 바보, 그래서 나는 걷기 바보다. 누구도 걸어본 적이 없는 길 아무도 가지 않은 길을 찾아가는 것, 이것이 걷기의 즐거움이다. 걷는 바보들이 서로 토닥이며 위로하며 멀고도 먼 험한 길을 걸을 수 있는 것이다. 그들이야말로 위기지학을 즐기는 마니아들이다.

어쨌든 인생은 물 흐르듯 지나가는 것이다. 데이비드 소로스는 인생은 야생으로 이루어져 있다고 했다. 그런 야생의 들과 산을 그냥 힘을 빼고 걸으면 된다. 걸을 때는 춤을 추듯 바람에 맡기고 무의 감정으로 걸어갈 때 삶의 시간은 채워지는 법이다. 걸으면서 자연풍광을 보게 되지만 결국 나를 보게 된다. 걷기는 감정을 느끼는 것이지만 많은 경험을 하는 순간이다. 내가 어디로 가고 있는지 내 삶이 괜찮은지를 알아보게 된다. 그리고 걷는다는 것은 몸에 좋은 보약을 복용하는 것과 같다.

□ 걷기와 철학적 사유

걷기는 가장 인간적인 행동이다. 걷기 역시 인간의 본능이다. 프랑스 소설가 올리비에 블레이즈(Olivier Bleys)가 쓴 책 《내가 걸어서 여행하는 이유》(2017)에서는 먼 거리를 걸으면 본능이 되살아난다고 했다. 마주치는 것마다 입체감이 느껴진다는 것이다. 다시 말해 건강하게 오래 살아가려는 욕망, 영생을 얻으려는 욕망과 맞닿아 있는 것이다. 빌딩 숲에서 울고 있는 것이 아니라 밖으로 나가서 걸으면 건강은 물론 상상지능이 높아질 것이라는 기대감도 작용한다. 그런 점에서 걷기는 인간에게 활력을 넣어주는 촉진제다. 걷기는 길 위에서 자기 능력껏 걸어가는 능동적인 존재로 만들어 준다. 걷기를 통해 인간 됨을 배워가는 것이다.

인류 지성에 영향을 크게 미친 소크라테스, 플라톤, 아리스토텔레스, 칸트, 니체, 루소, 다윈, 찰스 디킨스, 스티브 잡스 등은 왜 그렇게 힘든 길을 걸었을까. 그들은 자주 걸으면서 인류사회를 관통하는 정의, 사회계약, 인간 의지, 국민주권, 자유와 평등, 사랑 등 근대사회 근본이념을 만들어 낸 사람들이다. 이들은 걷기와 사유, 명상을 거듭하면서 자신들의 사상 신념체계를 확립했다. 철학자, 문학예술가들에게 있어서 걷기는 자연과 세상을 바로 보는 관점이 달라지는 순간들이었다. 그래서 걷기의 예찬은 끝이 없는 듯하다.

우선 소크라테스는 자신의 삶 가운데 최고의 약은 바로 걷는 것이라고 했다. 소크라테스는 한자리에 가만히 앉아 있지 않고 늘 아고라(광장)를 서성거리며 사람들을 만나 대화를 했다. 플라톤의 제자 아리스토텔레스 역시 허약했지만 회랑을 돌며 제자들을 가르쳤다는 점에서 '산책자'라는 별명을 얻었다. 흔히 아리스토텔레스학파를 소요학파라고 했는데 여기서 '소요'는 그리스어로 '산책하다'는 뜻의 동사 페리파테오(peripateo)에서 왔다. 아리스토텔레스의 소요철학자는 걸어 다니면서 생각하기를 즐겼고 사색을 통해 삶과 인간, 자연, 우주의 의미를 찾고자 했다.(Edith Hall, 2018)

　시사적이지만 니체, 칸트, 루소가 위대해진 것은 7할이 걷기였다. 그들은 걷기에 철학을 입힌, 철학이 깃든 걷기를 통해 위대한 삶의 지혜를 터득한 사람들이다. 육체적 정신적 고통을 치유하기 위해 좋은 자연을 찾아다닌 방랑자들이다. 수많은 사상가들과 문학가들은 걷는 동안이 사유와 명상의 시간이었고, 걷기를 반복적으로 하며 정신적 육체적 건강을 유지하려고 했다. 한마디로 '걷기에 기반한 삶(life based walking)'이다.

　이런 반복의 걷기로 생겨난 '철학자의 길'도 있다. 예를 들어 내가 도보여행을 하면서 걸어본 길이지만 독일의 고성 도시 하이델베르크에 있는 '철학자의 길(philsophenweg)'이 그것이다. 하이델베르크 대학교를 중심으로 활약하던 철학자들로서 헤겔, 괴테, 하이데거, 야스퍼스 등이 시간 나는 대로 거닐며 사색하던 길이라는 데서 붙여진 이름이다. 또 일본 교토(京都)의 은각사와 연결된 곳에도 '철학자의 길(哲學の道)'이 마련돼 있다. 일본 근대철학의 대가인 니시다기타로(西田幾多郎)가 자주 걷던 정원 같이 느껴지는 산책길이다. 그들의 숨결이 느껴지는 표지석들이 있지만 산책을 위해 정원같이 꾸며진 산책길이 미학적 고려대상이 되면서 철학자들의 길이 만들어진 것이다. 또 다른 비슷한 예로 뉴욕 맨해튼 섬에는 교육자 존 핀레이가 자주 걸었던 길을 '핀레이 워크(John Finley Walk)'로 조성해 많은 사람들이 걷도록 했다.

이러한 길들은 고독과 영광의 혼이 담겨 있다. 길을 가는 자는 외로울 수밖에 없는 존재다. 그러나 달콤한 맛도 느끼는 법이다. 많은 사람들이 외롭게 고행의 걷기를 하지 않는가. 걷기가 힘들지만 욕망과 일탈, 낮은 자세로 변화되는 신체의 행위다. 많이 걸으면 괴롭고 고통스럽지만 고통의 치유를 얻는다. 장기도보여행 혹은 높은 산을 오르는 것은 자신의 의지와 자유를 깨닫는 순간들이다. 이름을 날린 천재들은 대부분 산책자가 아니던가? 그것은 걷기를 통해서 자신과의 싸움에서 이기고 나 자신이 깨지기 위해서다. 종종 예술가나 시인들은 가장 한가하게 보일 때 가장 일에 몰두하는 시간이라는 말이 있다. 걷기는 자연주의, 사실주의 같은 것에다가 환상, 상상력을 넣는 것이 사유이고 걷기의 효과다. 자연이 모든 걸 가르쳐 주기 때문이다. 내 생명이 어디인지를 알게 해주는 것이다. 우리가 느낄 줄 알 때만이 가르쳐 준다. 내면의 공허함은 아름다운 풍광 사색

니체

으로 가득 채워야 한다.

니체(1844~1900)는 자신의 건강에 나쁜 영향을 미친다는 곳을 피해서 자기 생리와 어울리는 곳을 찾아서 걸었다. 니체는 좋은 자연과 나쁜 자연으로 나눠서 좀 더 좋은 자연 속으로 들어가려고 했다. 니체는 자기 스스로 자신의 병을 치료하고 건강한 삶을 유지하려 했다. 그는 병으

로 인해 자신의 거주지를 선택하며 유럽지역을 돌아다녔다. 자신의 마을(Sils-Maria)을 중심으로 하루 8시간까지 아니면 생모리츠 엥가딘(Engadine)의 고산들을 자주 걸으며 자연과 자신의 원소를 발견했다고 했다. 그래서 니체는 말했다. "걷는 동안 참 좋은 생각을 한다. 혹은 걷는 것만으로도 위대한 생각을 할 수 있다."라고 말이다.(우상의 황혼) 그리고 니체는 발로 글을 쓴다고 했다. "발로 쓴다. 나는 손으로 쓰는 것이 아니라 발로 항상 글을 쓰는 사람이기를 원한다. 내 발은 확고하고 자유롭고 용감하게 들판을 달린다."라고 했을 정도다. 육체적 고통을 조금이라도 덜어줄 수 있는 신선한 공기와 온화한 기후의 좋은 자연을 찾아다니며 방랑자가 되었다.(Solnit, 2001)

프랑스 사상가 장자크 루소(Rousseau, 1712~1778)는 몽상하는 고독한 산책자로 알려져 있다. 그는 자신의 고백록으로 《고독한 산책자의 몽상》(Reveries of a Solitary Walker, 1782)을 썼다. 루소는 '첫째 산책'에서 산책의 의미 목적을 제시했다. '둘째 산책'에서 산책이 주는 즐거움을 말한다. '셋째 산책'에서 도덕과 종교에 대한 명상으로 죽음에 대한 생각이다. 그는 《인간의 불평등 기원론》을 쓰면서 매일 아침 생제르맹이나 불로뉴 숲을 찾았다. 그는 걷고 일하고 뭔가를 발견한다. 고독하고 규칙적이고 일상적인 걷기에서 숲 소리, 겨울 햇

장자크 루소

살, 짐승의 소리들을 들을 수 있다는데 행복감을 느꼈다. 루소에게 최초의 걷기는 행복하고 빛나며 중요한 긴 여행이었던 것이다. 그는 돈도 없었지만 원래 걷는 걸 좋아하기도 해서 안시에서 토리노까지, 졸로투론에서 파리까지, 그리고 파리에서 리옹까지, 마지막으로 리옹에서 샹베리까지 엄청나게 먼 거리를 걸었다.(Gros, 2015) 이렇게 루소는 하루 종일 걸으면서 문화와 교육 예술에 의해 왜곡되지 않는 자연, 즉 루소는 진짜 여행을 하려면 걸어서 해야 한다고 했다.

칸트

또한 칸트(1724~1804)에 있어서도 걷기 습관은 좋은 실천적 경험이었다. 철학 없는 걷기는 헛된 일이고 걷기 없는 철학은 공허하다고 여겼다. 걷기와 명상을 통해서 육신의 쾌락을 통제하며 우울증을 치유했다. 그는 늘 건강이 좋지 않았기에 매일 걸었다. 여름에는 땀이 많이 난다면서 천천히 주로 정원에서 걸었다. 그는 지나칠 정도로 자기 생활에 엄격해서 일정 시간에 일어나서 커피 마시기, 글쓰기, 강의하기, 식사하기 그리고 오후 3시경부터는 걷기를 즐겼다. 무척이나 단조로운 생활이었다. 오늘날에도 그가 걸었던 길을 '칸트길(Kant's Path)'로 정해서 그를 기리고 있다.

괴테(1749~1832)는 체코와 독일 국경에 있는 리조트타운 테플리체(Teplice)를 걸으며 작품 구상을 했다. 괴테는 사색하는 삶을 살았다. 걸으면서 자연의 즐거움을 발견하고 기뻐하면서 가장 높은 산 Kickelhan에서는 '방랑자의 밤'(여행자의 밤 노래)을 썼고 이어 80세까지 끊임없이 걸으면서 '파우스트'를 썼다. 그는 걷기를 찬양하면서 "걸어서 갔던 데만이 진짜 갔던 곳이다(Only where you were walking you have really been)"라고 외쳤다.

유명한 에세이 '월든(Walden)'의 저자인 미국의 문학가 데이비드 소로우(Henry David Thoreau, 1817~1862)는 "걷지 않는 다리는 여위고 만다. 반면 숲을 걷는 영혼은 풍성해진다. 무작정 걷노라면 자연이 올바른 길을 가르쳐 준다."라고 했다. 월든 호숫가에서 손수 오두막집을 집고 살았던 소로우는 황야의 야

괴테

성이 인류 번영의 필수요소라며 "숲과 황야에서 인류를 지탱하는 자양분이 나온다." 하며 "이른 아침 산책은 그날 하루의 축복"이라고 했다.

악성으로 불리는 베토벤(Beethoven, 1770~1827)은 22세 나이에 비엔나로 거처를 옮기면서 비엔나 주변의 숲길을 습관적으로 매일 걸었

베토벤

다. 그에게 걷기는 '일상의 의식(daily rituals)'이고 휴식시간이었다. 특히 그는 점심 식사 후에 숲길을 홀로 걸으면서 음악적인 영감을 얻었다. 걷다가 그는 "숲은 사랑스럽고 어둡고 길다."라며 감탄했다. 그가 남긴 유명한 교향곡들은 자연을 즐기고 숲길을 걸으면서 건져낸 결과물이다. 그중에서도 교향곡 6번인 '전원교향곡(Pastoral Symphony)'은 자연의 소리를 담은 것이다.

영국의 소설가 찰스 디킨스(Charles Dickens, 1812~1870)는 걷기 중독자였다. 엄청나게 걸은 사람으로 알려져 있는데 그는 런던에 살면서 로체스터와 켄트의 시골길을 밤낮으로 걸으며 수많은 작품을 남겼다. 밤에는 하룻밤 사이에도 런던의 어두운 거리를 25km나 걸을 정도였다. 그는 어디에 갈 목표를 세우고 걸은 것이 아니라 산책하는 식으로 걷기(vagabond)를 즐겼다. 그는 자연 풍광을 보기보다는 그 뒤의 숨어 있는 '의미'를 이해하고자 했다. 그래서 그가 말하기를 "나는 도시여행자이자 시골 여행자이며 항상 길 위에 있다."라고 할 정도로 걷기를 즐겼다.

애플의 창업자 스티브 잡스(Steve Jobs, 1955~2011) 역시 걷기를 즐겼다.

그는 매일 사무실이 있는 팔로 알토(Palo Alto) 지역을 걸었다. 청바지에 검은색 목 폴라를 입고 걸으면서 묵상하고 문제 해결의 아이디어를 찾았다. 잡스뿐만 아니라 역사상 이름을 남긴 창조적 천재들은 거의가 다 하루에 3~4시간씩 걸으며 삶의 의미를 찾고 문학예술 창작에 힘썼다. 더 좋은 생각, 더 좋은 아이디어, 더 좋은 관계를 유지함으로써 건강을 유지할 수 있었다.

스티브 잡스

현대인들은 걷지만 이야기가 있는 길, 이야기가 만들어지는 걷기, 즐거운 나눔이 있는 걷기를 원한다. 걷기를 하면서 사회적 신분 등의 이야기보다는 서로 걷기가 필요한 이유, 어디로 걷는가, 어떻게 걷는가, 하루에 몇 시간 걷는가 등을 주제로 이야기를 나눈다. 그러면서 걷기를 통해 '나다움'을 찾는 것, 곧 '자기다움'을 세워가고 있다. 이런 식으로 생각하니 걷기는 전 생애 과정의 보약이 아닐 수 없다. 실제로 걷기는 삶의 과정에서 '마법의 약'이 된다.

걷기의 효과는 매우 크다. 미국 스탠퍼드대학교 심리학 교수인 마릴 오페초와 다니엘 슈워츠(Marily Oppezzo/Daniel Schwartz, 2014)의 연구 결과에 따르면 사람들은 앉아 있을 때보다 걸어 다닐 때 81% 이상의 창조적인 활동을 할 수 있다고 했다. 사람들이 하루 평균 10시간 이상 책상에 앉아서 TV를 보거나 컴퓨터 앞에서 일한다고 할 때 심장병 당뇨병 등 수많은 암으로 이어질 수 있다고 했다. 세계를 바꾸고 나를 바꾸는 원초적 힘은 가장 힘든 길을 걸을 때 나온다. 미국의 여성환경전문가 플로렌스 윌리엄스(Florence William, 2017)는 자연의 힘이 더 행복하게 더 건강하게 창의적으로 만든다고 하면서 우리 삶에 어떤 영향을 미치는지에 대해 과학적으로 증명했다. 생태치료가 스트레스와 혈압을 낮추고 정신 건강을 치유하는데 강력한 효과가 있다는 것이다.

  이상에서 보듯이 모든 사람들에게 있어서 걷기는 사유와 명상의 시간이었다. 특히 창조적인 천재, 철학자들은 걸으면서 영원성, 영혼의 문제, 존재의 신비, 고독, 시간과 공간의 의미 등에 관심을 가졌다. 물론 걷기는 자유이지만 고독한 길이다. 걷는 데서 자유를 느끼지만 동시에 인간은 자유가 주는 고독감, 외로움, 소외감을 피할 수 없다. 일상에서 사람들이 갖는 정체성, 자율성, 내가 선택한 삶 등 생존 조건이 보장된 것 같지만 또 다른 한편으로는 따뜻한 사랑, 어떤 소속감(직장, 가정, 그룹)이 그리워지기도 한다.

제 2 장

왜 걷기인가?

2. 왜 걷기인가?

－ 호모비아토르(걷는 인간)

　우리가 삶의 중심을 잃고 방황할 때는 걷기가 효과적이다. 걷기는 인간의 가장 기본적인 신체 활동으로써 몸의 건강과 마음의 평온을 가져오는 치유의 길이 되기 때문이다. 모두가 인정하는 것이지만 걷기는 자기 삶의 방향을 성찰하는 기회가 된다. 힘들어 목적지까지 못 가더라도 걷기의 적응을 통해 자기 삶의 스타일을 바꿀 수 있다. 걷는다는 것, 그것은 변화가 일어나는 움직임이다. 걷기는 사회적 활동이다. "사회활동으로서의 걷기다(walking and social practices)". 걸으면 많은 사람을 만날 수 있고 타인의 삶을 들을 수도 있으며 다양한 정보도 접할 수 있다. 그곳에서 다양한 삶의 모습들을 발견하고 자신을 찾아보는 기회가 된다. 길은 어디론가 연결돼 있고 연결되는 곳마다 그곳 주민들의 생활 터전이 마련돼 있다. 또 걷는 중에 누군가에게 말을 걸면 동반자를 얻게 된다. 잠깐 만남일지라도 소통의 공간은 열려 있게 마련이다.

□ 정적인 삶에서 동적인 삶으로

걷기를 단순히 생물학적으로 제한된 범위에서 볼 것이 아니다. 삶의 치유의 걷기가 강조된다. 생리적인 건강 욕구와 사회심리적 불만족은 항상 같이 있다. 사회심리적인 불만족은 사회관계/인간관계의 모순에서 나온다. 이것은 심리학의 중요 문제다. 특히 걷기에 대한 사회심리학적 과제는 현대인들이 걷기를 통해서 자신들의 욕구 불안 건강을 어떻게 변화시키고 발전시켜나가는가를 살펴보는 일이다. '걷기가 어떻게 삶의 생산적인 힘이 되고 치유되는가?' 하는 문제 말이다. 예를 들어 삶의 고통, 고민, 기쁨, 열정들이 어떻게 창조적 힘으로 나타나고 새로운 습관으로 자리 잡아가는 가이다. 결국 걷기는 정적(static)인 삶에서 동적(dynamic)인 삶으로 변해가는 첫걸음이다. 걷는 것은 생존에 필수적인 동작이요 진화심리학(evolutionary psychology)의 주제이기도 하다. 생물학적 걷기에서 심리적 요소로서의 역할을 인정하지 않을 수 없다. 다시 말해 걷기란 주제는 사회문화 정치, 지리 등 영역에 머물지 않는 무한대이다. 걷기는 종교, 철학, 자연경관, 도시정책, 해부학, 그리고 심장박동과 긴밀한 관련을 갖는다(Solnit, 2001)

우리가 걸으면서 느끼는 것이지만 한 걸음 한 걸음 걷기의 경험이 하나의 깊은 생각, 사유(思惟)의 기회가 된다. 걷기와 생각하기는 밀접하게 연결돼 있기 때문이다. 빠르게 생각하기보다는 '느리게 생각하기(slow thinking)'가 가능해진다. 칸트, 루소, 니체, 워즈워스, 키에르케고르 등 유명한 작가와 사상가들은 걷고 또 걸으며 산책하는 것을 찬양하고 있다. 크리스토프 라무르(Lamoure, 2007)는 '걷기의 철학'에서 철학자들이 걸으면서 어떻게 사유했는지를 잘 보여주고 있다.

누구나 열정적으로 혹은 어슬렁거리며 걷는다. 이미 누군가가 걸은 길을 간다. 길이 없으면 새로 내서 걷는 것이 인간이다. 지도에 길이 없으면 걸으면서 길을 내고 지도에 올려놓는 것이다. 이런 길을 걸을 때 사물을 보는 개방성, 그리고 내 안의 세상을 넘어선 호기심과 확장성을 경험하게 된다. 걷는 동안 영혼이 자유로워짐을 느낀다. 인간의 고유한 욕구인 자유와 행복은 끊임없는 걷기와 관련돼 있다는 얘기다. 걷기 경험이 우리들 삶의 이야기가 된다.

사람에 따라 걷기가 힘들 수 있지만 산책은 간단하다. 간단한 등산복에 신발만 제대로 갖추면 어디든지 갈 수 있다는 뜻이다. 그러면 걷기로서의 경험에서 무엇을 얻고 느끼는가? 도보여행, 걷기는 삶의 좋은 경험이 된다는 점에서 몇 가지 효용성을 찾아보자. 그것은 ▲ 내가 누구이고 어디로 가는가? 하는 성찰의 기회가 된다. ▲ 도보여행은 자기 집 근처에서 보지 못했던 수많은 사물을 대하게 되어 새로운 생각을 하게 된다. ▲ 다양한 각도에서 사물을 보고 경험하게 된다. ▲ 만나는 사람들과 대화하면서 타인의 삶을 이해할 수 있다.

그런 점에서 우리 삶에서 대체할 수 없는 효용성이 다름 아닌 걷기다. 걷기는 선택이 아니라 우리 삶에서 꼭 걸어야 하는 필수적 행동이다. 걷기는 발끝부터 머리끝까지 움직이게 하는 전신 운동이니 그렇다. 걷기는 생명의 에너지 표현이고 삶을 자발적으로, 그리고 나약함과 무력함에서 벗어나려는 심리적 요인이 작용한다. 인간은 걷기를 통해 성장하지만 걷지 못하는 사람은 삶의 생기를 잃게 됨은 물론이다. 살아가면서 상처 없는 무르팍이 어디 있고 상심 없는 가슴이 어디 있겠는가? 문제는 걷지 못할 때 '행동력'을 잃게 된다는 사실이다. 몸이 불편해서 걷고 싶어도 걷지 못하는 사람들이 얼마나 많은가. 치명적인 질병으로 인해 병원에 누워있는 사람들을 보라. 내가 지난해 대학병원에서 암 치료를 받을 때 수시로 병원 복도를 걸으며 항암치료를 견뎌냈다. 그때 70대 중반의 할머니는 나에게 "어찌 어려운 항암치료를 받으며 어떻게 걷느냐? 자기 남편은 1년이 넘도록 침대를 벗어나지 못하는데 남편이 침대에서 나와 한 발자국이라도 걸어봤으면 소원이 없겠다."라며 눈물을 흘렸다.

따라서 누구든지 일상의 탈출과 함께 행복해지고 싶어서 걷는다. 인간은 각자의 신체활동 능력에 의해서 걷기 정도를 결정할 수 있는 합리적인 존재다. 때로는 혼자 깊은 생각에 젖어 먼길을 갈 수 있다. 그것은 나 자신만의 고유의 순간이다. 사찰의 외벽에 벽화로 그려진 '심우도(尋牛圖)'처럼 내 삶의 의미를 깨닫고자 하는 발걸음이다. 자연과 하나가 되는 치유함을 받는 적극적인 추진력으로서의 걷기는 심리적 생리적 상호작용의 영역으로 이어지게 마련이다.

□ 걷는 인간 : 호모비아토르

인간은 걷는 존재로서 호모비아토르(homo viator, 걷는 인간)이다. 라틴어인 '호모비아토르'는 프랑스 철학자 마르셀(Gabriel Marcel, 1889-1973)이 쓴 '호모비아토르'(2010)에서 처음 사용된 단어로 "떠도는 인간" 혹은 "삶의 의미를 찾아 떠나는 여행자"이다. 인간의 속성이 끊임없이 옮겨 다닌다는 말에서 나온 말이다. 인간이 본질적으로 길을 가는 존재라는 점을 강조하는 말이기도 하다. 당신이 걷는다는 것은 당신의 삶을 위한 것으로 무슨 이념 계급 귀족이나 천민 하는 모든 사회적 요소들에 연연하지 않고 걷는 것이다. 나그네와 같은 삶을 살아가는 모습을 말한다. 예를 들어 한 자리에 가만히 서 있어보라. 꼼짝 않고 누구를 기다리지만 이내 발을 구르고 서성거릴 것이다. 잠시 서 있기만 해도 곧 불안정해진 상태에서 균형을 잡기 위해 움직이는 것이다.

결국 내가 앞으로 나아가야 하는 것, 이것이 걷기다. 걷는다는 것은 땅기는 땅의 힘을 체험하는 것이다. 걷는다는 것은 곧 서서 죽으라는 권유다(Gros, 2015). 쉬운 예로 빠른 속도로 지나가는 자동차를 바라보라. "저 차를 타고 10분 정도 가면 목적지에 도달할 텐데……"

인간은 걷는 존재로서 호모비아토르이다.

하고 아쉬워한다. 이런 유혹을 멀리하고 산새 한 마리의 울음소리를 들으며 걷는 것이다. 사람은 늘 어디를 향해 걷는 사회적 동물이다. 걷는데 1시간 혹은 2시간 걸려도 상관없다. 이때 목적지는 중요하지 않다. 중요한 것은 오직 우리가 어느 길을 걷는가이다. 느리고 빠른 게 중요한 것이 아니다. 걷기는 몇 킬로미터를 걷느냐가 아니라 얼마나 자연을 느끼고 자기 삶을 돌아보며 공감하느냐의 문제다.

물론 심한 매연을 내 뿜으며 달리는 자동차 길도 있고, 조용하고 편안한 도보 길도 있다. 높은 산길도 있고 평탄한 오솔길 숲길도 있다. 내가 걸은 산티아고 순례길도 그랬다. 걷기는 고생길이 될 수 있고 가시밭길이 될 수 있다. 혹은 갑자기 쓰러질 수도 있다. 내 생명은

한 치 앞의 미래를 장담할 수 없다. 어느 봉우리에 내 발길이 닿을지 아니면 여기에 주저앉을지 모를 일이다. 내가 걷다가 중단한 일본 시코쿠 순례길은 내 나이를 봐서 영원히 갈 수 없는 길로 여겨진다. 아니면 영원히 갈 수 없을지 모른다. 다시 말해 산에서의 미래는 오지 않을 수 있다. 그러나 걷기는 육체 정신적 건강, 힐링 차원에서 효과가 크다. 장거리 도보여행은 건강과 열정의 문제다.

한마디로 걷기는 현대인들에게는 소중한 삶의 양식이고 치유이고 본능적 욕구이기도 하다. 걷기는 인간 성장 과정의 근본적인 조건이다. 우리 주위에서 자주 볼 수 있는 지체 장애인들을 보라. 지팡이에 의지해 걸어가는 꼬부랑 할머니의 뒷모습이 슬프고 아프지 않은가? 한 발자국도 걷지 못하는 앉은뱅이일지라도 잠재적인 걷기를 원하게 마련이다.

사람은 시공간 속에서 부재와 실존에 얽혀 살아간다. 부재와 결핍, 지위와 역할을 통해 자신의 정체성을 갖게 되고 실존을 통해 현재의 삶을 확인하게 된다. 그러나 그 실존은 주어진 삶의 환경에 따라 늘 흔들리게 마련이다. 그럴 때 어떤 사람들은 고난의 길을 찾아나선다. 걷기가 모든 사람들에게 동일한 경험은 아니겠지만 자신의 운명대로 걷는 것이다. 세상살이에 몸도 약해지고 정신도 흐려질 때 주어진 운명을 안고 걸어가는 모습을 도처에서 찾아볼 수 있다.

이와 관련해 특정한 몇 사람의 걷기 모습을 살펴보자.

우선 영국의 낭만파 시인 윌리엄 워즈워스(William Wordsworth, 1770~1850)는 자연 속을 걸어가는 걷기에 대해 개척자이자 자기감정을 잘 조절하면서 걸은 시인이었다. 그는 흔히 '걷기의 신'으로 불린다. 21세 때 이미 3만 2,000km를 걸었으며 50년 동안 정원을 산책하며 시를 썼다. 걷기를 자연과 시, 가난과 방랑이라는 자신의 삶으로 연결시켰던 사람이다.

비슷한 이야기로 실크로드 1만 2,000km를 혼자 걸었던 프랑스의 베르나르 올리비아(Bernard Ollivier)가 있다. 그는 출발 전에 자식에게 유서를 남기고 여행을 떠났던 사람이다. 올리비에는 62세인 1999년부터 2002년까지 세계 최초로 터키 이스탄불에서 중국 시안까지 3년간 1만2,000km 거리, 1800만 보를 걸었다. 그가 힘든 길을 걸었던 이유는 '새로운 삶'을 찾기 위해서였다(베르나르 올리비에, 2014).

또 도보여행기 『와일드(Wild)』의 저자 셰릴 스트레이드(Cheryl Strayed, 2013)는 26세에 홀로 퍼시픽크레스트 트레일(PCT) 도보여행을 떠났다. 미국 서부를 종단하는 4,285km에 달하는 길로써 아홉 개의 산맥과 사막 황무지로 이어지는 극한의 땅이다. 이 길을 걷는데 평균 152일 걸리는 도보여행 코스다. 그녀는 빈곤에다 부모의 이혼, 아버지의 폭행, 어머니의 죽음, 흩어진 가족들, 이런 고통 속에서 걷기를 시작했다. 쓰러져 가는 인생을 다시 세우는 치유의 모습을 보여준다. 모든 행동이 그러하듯이 "하든지, 안 하든지" 둘 중에 하나다. 무모할 정도로 걸은 사람이다.

영국 육군대위 출신 에드 스타포드(Ed Stafford)는 2008년 4월부터 2010년 8월까지 860일간 남아메리카 아마존강 4,072km를 혼자 횡단하는 세계 최초의 사람이 되었다. 긴 도보여행에서 '불가능성'을 달성한 사람으로 기아에 시달렸고 모기에 물리거나 아마존 지역의 부족들로부터 살해 위협을 받기도 했다. 그야말로 길 위의 로빈손 크루즈(Robinson Crusoe)였다.

그밖에 수많은 사람들이 이름난 순례길을 떠난다. 그 길이 산티아고 순례길이 아닐까 싶다. 산티아고 순례길 걷기는 '마지막 행복한 걷기'로 받아들여진다. 순례길 코스가 몇 개 있지만 남프랑스 생장피드포르에서 산티아고데콤포스텔라까지 800km의 거리가 대표적이다. 혼자만의 비밀을 품고 고독한 걷기를 즐기는 유랑자, 폭우와 허름한 숙소, 불면의 밤, 고통의 여행코스다. 연간 20만 명이 넘는 사람들이 신비롭고 아름다운 산티아고 순례길을 걷는다. 목적지는 영적 권능이 펼쳐지는 지리적 공간으로 여겨진다. 길이 사람을 위로한다고 할까. 순례길을 간다는 것은 육체의 행동을 통해서 영혼의 욕망과 믿음을 얻고자 함이다(뤼팽, 2015).

□ 걷기의 르네상스시대인가?

길들은 어디론가 연결돼 있다. 걷기는 공간을 가로질러 시간을 넘나들며 점(點)을 이어가고 점이 이어져서 선(線)이 되고 길이 된다. 걷기는 도로, 골목, 무역로를 만들었고 지구적 의미의 장소들을 만들었으며, 그 장소들은 다시 수많은 길로 연결되었다. 길(道)이란 우리 표현에서 도로, 통로, 거리, 가로, 마을길 등으로 불리고, 영어 표

걷기는 자연, 사유, 즐기기, 내려놓기를 할 때 건강과 행복감을 느끼게 된다.

현으로는 street, way, path, road, route, track 등으로, 그리고 걷는 사람과 관련해서는 방랑자(vagabonds) 산책자(불어, promeneur), 도보여행자(walk tourists)들로 호칭되고 이들이 걸을 때는 길의 주인이 된다.

그런데 현시대는 버튼 하나로 우리 모두를 연결하는, 사람과 사람이 연결되는 통신체계, 마음과 마음이 만나는 호모커넥투스(Homo connectus) 시대다. 더욱이 우리는 손에서 스마트 폰을 놓지 못하는 현실, 인터넷 중독, 디지털 과잉시대에서 살고 있다. 문제는 풍요 속에 고독을 느끼는 사람들, 분노, 소외, 불안 속에 피곤하게 살아가는 사람들이 많다는 사실이다. 자기 삶이 억제되거나 위축되어 생기를 잃고 살아가는 사람들이다. 현대인들은 감성 없이, 생각 없이 그럭저럭 살아가는 것이 하나의 이상처럼 여겨질 정도다.

또한 걷기는 경제위축, 사회갈등, 빈부 차이, 정치인 기업인들의 부패, 사회적 고립감과 무관치 않다. 일탈적 도피성 걷기도 마다하지 않는다. 걷는 사람들이 개인의 고립감과 무력감, 끝없는 경쟁의 사회경제적 조건들을 벗어나려는 일종의 도피성 걷기도 한다. 특히 한국인의 걷기는 특유의 한(恨)을 풀어가는 수행이다. 모양새가 어떠하든 산책자 혹은 도보여행 인구는 계속 늘어나고 있다. 앞으로 주 4일 30시간대 근무 시대가 오게 되면 더 늘어날 전망이다. 몸의 건강을 유지하는 데는 좋은 음식과 공기(산소)가 필요하듯이 마음을 가라앉히고 정신을 맑게 하는 데는 걷기와 명상이 삶의 자양분이 된다. 걷는 것은 욕망과 일탈 내려놓음의 무한 운동이 아닐 수 없다.

이런 사회 분위기 속에서 사람들은 뭔가 위로받기를 원한다. 힐링 로드를 찾아 나선다. 어떤 이는 멋진 방랑자로, 얼치기 같은 뜨내기로, 건달 혹은 부랑자처럼 길을 걸어간다. 알 수 없는 수많은 꽃이 피어 있는 길, 채소밭, 벼가 익어가는 들판을 걷는다. 걸으면서 아름다운 멋진 생각에 빠지기도 한다. 걷는 중에 많은 생각, 아이디어가 나도 모르는 사이에 머릿속으로 들어온다.

그러나 마음 내키는 대로 발길 닿는 대로 걸어보지 않으면 소용이 없다. 수많은 길이 있지만 내가 선택하여 걸을 때만 내가 가는 길이다. 내가 그 길을 갈 수 없으면 그 길은 나에게 아무런 의미가 없다. 걷기는 자연, 사유, 즐기기, 내려놓기를 할 때 건강과 행복감을 느끼게 된다. 답답한 울타리 안에서 벗어나 자연 속으로 들어가 그 곳에서 따뜻하면서도 강렬한 뭔가를 느껴보는 일이다.

예측하건대 4차산업혁명의 특징인 빠른 변화속도, 정체성의 변화, 인공지능(AI)의 발달이 눈부시지만 걷기의 시대가 온다. 걷기는 시대 정신이다. 4차산업혁명은 우리들의 정서지능, 영감능력, 신체 지능의 발전이 더욱 필요하다는 측면에서 배낭을 메고 어디든 걸어라. 그것이 걷기의 본질이다. 어떤 걷기 예찬론자는 "걷는다, 생각한다, 고로 존재한다."라고 했다. 유대계 음류시인(吟遊詩人)이며 노벨문학상을 받은 밥 딜런의 노래 '바람만이 아는 대답'(Blowin' in the Wind) 에서는 삶의 답답함을 이렇게 노래했다.

"사람들은 얼마나 많은 길을 걸어야 진정한 인생을 알게 될까요. 흰 비둘기는 얼마나 먼 바다를 날아야 모래사장에서 편히 쉴 수 있을까요? 바람만이 그 답을 알고 있지요."

현대는 걷기시대(age of walk)이다. "오! 위대한 걷기 시대여". 이제 걷기는 대중적으로 치유, 건강프로젝트로 각광 받고 있다. 많은 사람들이 산악회, 걷기 동호회, 오름 동호회, 올레길 동호회 등에 가입해 걷고 있다. 또 많은 지방자치단체들이 지리적 특성을 위해 고유의 길을 만들고 있다. 전국에 걷기용 둘레길 도보 코스만 1,665개, 길이는 1만7,072km에 이른다고 한다. 생태관광자원과 역사적 문화적 유적 등을 찾아다니는 인문학적 걷기 프로그램들도 경쟁적으로 개발되고 있다.

이와 같은 걷기 열풍은 자신의 삶을 개선해가는 방법으로 자리 잡아가고 있다. 인터넷 'SNS 아고라'에서는 사적인 걷기 체험의 글이 넘쳐난다. 걷기는 현시대 또 하나의 '상품'이 되었다. 밀레니얼 시대의 소비성향은 부동산, 명품보다는 여행, 외식, 경험 소비에 집중되고 있는 것과 관련돼 있지 않은가. 걷기 역시 문화 생태적 측면에서 육체 정신적 건강, 힐링 차원에서 효과가 큰 상품으로 받아들여진다.

끝으로 우리 삶의 질을 개선하는 데 무엇이 필요한가? 그 대답은 간단하다. 어느 곳에서나 항상 걸어보자. 앉아 있는 사람이 아니라 걷는 사람이 돼라. 특히 살아가면서 느끼는 상한 감정의 치유, 즉 '감정응급처치법'이 필요할 때는 한적한 길을 찾아서 걸어라. 우리의 소원을 이루기 위해서는 최소한 걷기를 중단하지 말아야 한다. 우리는 현관을 나설 때 눈도 귀도 열리고 새로운 감성도 깨어나기 마련이다. 걷기의 결과는 마지막 지점에 도달하기 전까지는 분명하지 않지만 걷기를 시작하기 전에 가졌던 생각, 신체적 건강은 언제나 실천의 결과를 통해서만 확인된다는 사실이다.

스퍼

제 3 장

산티아고 길 걷기가 주는 거대한 기쁨

3. 스페인 산티아고 길 걷기가 주는 거대한 기쁨
- 800km, 165만 보의 순례자의 길

모든 것이 불확실했다. 내가 걷기로 선택한 산티아고 순례길을 찾아간다는 것은 미지의 탐험처럼 여겨졌다. 의무도 없고 구속도 없고 타협할 필요도 없는 일상의 삶으로 걸어보려는 것이었지만 모든 것이 생소했다. 언젠가는 꼭 가보고 싶은 곳, 행복한 걷기를 상상하며 늘 마음속에 자리 잡고 있던 산티아고 순례길이라는 이상적인 장소였을 뿐이다. 그러나 오랜 고민 끝에 "삶이란 미지의 밖을 떠도는 여정이 아닐까?" 싶은 마음에서 산티아고 순례길을 향해 집을 나섰다.

삼라만상이 깨어나는 계절인 2017년 5월 9일부터 6월 17일까지의 여정이었다. 나는 스페인의 봄날을 만끽하며 걸었다. 걷기는 답답한 나로부터 자유로운 나로 옮겨가는 행위라고 생각했다. 특히 '프랑스에서 가는 길(El Camino France's)'을 택해 '스페인 카미노 길(El Camino de Santiago)'을 홀로 걸으면서 나를 보고 사람을 만나고 자연을 만나는 것도 유익하리라 믿었다. 그리고 걸으면서 그간 잃어버렸던 시간을 되찾아 보는 계기로 삼고자 했다. 사실 걷기는 단순히 몸이 물리적으로 이동하는 것만이 아니라 정신적인 요소도 함께 포함해 움직이는 것이기 때문이다. 나로부터 멀리 있는 다른 세상을 발견하고 그것을 느끼는 일이니 더욱 값진 여행이 아닐 수 없었다.

뜬금없이 산티아고 순례길을 걸어보겠다는 생각은 작년 말 동해안의 해파랑길 770km를 완주하고 나서부터다. 동해안 해파랑길 걷기를 마치고 돌아오는 버스 안에서 "이제 어디를 걷지?" 하고 생각하니 뭔가 허전했다. 다음에 걸을 곳이 마땅치 않았기 때문이다. 그러나 이때 즉흥적으로 번개 같은 생각이 스쳐 갔다. "그래 밖으로 나가자. 산티아고 순례자의 길을 가보자."라고. 집에 돌아오자마자 내친김에 가족들에게 산티아고 순례길을 걷고 싶다고 했다. 식구들은 물론 친구들도 걱정스러운 눈치다. 건강을 과신하지 말고 국내에서 더 걸어보라는 것이었다. 나 역시 산티아고 길 800km를 걸어갈 수 있을지 확신할 수 없었다.

그러나 최종결정은 나 자신에게 있다. 쉽게 굽힐 수가 없었다. 산티아고 순례길은 도보 여행사들의 마지막 꿈이 아니던가. 나는 여기도 아니고 저기도 아닌 어디론가 걷는 나그네 삶이 아닌가. 참을 수 없는 고통을 감수하면서 만나는 "낯선 세계는 얼마나 경이로

산타아고 순례길 개념도(프랑스 생장에서 스페인 산티아고 드 콤포스텔라까지 780km에 이르는 순례길 주요 통과 지점.)

운가?" 하고 생각하니 가슴이 두근거렸다. 미국 애팔래치아 산길 3,360km를 걸으며 우정과 대자연을 찬미한 빌 브라이슨(Bil Bryson)은 '나를 부르는 숲'이 있어 걷는다고 했다. 당연한 말이지만 걷는 것 자체가 존재이고 우리 삶이다. 다닐로 자넹(Danilo Zanin, 2017)은 "나는 걷는다. 고로 존재한다."라고 했다. 이것은 인간의 또 다른 본성이 아닐까.

그래서 그럴까. 걷기가 나에게 자꾸 말을 걸어왔다. "그래, 그것이다. 훌쩍 떠나자. 이제 떠나지 않으면 기회는 더이상 없다."라고. 이미 내 나이 70대 중반을 바라보고 있는데 지금 못 떠나면 남은 인생이 허전할 것 아닌가. 내 삶을 스마트체인지(smart change) 해볼 수 있는 기회가 항상 있는 것도 아니다. 결국 행동하고 사유하는 힘이 나

필자는 자유, 낭만, 힐링을 얻기 위해 미지의 자연 속으로 들어가 한없이 걸어보는 심정으로 산티아고 순례길을 걸었다.

에게 있음을 느끼고 그것을 실행하며 경험해 보는 일이었다. 그것은 "힘들지만 결국 만족으로 다가오지 않을까?" 하는 기대를 안고 걷기에 나섰던 것이다. 자유, 낭만, 힐링을 얻기 위해 미지의 자연 속으로 들어가 보는 것이다. 그리고 나는 마음속으로 다짐했다.

"꼿꼿하게 걸으리라. 도착하는 날에는 아름다운 장미꽃을 보리라."

익숙한 것으로부터 벗어나기란 여간 어려운 것이 아니다. 여행을 떠나기 전에 나는 많이 생각 했다. "죽기 전에 산티아고 순례길을 여행할 수 있는 사람은 복이 있다."라고. 살아 있는 인간이 한 발자국씩 옮기는 즐거움이 곧 삶이요 행복이다. 걷기는 마음의 실천이요 자기 치유적인 의미도 있다. 그런 점에서 나의 노년기는 "걷기와 함께 하는 인생"이라고 할 수 있다. 하루도 빠지지 않고 걸어보면 천년의 즐거움이 있으리라. 무엇보다 나는 "누워서 죽는 것보다 서서 죽는 게 복이다."라는 소신을 갖고 있다. 그런 연유로 나에게 많은 장애가 있었지만 '평생 한 번'이라는 기회를 생각하니 먼길을 떠나지 않을 수 없었다. 내 생애에 딱 한 번 고난의 순례길 걷기는 그렇게 시작되었다.

□ 780km, 165만 보 걸음을 시작하다

원래 여행길은 고생길이지만 설레임 속에 여행 준비물을 챙기면서 시작된다. 나 역시 장거리 도보여행 계획을 세우면서 차근차근 목록을 적어 나가면서 챙겼다. 처음에는 "뭐 특별한 것이 있겠나?" 하면서도 담대한 도전의 길, 산티아고 길은 머리로만 갈 수 없는 곳이 아니라는 생각이 들면서 배낭, 침낭, 등산화 등에 신경을 쓰면서 준비했다. 동시에 이미 여행한 사람들의 여행기를 대충 참고하기도 하고 산티아고 순례길 설명회에도 나가 들어보는가 하면, 산티아고 순례길을 먼저 다녀온 친구들을 만나 경험담도 들어봤다.

사실 뭔가 계획하고 준비하는 것은 살아 있다는 증거요 즐거운 일이다. 어떤 소원은 아득히 먼 곳에 대한 깊은 마음이다. 우리 집 거실에는 아내가 나에게 그려준 배 그림 한 폭이 걸려 있다. 배가 바다 갯벌에 걸려 있지만 밀물이 들어오면 희망의 닻을 올리고 먼바다로 떠날 수 있는 기다림의 그림이다. 형편없는 삶일지라도 어떤 기회가 오면 다시 일어나 항해할 수 있다는 이미지를 담고 있다. 나는 그 그림에서 늙었어도 자주 도전을 받는다. 배처럼 어디론가 떠나고 싶은 것이다. "인생은 끊임없이 진화한다."라고 하지 않았던가. 누구나 작은 꿈일지라도 그것을 이루는 것이 진정으로 원하는 삶이 아닐까 싶어서 하는 말이다.

막상 프랑스 국경 생장(SJPP)에 이르니 출발하는 사람, 출발 준비를 하는 사람이 북적인다. 낯선 인사도 처음으로 받는다. 부엔 카미노!(좋은 길 되세요) 이때 "나는 지금 가장 긴 방랑을 시작한다."라는 기쁨과 두려움이 교차했다. 낯설은 독특한 환경, 그리고 만나는 사람들과 "같이 걸어야 하는데" 하며 그들과 간단한 인사를 나누었다. 이때 동행한 김 선생이 "순례자 사무실로 가야 해요." 하며 앞장섰다. 대망의 순례길을 걸으려면 우선 '크레덴시알(Credencial)'이라는 '순례자의 여권(Pilgrim's Passport)'을 받아야 하기 때문이다. 사람들이 빠른 걸음으로 어떤 골목길을 향해 달려가는 것도 같은 이유다. 나도 뒤질세라 빨리 따라갔다. 순례자 여권은 걷는 사람의 특권이 주어지는 증명서의 일종이다. 순례자 여권을 가져야만 알베르게에서 묵을 수 있고 레스토랑 혹은 카페에서 제공하는 순례자 메뉴를 즐길 수 있다.

미로와 같은 골목길을 지나 어렵게 도착한 순례자 사무실.

　미로와 같은 골목길을 지나 어렵게 순례자 사무실에 도착했다. 60~70세대로 보이는 안내원들이 반갑게 대해 주었다. 잘 늙어가는 천진한 어린애 같은 모습의 자원봉사자들이다. 주위를 보니 많은 사람들이 배낭을 내려놓고 즐거운 대화를 나누고 있다. 편하게 웃으며 내일을 고대하고 있는 듯하다. 차례를 기다리던 나도 사무실에 놓여 있는 기부함에 5유로를 넣고 순례자 여권을 받으니 진짜 순례자가 된 듯하다. 사실 스페인으로 들어가는 피레네 산을 넘기 전 프랑스 생장(SJPP) 순례자 사무실에서 순례자용 전용여권을 받으면서 시작되는 것이다.

　순례자 여권을 받자마자 많은 사람들이 숙소인 공용 알베르게로 향했다. 그렇지만 우리는 서울서 미리 예약해 놓은 '피에르 앤 바

프랑스 생장(SJPP) 순례자 사무실에서 순례자용 전용여권을 받기 위해 대기 중인 필자.

캉스 르 파크'로 발길을 돌렸다. 늦은 탓인지 집 주인은 없고 방 열
쇠가 어디 있다는 메모를 남겨 놓았을 뿐이었다. 어이가 없었지만
어렵게 열쇠를 찾아 지정된 방에 들어가 배낭을 내려놓으니 근심은
어느덧 사라지고 이성없이 행동하며 지껄이고 싶어졌다. 늙었지만
14세의 소년처럼 이 세상을 알 듯 말 듯, 좋고 나쁜 것 상관없는 낙
천적인 영원한 아이로 살고 싶은 심정이다. 랠프 월도 에머슨(Ralph
Waldo Emerson, 1803~1882)이 말하는 것처럼 "얼마 동안을 살았든지 상관
없이 여전히 어린 아이로 남아 있다."라고 한 말이 생각났다. 네덜란

드 인문학자 에라스무스(Erasmus)가 "인생은 무지 안에서만 편안한 것이다."라고 하지 않았던가? 수많은 잡념 속에 떨리는 마음으로 내일을 위해 잠을 청했다. 그러나 밤은 잠깐이었다. 잠버릇대로 선잠을 잔 모양이다. 꿈을 찾는 밤이었으니 그랬나 보다. 그래서 그런지 걷기도 전에 피곤이 몰려 왔다.

하룻밤을 지낸 곳 생장(SJPP)은 스페인과의 프랑스 국경도시로서 피레네산맥 밑에 있는 아주 작은 항구 도시다. 어슬렁거리고 싶은 아담한 항구다. 소도시의 풍경은 낯설지 않았다. 다른 농촌과 비슷하게 멀리 초원이 보인다. 게다가 고풍스러운 중세의 건축물, 프랑스 특유의 캐주얼 카페 등이 발길을 잡는다. 골목길 역시 중세 유럽의 감성을 품은 올드타운이다. 나는 이곳 생장에서 하루 정도 더 쉬면서 루소의 '고독한 산책자의 몽상'처럼 걷기의 치유 의미를 깨닫고 싶었다. 하지만 모든 것을 집어삼키는 '시간의 신' 사투르누스(Saturus, 그리스의 크로노스)는 나에게 이를 허락하지 않았다. 환상적인 생각에서 빠져나와 현실로 돌아가야만 했다. 길 위에서 역사를 만들어가는 내 삶의 순간은 쉬지 않고 계속 다가오고 있었다.

□ 만물을 잉태한 피레네산맥에 빠지다
-나폴레옹과 롤랑의 숨결이 서린 길

잠자리에서 일어나니 아침 날씨는 싸늘했고 큰 구름이 하늘을 덮고 있었다. 간단히 우유와 빵으로 식사를 마친 후 근처 알베르게 81호 집으로 올라갔다. 피레네산맥(해발 1,450m)을 넘어야 하는 부담 때문에 그곳에서 배낭을 다음 숙박지인 론세스바예스(Roncesvalles)로 탁송하기 위해서다. 배낭을 탁송(요금 5유로)하면서 걱정은 좀 되었지만 가벼운 몸으로 다른 순례객들의 뒤를 따라 걷기 시작했다. 동행한 김도영 선생은 "마침내 출발! 오전 7시" 하고 외쳤다. 시작하는 첫날이라 마음이 설레는가 보다. 걷기를 시작하면서 나는 "왜 무엇을 위해 이곳 먼 곳까지 왔나?" 하고 다시 돌아본다. 내 마음을 알아차린 듯 저 멀리 구름 속의 피레네산맥 정경이 한 폭의 수채화처럼 다가왔다. 본능적으로 숲속에 표시된 노란색 화살표를 따라 걸었다. 거대한 드라마가 시작된 것이다.

5월 11일 대장정의 순례길 걷기 첫날은 카미노를 시작하는 생장에서 피레네산맥을 넘어가는 약 25km의 거리다. 끔찍한 구간으로 카미노 첫 숙소인 론세스바예스까지 가야 한다. 생장에서 출발하는 데는 두 개의 루트가 있는데 첫번째는 로마시대부터 있었던 '나폴레옹 루트(Ruta de Napoleon)'다. 보르도-아스트로카로 이어지는 '황제의 길(Puetro de Ciza)'이라 불린다. 또 하나는 '발까를로스 길(Rute de Valcarlos)'로서 이바네타(Ibaneta)로 이어지는 현대적인 길이다. 물론 나는 순례객들이 많이 선택하는 첫 번째 나폴레옹 길을 택해 걷기 시작했다.

포르투갈 정복을 위해 나폴레옹 군대가 이용했다는 나폴레옹 코스는 쉽게 걸을 수 있는 완만한 지형이다. 프랑스 아리에주와 스

산티아고 순례길에서 만나게 되는 순례길 안내 이정목.

페인(에스파냐) 국경에 있는 피레네(Pyrenees)산맥은 고산지대로써 유네
스코가 지정한 청정지역이다. 생장에서 론세스바예스를 거처 나바
라(Navarra)로 들어가는 코스에 있는 피레네산맥은 산티아고 순례길
중에 첫 번째 만나는 어려운 코스 중에 하나다.

아뿔사! 얼마 걷지 않아서 야릇한 황홀경에 빠지는 듯한데 시작
부터 완만한 경사로 이어졌다. 낯선 지형이지만 많은 사람들이 경쟁
하듯이 내 달린다. 2시간 정도 걸었을까. 카미노 왼쪽의 산골 마을
온토(Hunto)를 지나 오솔길을 걸어가니 순례자들이 쉬거나 잠잘 수

생장에서 론세스바예스를 거쳐 나바라로 들어가는 코스에 있는 피레네산맥은 산티아고 순례길 중에 첫 번째 만나는 어려운 코스 중에 하나다.

있는 사설 오리손 알베르게(Albergue Orison)가 나왔다. 일부 사람들은 여기서 일박하고 떠났지만 나는 잠시 목을 적시며 숨을 고른 후 좁은 산길을 따라 계속 걸었다. "응, 예상했던 대로군". 불행이라고 할까. 길에서 만난 김미아 학생은 뒤에서 힘들게 따라온다. 점차 힘들어진다. 오리손 봉에 이르니 지형이 높아지면서 비가 섞인 바람, 돌풍이 얼굴을 때린다. 세찬 바람 때문에 몸이 휘청거렸다. 변화무쌍한 날씨 탓에 사람들이 힘들게 걷는다. 그러나 나는 터벅터벅 한 걸음씩 발을 떼면서 열기를 돋을 수밖에 없다. 이때 시야가 확 트이면서 아기를 가슴에 품은 비얀코리 성모상이 보인다. 순례자들을 축복하는 듯하다. 나는 속으로 기도를 드렸다.

"하나님! 내 다리를 춤추게 하소서."

해발 고도가 높다고 하지만 우리나라 지형과 달리 완만하다. 소위 '깔딱 고개' 같은 급경사가 없는 완만한 구릉지대를 이루고 있다. 산 계곡 초원에 소와 양떼들이 아무 일 없는 듯 한가롭게 비와 바람을 맞고 있다. 목축지대로 여기저기서 소똥 말똥 냄새가 코를 자극한다. 그러나 아직 해발 1,450m의 레푀데르(Col de Lepoeder) 정상까지 더 가야 한다. 산을 오르다 보니 사람들의 발걸음이 무거워지는 모양이다. 점점 무릎의 통증이 심해지면서 몸이 지쳐가는 사람들도 보인다.

"깊고 험한 길을 걷는 자여
 그대 발톱이 빠져 고통이 올지라도
 걷지 못해 누우면 죽는다는 것을"

어떤 이는 비바람 속에 우비를 걸친 채 웅크리고 쉬고 있다. 비바람 속을 걷던 김세화(63세) 님은 위경련을 일으켜 앰뷸런스를 불러 병원으로 갈까 하다가 다른 사람의 도움으로 간신히 회복해 걸었다. 인천광역시 강화에서 왔다는 70대의 한대용 님은 왼쪽 다리에 마비가 와서 절망적이었다고 했다. 걷는 사람들 모두가 비슷하지만 궂은 날씨와 피로, 통증, 지루함을 견뎌야 했다. 나는 외국인들 속에

섞여 쉬지 않고 걸었다. 이때 오아시스 같은 푸드 트럭이 나타났다. 산 정상 부근에서 영업을 하는 푸드 트럭은 훌륭한 쉼터였다. 여기서 따뜻한 초코 우유와 과일, 달걀로 허기를 채우는 것은 뜻밖의 행운이다. 나 역시 한기를 느끼던 참에 초코 우유와 바나나로 굳어가는 몸을 녹일 수 있었다.

벤따르띠아(Bentartea) 언덕이 가까워질수록 큰 구름이 앞을 가린다. 정상에 오르거나 내려가면서 안개 속에 신비함은 더 아름다운 경관을 연출한다. 소의 등짝과 같은 지형이어서 그런지 기분이 좋은 길이다. 저 멀리 마을, 농장, 목축지, 산악도로 등으로 이루어져 한눈에 유럽의 전체 분위기를 짐작할 수 있다. 시각적 욕망이 커지는 탓인지 오랜 세월을 이겨낸 고목들이 이끼를 품고 있는 모습이 싱그럽다. 참으로 알 수 없는 천태만상의 피조물이 사는 자연이다. 내가 2000년 10월 백두산에 처음 올랐던 경외감 같은 감정이 느껴졌다. 백두산에서 느낀 경외감은 무덤까지 가져갈 추억으로 아직 남아 있다.

힘들게 레푀데르(Col de Lepoeder) 산 정상 가까이 왔다. 잠시 뒤를 돌아보니 사람들이 3~4명씩 무리를 지어 올라오고 있다. 모두가 흥분된 모습이다. 벅찬 가슴으로 "와, 이제 다 왔다."라는 함성이 여기저기서 들려온다. 드디어 산 정상에 오르는 순간의 외침이다. 너나 할 것 없이 가슴을 열어 심호흡을 하며 피레네산맥의 웅장함에 넋을 잃는다. 땀 흘리는 얼굴에 미소가 흘렀다. 피레네산맥 정상에서 내려다보는 풍광은 자연의 숭고함을 볼 수 있는 '최고의 뷰'가 아닐까 싶었다. "끈기를 이기는 것은 세상에 없다."라는 말이 있듯이 낯선 길이지만 끈기로 올라와 무한의 기쁨을 느끼는 사람들이다. 나또한 산속에 몸을 내맡긴다. 잠시 쉬는 동안 1807년 스페인을 징벌하기 위해 이 길을 넘어가던 나폴레옹 군대의 말발굽 소리도 들리는 듯하다. 순례객들은 흥분을 가라앉히고 서로 인사를 나눈다.

'올라'(Hola, 안녕)
'부엔 카미노'(Buen Camino, 좋은 길 되세요)

여기서 마냥 나뒹굴 수는 없는 노릇, 이제 반대 방향으로 내려간다. 나는 비바람 속에 백발의 머리카락을 휘날리며 내리막길을 걸었다. 길 아래쪽으로는 너도밤나무가 깊은 숲을 이루고 있다. 적어도 '상품화된 자연(Commodified nature)'이 아니다. 만약 진시왕(秦始王)이 피레네산맥을 알았더라면 서복(徐福)을 보내 불로초를 구해 오라고 하지 않았을까. 때마침 알아들은 듯 야생 독수리가 하늘을 가른다. 깊은 협곡으로 이어지는 가운데 아래로 뻗어 내려간 골짜기에는 뭔가 특별한 동물들이 사는 것 같았다. 자료를 찾아보니 곰을 풀어 놓았다는 내용도 있다.

어렵게 스페인 땅으로 들어섰지만 풍광은 프랑스와 크게 다르지 않다. 뭐랄까. 우리의 시골 풍경 분위기다. 원시적인 기쁨도 함께 느낀다. 걸으면서 아름다운 자연풍광에 눈이 빨개졌다. 게다가 낮은 데로 내려오니 방목하는 소떼와 양떼들이 풀을 뜯는 모습이 목가적이다. 넓은 산자락에서 장난치며 노는 모습이 행복해 보인다. 인간의 욕심을 채우려고 무자비하게 밀집 사육되는 가축들과는 전혀 다른 모습이다. 소와 양들이 행복해야 고기도 맛있고 우유도 많이 생산하리라.

조금 내려가니 11~12세기 초에 유럽을 침공한 이슬람교도들에 맞서 싸운 프랑스 영웅 롤랑(Roland)의 전설이 얽혀 있는 '롤랑의 샘물'이 있다. 프랑스 최초의 서사시인 '롤랑의 노래(La Chanson de Roland)'의 주인공인 롤랑이 스페인으로 진격할 때 마셨다는 샘물, 그리고 나폴레옹이 마셨다고 전해지는 샘물이다. 여기서 잠시 시원한 물 한 모금을 마신 후 좀 더 걸어가니 산티아고 표지석과 나바라 입구 표지석이 반긴다. 이곳이 스페인 땅임을 알려준다. 이상한 것은 국경을 넘는 별다른 장애물이 없다는 점이다. 이제 유럽은 국경 없는 하나의 나라가 된 것인가?

산 정상에서 약 4km쯤 내려오는 길은 급경사에다가 저물어가는 해를 보면서 사람들이 힘껏 달린다. 많은 사람들이 지친 나머지 지루해하면서 걷다 서다를 반복한다. 육체의 에너지가 빠져나갈 시간이 된 것이다. 모두가 피곤한 나머지 아무것도 보이지 않을 때이지만 비탈길 한쪽에 걷다가 죽은 사람의 십자가 묘비가 보인다. 얼마나 힘들었기에 걷다가 세상을 떠났을까? 저 영혼은 자그마한 꽃으로 피어났을까?

나 역시 다리가 아파서 좀 쉬면서 존재론적 사색에 잠겨 있는데 백인 할머니 3명이 지나가며 "뭐 불편한 것이 없느냐?"고 묻는다.

서로 건강을 염려하는 것이다. 함께 걸어가는 타인을 수용하고 배려하는 이타심을 보여주는 할머니들이다. 스페인 바르셀로나에서 왔다는데 참 곱게 늙어가는 모습이다. 나는 그들과 몇 마디 인사를 나누며 걷다가 앞으로 내달렸다. 김도영 선생이 보이지 않는 가운데 혼자 걷지만 때때로 함께 걷는 사람들이 있어 다행이었다.

어쨌든 좋은 순간과 힘든 순간이 지나가고 있다. 이바네다(Ibaneta) 언덕을 조금 지나니 산살바르도 소성당과 '롤랑의 거석'이 자리 잡고 있다. 이곳은 롤랑과 샤를마뉴 황제의 전설이 가득한 곳으로 론세스바예스 지역임을 알려준다. 이때 얼싸! 숲속 사이로 중세풍의 건물이 눈에 들어왔다. 오늘 여정의 마지막 장소다. 덩달아 발걸음이 빨라졌다. 눈에 보이는 성당과 오늘 묵게 될 알베르게가 반가웠기 때문이다. 나는 론세스바예스 알베르게로 들어가기 전 레스토랑 라 파사파(La Posapa)에서 오렌지 주스로 목을 축이며 뒤에 따라오는 김도영 선생을 기다렸다. 2시간 남짓 앉아 기다렸지만 보이지 않아 할 수 없이 먼저 알베르게 사무실을 찾아갔다. 이곳은 순례자들이 묵을 수 있는 공립 알베르게(Roncesvalle Albergue)로서 11세기에 세워진 수도원이 오늘날까지 운영되는 순례자 숙소이다.

그 규모 역시 비교적 큰 고딕 양식의 수도원이다. 새로 리모델링해 3층으로 개조한 알베르게는 깔끔했다. 빨간 조끼를 입은 봉사자들이 나와 반갑게 맞이하는 것도 인상적이다. 나는 생장에서 탁송한 배낭을 이곳 관리자로부터 건네받고 급히 순례자 확인 인증을 받으려고 줄을 섰다. 막상 처음으로 순례자 여권에 순례자 인증

산티아고 순례길에서 만나게 되는 공립 알베르게 모습. 11세기에 건립된 수도원이었는데 오늘날 순례자 숙소로 사용되고 있다.

알베르게 내부 실내 모습.

확인 스탬프를 '꽝' 하고 받으니 마음 뿌듯했다. 동시에 많은 사람이 몰려 혼잡하기도 했지만 무엇보다 "어휴! 첫날을 무사히 걸었다."라는 데 만족했다. 공간과 시간의 미물인 내가 수 킬로미터를 걸었다니! 하고 말이다.

이제 침대를 배정받을 차례다. 약 180여 명을 수용할 수 있는 곳으로 2층 침대로 구성돼 있었다. 봉사자들은 스탬프를 받은 순서대로 침대를 배정했다. 동일한 동물들이 군집을 형성하듯이 모여든 사람들을 한곳으로 모으는 곳이다. 나에게는 235번이라는 종이쪽지가 주어졌다. "달콤한 침대일까. 기진맥진한 내 몸을 회복시켜 줄까?" 아무튼 그들의 안내로 235번 침대에 배낭을 내려놓으니 긴장감도 풀렸다. 나는 2층 침대에 잠시 누워 휴식을 취한 후 샤워장에서 옷가지 세탁과 함께 샤워를 했다. 피로감이 가시는 듯했다. 흥겨운 나머지 내 핸드폰에 저장된 팝송 노래가 듣고 싶었다. 영국 여가수 케이트 부시(Kate Bush)의 옛노래 "Don't give up, I know you can make it good"(포기하지 마, 너는 좋을 거야)가 내 마음을 다독거린다.

걷기 첫날을 보내면서 처음으로 알베르게에서 제공하는 순례자 메뉴로 저녁 식사를 했다. 간단하지만 생명과 혼의 기운을 넣는 식사였다. 저녁에 먹는 음식이 씁쓸한 맛이 아니라 달콤한 맛을 느끼는 식사였다. 공동 식당에서 순례자들과 함께 와인을 곁들이면서 식사를 하는 동안 사람들은 고뇌에 차고 불안한 산길을 무사히 넘었다는 데 만족해 했다. 한국에서 온 '나'와 세계의 '너'가 만나 '우리'라는 동료로, 카미노 친구들로서의 인연을 쌓아가고 있다. 밤 10

시쯤 침대로 돌아왔다. 마음이 풍요로워지고 지친 몸이 다시 편안해지는 밤이 깊어가고 있었다. 아! 이 밤 또한 지나가리라.

"모두 다 부엔 카미노(Buen Camino)"

메세타의 고독감이 밀려오다

척박한 고원을 의미하는 메세타의 길로 들어섰다. 메세타 지역은 어려운 코스로 지목된다. 인근 마을들은 한가롭지만 외로운 농촌 집들이 여기저기서 보인다. 부르고스를 떠나면 곧 메마르고 거칠은 카스티아 평원이 이어지는 가운데 곳곳에 자리 잡은 농촌 마을들이 한가롭다. 부르고스(Burgos)와 온타나(Hontana) 간의 30여km는 돌투성이와 메세타(고원)가 인상적이다. 끝없는 밀밭에는 순도 100%의 눈부신 햇볕이 내려쬔다. 끊임없이 변하는 시골 풍경, 야생의 황량한 언덕들을 오르면서 힐링 받는 기분이다. 메세타(Mesta)는 라틴어 믹시타(Mixta)가 어원인데 농장에서 짐승(소, 양)을 기르는 곳으로 '평평함'을 의미한다. 그런 점에서 끝없이 펼쳐진 평원을 걸으면서 때로는 농장에서 들여오는 양떼의 울음소리와 소의 워낭 소리를 들을 수 있는 외로운 길이다.

내가 13일차(5월 23일)에 이곳을 걸었는데 산림벌목으로 사막같이 된 땅이다. 농지 개간, 목재생산, 목탄, 땔감으로 사용하기 위해 벌채가 이뤄졌던 곳이다. 특히 순례길 중 부르고스와 레온 사이의 해발 800m 정도의 고원지대에 속하는 200km 거리가 그런 곳이다. 나무가 거의 없는 밀밭이 이어지는 탓에 사람들은 숨이 막히고 황량

끊임없이 변하는 시골 풍경, 야생의 황량한 언덕을 오르면서....

하다고 말한다. 사람들은 메세타 고원을 지나면서 "단조롭다, 똑같은 풍경이다, 지루하다, 덥다."라고 구시렁대는 사람들이 많아서 힐링의 푸른 들판이라기보다는 신음하는 들판이라고 해야 될 것 같다. 아니면 메세타 푸른 초원이 넓고 깊어서 사람은 외롭고 슬픈 운명을 느끼게 된다. 그러나 나에게 메세타 지역은 휴식과 명상의 길이다. 떠오르는 태양, 아침 공기의 상쾌함, 녹색과 황금색의 물결, 수로 운하, 습기를 빨아들이는 달팽이, 지평선은 결코 단조로운 장소가 아니다.

좀 쉬어 갈까. 독일인 아주머니를 만나 말린 무화과 열매를 나눠 먹으며 한참 걸었다. 먼 지평선을 힘들게 걷다가 다시 해바라기밭을 만났다. 산티아고 순례길에서 만나는 해바라기밭은 매우 인상적이다. 로그로뇨(Logrono) 지역에서부터 레온까지 이어지는 산과 들, 계곡 구릉의 발달과 함께 끝없는 해바라기밭과 밀밭은 순례자들의 발길을 잡는다. 특히 카미노를 걷는 중에 자주 보는 해바라기밭은 로그로뇨(Logrono)-Navarrete-Najera-Azofra-Santo Domingo de la Calzada-Belorado-St Juan de Ortega-Burgos-Hontanas-Fromista-Carrion de los Condes)로 이어지는 평원지대에서 쉽게 볼 수 있다.

로그로뇨 지역에서부터 레온까지 이어지는 산과 들, 계곡 구릉의 발달과 함께 끝없는 해바라기밭과 밀밭은 순례자들의 발길을 잡는다.

나는 이곳을 5월 중순에 걸었기 때문에 웃고 있는 해바라기 꽃을 보지 못했다. 하지만 땅에서는 이미 봄에 뿌린 씨앗이 싹을 틔우고 있었으니 한여름에 걷는 순례자들의 얼굴이 그려진다. 여름이 되면 해바라기는 "머리를 숙이고 햇볕을 기다리고 있겠지?" 하고 말이다. 그리고 자주 수십 년 된 포도나무가 새싹을 틔우고 있는 풍경이 눈에 들어왔다. 단언컨대 무언가 구체적인 아름다움으로 순례자들을 대할 것이다. 날씨가 어떠하든 해바라기로 가득 찬 들판은 나의 얼굴을 미소 짓게 만들었다.

이어 카리온 데 로스 콘덴스(Carrion de los Condes) 마을에 이르렀다. 생장(St Jean de Pied Port)에서 약 400km 걸어온 중간 지점으로 팔렌시아(Palencia)주에 있는 훌륭한 예술적 가치를 지닌 중세 종교 건물로 이루어져 있는 인구 2,000여 명의 작은 도시다. 유대인 랍비이면서 시인이었던 Sem Tob(Carrion de los Condes, 1290~1369)의 이름을 따서 지어진 마을이란다. 1200년경에 지은 로마네스크 양식의 산타마리아 델 카미노 성당(Iglesia de Santa Maria del Camino)은 예수의 열정과 행적을 간직한 건물로 유명하다. 성당 전면에는 12사제들, 아치형 문 위에는 12세기의 전사들이 새겨져 있다.

순례자들이 이곳에서 하루 머무른다면 좋은 추억을 만들 수 있다. 순례자의 숙소로 이름난 성당이다. 늦게 도착하면 방을 구할 수 없다는 소리를 듣고 급하게 달려가 방을 배정받았다. 아구스틴 수도회에서 운영하는 성당 알베르게(Par. Santa Maria)는 2층 침대와 거실, 식당, 온수, 주방 등이 잘 마련돼 있다. 저녁에는 특별한 모임을 갖는다. 매일 오후 6시경 수녀님들의 '순례자 친교'의 시간에 천사 같은 수녀(라우라)들의 기타 연주와 노래가 순례자들의 영혼을 어루만진다. 4명의 수녀들이 부르는 청아한 노래와 함께 순례자들의 자기소개 혹은 나라별로 노래도 부리게 한다. 그리고 7시경 수녀님들과 함께 성당에서 순례자 미사에 참여한다. 사제는 순례자 머리에 손을 얹어 안수기도를 해준다. 성당 앞 광장에서는 야채와 과일, 생필품을 파는 노점들도 있다.

아쉬운 하룻밤을 보내고 다시 레온 지역의 사하군(Sahagun) 방향으로 계속 걸었다. 사하군은 레온에서 동남쪽으로 67km 떨어진 곳으로 인구 3,000여 명이 거주하는 소도시로 베네딕트 수도원 등으로 유명하다. 카스티야의 알폰소 6세(AlfonsoVI) 때부터 산티아고 데 콤포스텔라로 가는 순례길에서 매우 중요한 역할을 해온 곳이다. 12~13세기에 세워진 교회로 알려진 Iglesia de San Tirso 성당, San Lorenzo의 Mudejar 교회 등 야곱의 흔적이 남은 도시다. 마을은 마요로 광장(Plaza Mayor)을 중심으로 음식, 공예품, 및 생활용품들을 둘러볼 수 있다. 그리고 신고전주의 건물인 San Benito el Real 수도원으로 들어가서 나 자신을 다시 성찰해 보는 것도 좋은 기회가 되었다.

특히 레온 지역은 1세기 때부터 로마군의 수비대가 있었던 곳이다. 레온은 현대와 전통이 공존하는 곳으로 카미노 길에서 빼놓을 수 없는 순례자들의 안식처다. 스페인의 역사를 짐작해 볼 수 있는 13세기의 레온 성당(Cathedral of Leon), 산마르코 수도원은 스페인의 영광스런 역사를 보여주는 곳으로 눈부신 매력을 지니고 있다. 사실 1000년 동안 침묵하는 성당들이 보석처럼 박혀 있는 곳들이 많지만 레온 지역은 역사적으로 특별하다. 마을마다 성당이 있어서 문화적 사회적 생활의 대부분이 교회를 중심으로 이루어져 왔음을 알 수 있었다.

더구나 구시가지 중심에 자리 잡은 고딕 양식의 성당을 비롯해 16세기 산마르코스 수도원에 자리한 5성급의 파라토르호텔(Parador de Leon)은 고즈넉하다. 안톤니 가우디(Antoni Gaudi)가 1891~1892에 설계해 지었다는 주거 및 상가 용도로 쓰이는 카사 보티네스(Casa de los Botines)는 레온의 상징적 건물이다. 그리고 시간을 만들어 광장 뒤 골목으로 들어가 전통시장도 둘러보면 색다른 사람 사는 냄새를 맡을 수 있었다. 쇼핑 등 물질문화를 넘어선 뭔가 다른 가치를 찾아볼 수 있는 공간이다.

비슷함을 너머 오리비고 다리와 엘 파소 온로스 축제가 열리는 곳에 닿았다. 우선 마을 입구에 들어서니 카미노 중에서 고대 로마의 도로와 함께 상징적인 다리를 만난다. 강 위에 19개의 아치형 돌다리 기둥과 함께 넓은 평야지대와 옛 마을이 들어왔다. 특히 이곳은 1434년 이후 지금까지 마상시합을 벌리는 곳, 기독교 기사단의 사랑 결투장으로 알려져 있다. 이른바 '명예로운 한 걸음'이라는 엘 파소 온로스(Paso Honroso)라는 축제가 그것이다. 1434년 후안2세(Juan Ⅱ)시절에 레온 출신 기사인 돈 수에로 데 끼뇨네스(Don Suero de Quinones)와 그의 연인 도냐 레오노르 데 토바르(Dña Leonor de Tover) 간에 벌어지는 사랑 이야기가 얽힌 곳이다.

이런 전통에 따라 1997년 이후 6월 첫 주말부터 레온(Leon) 지방 오르비고의 두 마을인 푸엔테 오르비고(Puente de Orbigo)와 오스피딸 데 오르비고(Hospital de Orbigo)에서 열리는 축제는 스페인의 유명한 관광 상품으로 자리 잡았다고 한다. 축제에는 수천 명의 시민들, 말을 탄 기사, 상인, 농부, 왕, 귀족, 마녀, 술주정뱅이 등이 창, 방패, 칼, 깃발을 들었거나 각자의 당시 중세시대의 신분을 나타내는 의상을 입고 축제에 참가하고 있다는 것이다. 관광지로 발전하고 있는 옛 마을에는 유명호텔(Puente Hospital de Orbigo)과 알베르게, 카페, 레스토랑, 그리고 중세 귀족들이 살던 집들이 그대로 보전돼 있었다.

이어 카미노 길 21~26구간이다. 아스트로가에서 사리아(Sarria) 지방의 아름다운 풍경이 펼쳐진다. 우선 아스트르가(Astorga)는 메세타 지역이 끝나는 곳, 레온주에서 인구(1만 2000여 명)가 가장 많은 소도시다. 고대 로마 유적지와 성당이 있는 중소도시로서 2000년의 역사를 지닌 곳이다. 스페인의 전략적 요충지로서 로마, 프랑스, 이슬람 세력의 싸움터였다. 산티아고 데 콤포스텔라까지는 약 260km 남은 지역으로 남다른 전통적 문화 마을이다. 길 위의 여자, 길 옆의 성당, 길 안의 집들이 편안하다. 감성 걷기에 좋은 마을이다.

이곳의 주요시설은 15~18세기에 세워진 산타마리아 대성당 (Catedral de Santa Maria)을 비롯해 카타로나 외곽에는 유명한 건축가 안토니오 가우디(Antonio Gaudi)가 설계해 지은 주교 궁(Palacio Episcopal)이 있었다. 현재는 박물관으로 쓰이는 이 주교 궁 옆으로는 1000년 전통의 초콜릿, 과자점들이 손님을 끌어모으고 있다. 그 외 마요르 광장에 있는 1683년에 건축된 아스토르 시청(Ayuntamiento), 로마 박물관, 초콜릿 박물관이 길손을 멈추게 한다. 나는 궁금증이 큰 나머지 망설이지 않고 도시안의 좁은 골목길을 따라 걸으니 수세기 동안 이뤄낸 르네상스 및 바로크 양식의 건물들, 광장과 원형극장을 만날 수 있었다. 초콜릿을 사 먹으며 발 마사지도 받아보는 작은 사치도 부려볼 수 있었지만 나는 그대로 빠져나왔다. 아침부터 만나 같이 걸었던 미국인 여자 제니는 이곳에서 더 구경하겠다면 다음 알베르게에서 보자며 떨어졌다.

홀로 얼마를 걸었을까. 쿠르즈 드 페로(Cruz de Hierro)의 '철 십자가'가 인상적으로 다가왔다. 레온 카스틸리아 지방에 속하는 쿠르즈 드 페로의 '철 십자가'(Iron cross)는 몬테 드 레온 산맥(Monte de Leon)의 줄기를 따라 형성된 Foncebadon와 Manjarin 마을 사이의 해발 1505m 고지에 있다. 원래 이 십자가는 빈번하게 눈이 내릴 때 길을 안내하는 곳이고, 로마시대에는 영토경계로 삼았던 곳이고, 기독교 순례자를 안내하기 위해 세워졌다는 설들이 있다. 현재는 순례자들이 수백 년에 걸쳐 갖다 놓은 돌무더기 위에 5m쯤 되는 나무 기둥과 맨 끝에 철 십자가가 올려져 있다. 그리고 십자가 옆에는 1982년에 지었다는 순례자를 위한 작은 예배당이 있다. 나에게는 신성한 곳으로 다가왔다.

여기에는 이런 사연이 얽혀 있다. 전설에 따르면 순례자들은 고향에서 돌을 가지고 와서 이곳에 올려놓았다. 돌무더기에 쌓인 크고 작은 돌들은 순례자가 범한 죄를 상징해서 갖다 놓은 돌들이다. 당시 순례자들은 자기 집 근처에서 돌을 가져오거나, 아니면 특별한 상징물(사진, 편지, 손수건 등)을 이곳에 갖다 놓으면 자기 죄를 용서받는다는 믿음이 있었다. 다시 말해 죄를 고백하거나 해결되지 못한 소원을 비는 곳이란다. 눈에 보이지 않는 관념 세계를 걷는 듯했다.

내가 이곳에 닿은 시간은 카미노 길을 걷기 시작한 지 23일차 되는 6월 2일 동트는 아침이었다. 사람들은 떠오르는 태양을 보면서 십자가 앞에 회개의 눈물을 흘렸다. 어떤 순례자는 돌무더기 위로 올라가 기도를 드린다. 어떤 이는 각자의 문제를 가지고 살아계신 주님을 만났다고 고백한다. 특별히 내게 인상적인 모습은 노부부가 서로 껴안고 눈물의 기도를 드리는 광경이었다. 단순한 삶의 몸짓, 걷기가 아니라 노년기 지속 가능한 미래로 나아가려는 다짐의 얼굴이었기 때문이다.

쉬운 출발은 아니었지만 걷다 보니 폰페라다(Ponferrada)라는 템플 기사단 성에 이르렀다. 폰페라다에는 페르난도 2세가 12세기 무어(Moors)족의 침입을 막고 순례자들을 보호하기 위해 지은 템플라성(Templar Castle)이 있다. 12개의 작은 탑과 다양한 문양의 깃발이 펄럭인다. 기사 템플러(Templar)가 만든 폰페라다(Ponfarrada) 성곽을 걸어보는 것은 좋은 추억거리가 되었다. 옛날 기사와 소녀의 사랑과 겹쳐지는 곳으로 유명하다. 템플 기사단은 산티아고로 가는 순례자들을 안전하게 돌보는 역할을 했다고 한다. 걷는다는 것은 아름다운 서사(敍事)를 만나는 기회가 된다.

굉장한 볼거리는 계속된다. 비양프랑카(Villafraca del Bierzo)의 '용서의 문'이 반긴다. 비양프랑카에 들어서니 놓쳐서는 안 될 푸에르타 델퍼돈 '용서의 문(Puerta de Perdon)'이 나타났다. 1226년 페르디난트 3세 시대에 세비야(Sevilla)지역의 톨레도성당(cathedral Primada Santa Maria de Toledo)에 있는 로마네스크 양식의 멋진 문이 오늘날까지 버티고 있었다. 성년에만 열리는 문이라고 하는데 기도를 하기 위해서는 지정된 옆문을 통해 안으로 들어갈 수 있다. 교황 칼릭스토(Calixto, 1378~1458) 3세가 교서로 "병들거나 피치 못할 사정으로 순례를 하지 못하는 순례자가 이 문을 통과하면 산티아고에 도착한 것과 동일하다." 라고 인정한 곳이란다. 절대적으로 장엄한 성당이다.

비양프랑카에 들어서니 놓쳐서는 안 될 푸에르타 델퍼돈 용서의 문이 나타났다.

오 세브레이로의 팔로자는 원시적이었다

정신의 모든 집중을 보아 걸었다. 조금씩 전진만 하면 된다. 오늘
은 안개 때문에 암흑 속을 걷는 기분이다. 내가 힘들게 닿은 오 세
브레이로(O Cebreiro)라는 곳은 안개 낀 언덕과 원시적인 초가집이 있
는 흥미로운 곳이다. 오 세브레이로는 비양프랑카(Villafranca del Bierzo)
에서 시작해 갈리시아로 들어서는 초입에 있었다. 라 파바(La Faba)라
는 작은 마을에서 약 4.8km 정도 좁은 비탈길을 올라가야 했다. 카
미노 길에서 세 번째로 높은 오 세브레이로 언덕으로 오르는 길은
늘 안개로 덮여 있는 해발 1000m 이상의 지역이다. 오 세브레이로
언덕 마을에는 사람과 짐승이 함께 살았던 원추형 석조건물이 유
명하다. 지붕은 짚으로 덮어 마치 원시인 집처럼 보이는데 중세시대

중세시대 켈트족의 원형 석조 코티지가 그대로 남아 있는 팔로자.

켈트족(Celtic)의 원형 석조 코티지(cottage)가 그대로 남아 있는 곳이다. 호밀짚으로 덮인 지붕에 돌로 지은 집으로 스페인에서는 이를 팔로자(Palloza)라고 부른다.

　나는 오늘 하루 동안 34km를 걸어와서 그런지 몹시 떨리고 힘들었다. 이곳 알베르게에서 일박하며 추운 밤을 보냈다. 자다가 잠결에 가슴이 답답함을 느꼈다. 옆 침대에서 자던 몸집이 큰 독일인의 긴 팔이 잠결에 내 가슴을 덮쳤기 때문이었다. 제기랄! 이런 일이, 침대 안에 갇힌 채로 하룻밤을 지새다가 새벽에 조용히 나와 어두운 길을 더듬거리며 다시 걷기 시작했다. 그런데 웬일일까? 오 세브레이로 정상에 서 있으니 구름 속에 내가 작아지는 기분이다. 허공에서 허우적거리며 갈리시아 지방으로 들어서는 뜨리야카스떼야(Tracastela)로 내려가는 길은 목가적인 풍경이다. 농촌 들판에 비추는 아침 햇볕은 가장 아름다운 풍경을 연출했다. 루고(Lugo) 지역의 비드에도(Viduedo) 마을까지의 14Km 구간은 안개가 자욱한 녹색 계곡이 펼쳐졌다. 완만한 언덕에 큰 밤나무, 소나무 숲으로 이어지는 전통적 카미노를 그대로 보여주는 아름다운 길이었다.

　완전히 다른 내가 되어 걷는 중에 알토 데 산 로크(Alto de San Roque)의 순례자 동상을 만났다. 오 세브레이로 정상에서 약 4km 떨어진 알토 데 산 로크(Alto de San Roque, 1270m) 언덕에서 순례자 동상(Monument al Peregrino)이 나를 반겨 주었던 것이다. 1993년 조각가 아쿠나 로페즈(Acuna Lopez)가 제작한 청동 조각상으로 바람에 날아갈 듯한 모자를 잡으며 지팡이를 힘차게 잡고 있는, 즉 바람에 맞서 걸어가는 순

알토 데 산 로크에서 만난 순례자 동상 밑에서 잠시 휴식을 취하며...

례자를 상징하는 조각상이다. 조각상을 볼수록 운명적인 걷기의 모습, 과묵하고 사색적이다. 강풍이 넘치는 언덕, 푸른 평원, 야생의 숲길에 놓여 있는 순례자 동상 앞에서 사람들은 쉬며 사진 찍기에 바쁘다. 걷기는 개인의 열정이요 열정은 모든 삶의 에너지라는 사실을 보여주는 듯하다. 한참 서서 넓은 대지를 내려다보고 있으니 허

파 깊숙이 신선한 공기가 들어오는 기분이 들었다. 쥐라기 시대의
지평을 보는 듯했다.

걷기의 마지막 종점 산티아고 데 콤포스텔라에 도착하다

두 눈과 발, 그리고 자연의 조화는 걷는 사람을 위로한다. 어느덧
계산이 정확하지 않았지만 목적지가 가까워지는 기분이다. 갈리시
아 지방의 사리아(Sarria)까지 왔다. 이 도시는 약 13,000명이 사는 현
대도시로 산티아고에서 100km 떨어져 있는 중소도시다. 사리아에
서 마지막 종착지인 콤포스텔라까지 보행자와 자전거를 타는 사람
들이 많아지고 있다. 하루에 1000명 이상의 순례자가 지나간다고
한다. 카미노 길을 완주했다는 확인증을 받기 위해 이곳에서부터
걷는 사람도 많다고 한다.

우선 마지막 종점인 산티아고 대성당으로 가는 데는 뜨리아카
스텔라(Triacastela)를 지나면서 두 갈래 길이 있다. 왼쪽으로는 사모스
(Samos)로 가는 길이고 오른쪽으로는 산실(SanXil)로 가는 길이다. 나
는 순례자들이 많이 선택하는 산실 루트를 통해 멜리데로 향했다.
주민 4,700여 명이 살고 있는 멜리데 마을 안으로 들어서니 15세기
에 지어진 산타 마리아 멜리데(Santa Maria de Melide) 성당이 있고 그 벽
에는 여러 가지 기하학적 모티브, 또는 고대 켈트어로 된 기호, 짐승
그림을 볼 수 있었다. 상크티 스피리투스(Sancti Spiritus Church) 교회 건
물 벽에도 에스파냐가 이슬람 무어족들과 싸운 클라비호 전투(La
Batalla de Clavijo)에서 야고보 성인이 백마를 타고 나타나 무어인들을

죽이며 승리로 이끌었다는 조각 그림들이 새겨져 있다. 세인트 로크 성당(Saint Roque Chapel), 성 안토니오 성당(Anthony's Chapel) 등이 이와 비슷한 배경을 나타낸다. 그리고 수녀원 광장(Praza do Convento)을 중심으로 테라 드 멜리데 박물관(Museo Terra de Melide)을 비롯해 몇 개의 알베르게와 많은 상점들이 들어서 있었다. 모두 다 문화의 유한성과 지속성의 법칙을 알려주는 듯하다. 만나는 사람들은 편안하고 흥겹게 손을 흔들며 '카미노'를 외친다.

또 여행과 음식은 참 좋은 궁합이라고 했던가. 내륙 지역임에도 불구하고 멜리데에서 가장 인기 있는 요리는 삶은 문어(pulpo a feira) 요리다. 걷다 보면 식욕이 자극하게 마련이다. 멜리데(Melide)에서 먹어보는 문어요리는 특별하게 다가왔다. 나는 멜리데 시내에 위치한 풀베리아 에즈퀴엘(Pulperia Ezquiel) 레스토랑이라는 전문 문어요리 집을 찾아가 빵과 포도주로 저녁 식사를 했다. 저녁놀이 지는 하늘에 빨간색이 도는 핑크빛 구름이 식탁을 비췄다. 쟁반에 올려진 삶은 낙지 색깔과 어울려 더 맛있게 보였다. 참고로 30대의 여종업원은 문어요리를 맛있게 먹으려면 빵에다, 삶은 감자, 레드와인과 함께 먹는 것이 좋다며 와인을 따라주며 웃는 모습이 인상적이었다.

식사를 마친 후 얼간이처럼 한참을 걸어가니 몬토 도 고조(Monto do Gozo)에 이르렀다. 높이 약 370m 언덕에 있는 카미노 코스의 마지막 장소로 '기쁨의 언덕'으로 불리는 곳이다. 몬토 도 고조 정상에 오르면 처음으로 대망의 산티아고 대성당 첨탑이 보이기 때문이다. 이곳에서 4.4km만 가면 마지막 종착지인 산티아고 데 콤포스텔라

(Santiago de Compostela: '별들의 들판, 광야'라는 뜻)에 도착하게 되어 여기서 순례자들은 그동안의 고통을 날려 보낸다. 또 이곳은 1989년 8월 요한 바오로 2세가 방문한 이후 유명해졌다고 한다. 세계청소년의 날을 기념하는 조각품과 여기까지 달려온 순례자를 환영하며 용기를 주는 순례자 조각상이 새로 세워졌다. 언덕 밑으로는 순례자들을 위한 숙소는 물론 500베드 규모의 호텔, 유스호스텔, 푸른 풀밭에 캠핑장과 피크닉 장소가 마련돼 있었다.

산티아고 콤포스텔라 대성당 앞에서 완주 기념으로 두 팔을 번쩍 들고 있는 필자.

드디어 산티아고 데 콤포스텔라에 도착했다. 걷는 사람은 순간의 광경에 열광하기 마련이다. 나는 프랑스 생장에서 출발한 지 31째 되는 6월 10일(토) 오전 11시쯤 산티아고 콤포스텔라 대성당에 무사히 도착했다. 걷는 동안 내내 목적지에 가면 "무엇이 기다리고 있을까?" 하며 걸었다. 먼길을 걸을 때는 기대가 큰 법이지만 순례자들이 산티아고에 도착했다는 것은 곧 끝 지점에 왔다는 의미다. 대성당 앞의 오브라도리오 광장(Prazo Obradoria)이 끝 지점이다. 산티아고 순례길의 최종 끝 지점은 사람이 걸어가서 만나야 할 존엄한 성지가 바로 이곳이다. 사람들은 대성당에 도착해서 무슨 영웅인 듯 환성을 지르고 눈물을 흘린다. 힘들게 도착한 사람들은 오브라도리오 광장에서 음악을 듣고 춤추며 서로 포옹한다. "우리는 해 냈다. 너무 좋았어." 하며 눈물을 흘리는 곳이다. 한 걸음 한 걸음 성지로 향하던 발길을 이곳에서 멈춰서 영원히 잊지 못할 감동을 느끼는 그들이다.

이렇게 어렵사리 도착한 사람들은 기진맥진한 채 큰 기쁨의 눈물을 흘린다. 800km 길을 완주했다는 환호, 어린애들처럼 우쭐해지기도 한다. 동료들끼리 "부엔 카미노!" 하며 인사를 나눈다. 어디선가 "꼬레아 페레그리노!" 하고 나를 축하하는 소리가 들린다. 며칠 전에 같이 걸었던 스위스 친구다. 나는 그들과 무리 지어 즐거워하며 세계인과 결합하고 형제애를 느꼈다. 감정의 상승은 하늘에 닿는 듯했다. 주체하지 못할 감동이 심장과 두뇌 깊숙이 요동치는 듯했다. 어느 백인여성은 "그레이트! 그레이트!"를 연발하며 눈물을 흘린다. 독수리가 아닌 비둘기의 눈으로 세상을 보고 있다. 그리고 대성당에 도착한 영웅적인 사람들은 그들의 대가를 보증받는 '인증서'를 받으면서 가문의 영광처럼 대견해 한다. 모두가 멋진 삶을 얻은 듯 싱글벙글이다.

산티아고 순례길의 최종 끝 지점에 있는 대성당 앞의 오브라도리오 광장은 사람이 걸어가서 만나야 할 존엄한 성지가 된다.

카미노 처녀라고 할까. 5일간을 서로 위로하며 나와 같이 걸었던 씨크릿우먼과도 작별해야 했다. 더운 탓에 땀으로 흠뻑 젖은 모습이 빌어먹게 매력적인 '제니'라는 28살의 이탈리아 미라노에서 온 여성이었다. 그 밝은 눈동자는 지친 나의 영혼을 맑게 하는 뭔가가 있었다. 그녀는 산티아고 대성당 광장에서 헤어지게 되었다며 들판에서 주웠다는 하트 모양의 작은 돌을 손에 쥐어주며 손을 내밀었다. 그녀는 내 볼에 가벼운 뽀뽀 인사를 하면서 "파파 건강하세요." 하고 어디론가 사라졌다. 물론 허깨비 같은 마법의 순간이지만 아름다운 추억으로 남아 있다.

780km에 이르는 산티아고 순례길을 완주한 뒤, '산티아고 데 콤포스텔라' 대성당 안을 둘러보고 있는 필자.

　모두가 느끼는 것이지만 산티아고 옛 도시는 수천 명의 순례자뿐만 아니라 관광객과 이곳 주민들이 함께 공존하는 활기찬 곳이다. 더구나 아름다운 도시에는 사연이 있는 법인데 콤포스텔라가 그렇다. 특히 산티아고 데 콤포스텔라를 약속의 땅 콤포스텔라고 하는데 이곳에서는 야고보를 "천상의 위대한 아들"로 지칭한다. 야고보는 "스페인의 황금 휘장이 빛나는 가장 가치 있고 가장 거룩한 사도이며 우주의 모든 병을 물리치고 우리의 건강을 지켜주는 선지자"로 칭송된다.

　그러면 구체적으로 대성당(Santiago de Compostela)은 어떤 곳일까? 앞에서도 많은 성당 이름을 밝혔지만 산티아고 순례길 800km에서 만나는 성당은 헤아릴 수 없을 정도다. 그중에서도 하이라이트는 산티아고 데 콤포스텔라 대성당이다. 9세기부터 세워진 건물로 야고보의 유골을 매장한 곳이다. 콤포스텔라는 라틴어로 '별의 광야(field of star)' 혹은 '매장지'라는 의미를 갖는다. 997년 이슬람 무어인(Moore)인들에 의해 성전이 파괴되었으나 다행히 성인의 유해는 보존되었다고 한다. 이슬람 세력에 의해 굴욕과 시련 속에서도 그들의 신앙을 지키며 옛날의 별, 하늘을 지켜 왔던 것이다. 특히 1078년 야고보를 안치하기 위해 대성당이 건축되기 시작해 1211년에 완공되어 오늘에 이르고 있다. 성당은 6개의 돔 기둥이 솟아 있을 뿐만 아니라 수만 개의 색감을 지닌 화려한 모자이크 조각, 찬란한 장식으로 가득 찬 아름다움에 나는 꿈인 듯, 초현실적인 감정을 느꼈다.

한마디로 대성당은 신의 거처다. 대성당에 들어서니 "사도 성 야고보 무덤에 오신 것을 환영합니다. 거룩한 사도가 당신에게 순례의 은혜가 풍성하기를 기원합니다."라는 안내문이 순례객을 맞는다. 그리고 사람들은 대성당의 페레그리노 미사(peregrino mass)에 참석한다. 성당 안에 들어서면 누구나 '죄인'임을 깨달으며 구원의 기도를 드리게 되는 것이다. 그러면서 순례자들은 대성당 안에서 성 야고보 상에 경의를 표하고 대성당 출입구 바로 안의 기둥에 손을 대고 기도를 드렸는데 많은 사람들이 돌을 만져서 그런지 많이 마모되었다. 순례자들은 세인트 로크(Saint Roch)에서 종종 기도를 드리는 전통이 있기 때문이다. 그리고 사람들은 교회 현관 안으로 들어가

야고보 성인의 상에 입맞춤하거나 조각상 이마를 대면 행운과 지혜가 생긴다고 한다. 나 역시 성인상을 만지며 잠시 침묵에 빠졌다. 어떤 형용사로 표현하기에 버거울 정도로 성전의 아름답고 웅장함에 머리를 숙인다. 거대한 소용돌이의 신비감! 산티아고 순례길을 일단 가보지 않고 결코 만날 수 없는 성지임을 깨닫게 된다.

또한 사람들은 대성당 미사시에 거대한 향로인 브타후메이르 (Botafumerio)가 6명의 남성에 의해 앞뒤로 몇 번 왔다 갔다 하며 향내를 뿌리는 모습에 감탄한다. 1.5m 높이의 향로는 무려 50kg에 이르러 도르래 시스템에 의해 왔다 갔다 움직인다. 아마도 순례자들의 체취와 땀 냄새를 제거하는 데 도움이 되는 것으로 알려져 있다. 교회는 벽으로 둘러싸인 '신의 도성(都城)'이고 바깥은 '속세의 세상'이다. 신앙에 관계없이 정서적인 안정감과 만족감, 행복감을 주는 신전이다. 격정적인 영혼의 동요를 진정시키는 치유의 장소였다.

그리고 성당 주변의 옛 타운 골목길은 이색적이다. 구시가지는 역사적인 건물들이 가득 찬 좁고 구불구불한 거리다. 도심을 연결하는 좁은 도로는 대성당을 중심으로 이어지고 있다. 그리고 지형적으로 부근에 있는 파르케 다 알라메다(Parque da Alameda) 공원이 도시와 구분돼 있다. 신도시에는 큰 아파트와 모던한 건물들이 들어서 있지만 구시가지인 대성당 앞의 퀸타나 광장(Plaza Quintona)과 아자바카리아(Rua Azabacheria) 근처의 골목길에는 많은 상점과 음식점이 영업을 하고 있다. 중세와 현대가 공존하는 신들의 땅이다. 묵직한 존재감을 보이는 이곳의 골목 문화는 순례자들에게 빼놓을 수 없는 경험지대가 아닐 수 없다. 밤새도록 골목길 카페에는 사람들이 모여 이야기꽃을 피우며 밤문화를 즐기고 있었다.

특히 오브라도리오 광장을 둘러싸고 있는 아케이드와 카페들, 미로 같은 골목길은 기기묘묘한 곳이다. 1000년 이상 내려오며 만들어진 골목 풍경은 여행자의 혼을 쏙 빼는 만큼 아름답다. 골목길을 걸을수록 새로운 풍경을 만난다. 여러 갈래의 길이 교차하지만 갈 수 없는 뒤 골목은 없다는 점에서 유니커셜(Unicursal)하다. 더 흥미를 끄는 것은 아바스토스 시장(Mercado de Abastos)에서 쇼핑하거나 음식을 골라 먹는 일이다. 허기를 채운 후 근처에서 파는 기념품 매장을 돌아보는 것 역시 재미있었다. 야고보를 상징하는 보석, 패넌트, 인형, 목걸이, 열쇠고리, 팔찌, 귀고리 등 다양하다. 그야말로 골목의 문화 자본이 방문객들에게 호기심을 불러일으키기에 충분했다

□ 산티아고 순례길은 성당을 향해 걷는 길이다

산티아고 순례길 걷기는 성당을 향해서 걷는 길이요 신을 만나는 여정이다. 산티아고 순례길 800km는 크고 작은 성당을 연결한 길이어서 도보 여행자로서는 성당을 빼놓고는 카미노를 온전히 걸었다고 할 수 없다. 사람들이 1000년 넘게 걸어오면서 성당, 수도원에서 머물고 기도하고, 먹고 자면서 걸었기 때문이다. 만약에 이러한 성당이 없었다면 영혼의 목적지에 도달하기란 매우 어려웠을 것

이다. 물론 누구든 각자의 걷기 목적을 갖고 걷겠지만 장거리 도보 여행은 힘든 길이요 미지의 것을 발견하는 행위라는 차원에서 수없이 만나는 성당의 이해는 순례길 걷기의 핵심적 관심 대상이다.

걷기가 선택일까, 미덕일까? 나는 산티아고 길을 걷기 시작하면서 천리만리를 걸어야 세상사를 제대로 알 수 있을까? 천년의 성당, 여기에 머물면 예수그리스도를 만날까. 대천사가 나를 안내할까? 산티아고 길을 걷는 동안 수없이 만나는 신에게 바치는 봉헌물, 영혼을 달래주는 조각상, 악마를 물리치는 뾰족한 첨탑들, 이 모두가 기하학적 균형을 이루고 수백 년을 버티고 서 있는 성당들에 큰 감동을 받았다. 성당의 스테인리스 유리창은 형형색색의 다양한 스펙트럼으로 눈길을 끈다. 거친 역사를 간직한 성당이겠지만 중세기 궁정 풍을 느끼게 하는 문화 예술의 성지(holy land)가 아닐 수 없다.

산티아고 순례길은 '성 야고보의 길(St Jame's Way)'이라는 사실을 모두 안다. 순례자들은 산티아고로 가는 길을 하나님에 대한 신앙과 구원의 시험으로 생각했다. 예수님 자신이 "두세 사람이 내 이름으로 모인 곳에 나는 그 가운데 있다."(마태복음 18:20)고 한 말을 되새기면서. 그리스도인들은 영적 목표를 위해 육체적 고난을 통해 자신과 하나님과의 거리를 좁히려 애썼다. 어쩌면 어렵게 산티아고 콤포스텔라에 도착하는 것은 순례자들의 발이 아니라 그들의 믿음이었는지도 모른다.

31일간을 걸어온 순례길 경험이 눈에 선하다. 나는 산티아고 길을 걷는 동안 수없이 만났던 성당, 때로는 그곳에서 기도를 드리고 신에게 내 소망을 빌었던 곳 말이다. 야고보의 길을 따라 수많은 성당이 지어졌는데 이는 중세 '종교적인 시대'의 대표적인 건축물들이다. 성당의 위용이 남다른 아우라를 발산하는데 고딕식 첨탑들, 섬세한 조각들, 이런 건축학에 감탄하지 하지 않을 수 없었다. 성당 안에 들어서면 반짝이는 촛불과 함께 지성소 제단, 십자가, 성모마리아 상, 예술적인 느낌을 주는 스테인리스 유리창 등에서 신의 소리를 듣는 듯하다. 기독교를 믿지 않는 사람들일지라도 성당 안에 있는 것만으로 신성을 느끼며 기도를 드리게 된다. 모든 종교적 상징물들은 생명을 살리고 구원의 길로 인도하는 창조물이 아닐 수 없었다.

오랜 세월을 이겨낸 성당들

위에서 언급한 콤포스텔라 대성당 외에 780km 구간을 지나면서 크고 작은 성당 약 200여 개소를 만난다. 성당들을 다 열거할 수 없지만 피레네산맥을 넘어와 처음으로 묵은 론세스바야스(Roncesvalles) 성당과 성모상을 시작으로 서쪽으로 이동하면서 Irache 수도원, Santo Domingo de Calzada 성당, Burgos 성당, San Isidor 성당(Leon), Santa Maria del Camino 성당(Carrion de los Condes), Leon 대성당, Astorga 대성당, Puerta de Perdon 성당(용서의 문) O Cebreiro 성당, Salvador 성당(Sarria), Santa de Melide 성당, Santiago de Compostella 대성당에 이르는 수많은 성당들이 기억에 남고 안식을 준 곳이다.

중세기에 세워진 성당들은 눈, 비, 바람에 부대끼며 오랜 세월을 이겨낸 탓에 지붕과 벽이
바랬다.

이뿐만이 아니다. 걸으면서 만나는 스페인의 맑은 하늘과 푸른
초원, 풍요한 밀밭, 포도밭, 올리브나무, 그리고 1000년 이상 버티고
있는 성당들이 걷는 이의 마음을 설레게 하고 내면적인 울림으로
다가왔다. 걷는 도중에 교회와 수도원 및 성당에서 같이 자고 먹고
하는 여행, 수세기 동안 순례자들을 돕는 기반 시설들이 들어서 있
다. 거의가 마을 광장을 중심으로 정부 건물, 성당, 카페, 상점들이
몰려 있다. 성당 주변에는 어김없이 넓은 광장이 마련돼 있는데 이

는 백성들의 뇌세포의 수다가 있었던 곳, 의제 조정이 이뤄져 '동네 정치'를 통한 사회통합을 이루었으리라.

그러면 땅에 깊이 박혀 있는 성당을 보자. 중세기에 세워진 성당들은 눈, 비, 바람에 오랜 세월을 이겨낸 탓에 지붕과 벽이 바랬다. 외부 벽면은 불규칙하게 돌과 석회석으로 되어 있다. 붉은 흙과 돌로 만들어진 벽, 때로는 군데군데 허물어진 벽이다. 하지만 성당 내부는 심미적인 성스러움, 그리고 아름다운 이미지를 자아낸다. 그중에서도 마리아 조각상이 압도한다. 당시 '마리아 숭배론(Mariology)'이 강했음을 알 수 있다. 정교하게 조각된 성물들의 은은함은 오히려 더 성스럽고 더 멋스럽게 보인다. 옛것을 그대로 둬 오래된 느낌을 그대로 간직하고 있다. 10~18세기에 지어진 성당들은 낡아서 더 좋은 건물이다. 신의 영광은 계속되는 것이다.

특히 Santo Domingo de Calzada 성당의 경우 성당이라 하기에는 너무나 몽환적인 느낌이 들었다. 성당 내부는 비슷하면서도 특이한 내부 구조를 보여준다. 창을 통해 햇볕이 쏟아져 들어오는 모습이 신비롭다. 태양의 움직임에 따라 내부의 밝기가 달라진다. 밝은 햇살은 먼지를 뒤집어쓰고 있는 성화들을 돋보이게 한다. 천년 비색이 넘친다. 성당들은 스페인 전통문화와 종교에 대해 기억하고 싶어 하는 공공기념물이요 신앙의 보금자리다.

나는 11일째 되는 5월 21일 부르고스지역의 산 후안 드 오르테가 (San Juan de Ortega) 성당에서 오후 6시에 열리는 순례자를 위한 미사에 참여했던 적이 있다. 산 후안이 1163년에 세상을 떠나자 그의 시

옛것을 그대로 둬 오래된 느낌을 그대로 간직하고 있는 Santo Domingo de Calzada
성당은 성당이라 하기에는 너무나 몽환적인 느낌이었다.

신을 안치한 곳이다. 로마네스크식의 건물로서 성당 건물은 오래되
어 빛바랜 느낌이 들었지만 내부의 성물, 상징물들은 찬란했다. 제
단에서 장엄한 미사곡이 들리고 있다. 주임신부의 메시지가 부드럽
게 들여올 때 나는 영혼의 연약함을 깨달으며 나 자신에게 무슨 죄
가 없는지 되돌아보는 시간이었다. 내 상상, 신앙이 성당 안에 퍼져
나가는 기분이었다.

　사실 사람들은 자신이 선택한 곳을 가게 된다. 시골의 작은 성당
에서는 쾌쾌한 곰팡이 냄새 같은 것이 코를 자극했다. 음산하고 생

기 없는 건물이지만 《신곡》을 쓴 이탈리아 시인 단테(Durante)가 천국의 신성한 장면을 본 듯한 이미지가 성당 안을 메우고 있다. 이를테면 예수 부활, 성모마리아 성좌, 아기 예수님을 영접하는 동방 박사들, 당시 사제들과 재물을 바쳐 교회를 건설한 헌신자들의 조각상들이 있다. 가톨릭의 정신은 순교하거나 교회를 세우는 것이 살아생전의 큰 헌신이 아니던가. 구세주의 종으로 살다가 성인으로 생을 끝내고 그리고 교회 벽에 얼굴과 이름을 남기는 것, 이것이 영생하는 것이었다.

순례길에서 만나는 예술작품과 죽음의 관계

참고로 산티아고 순례길에서 만나는 교회 내 중세시대의 예술작품과 죽음의 관계를 이해할 필요가 있다. 중세시대 치명적인 질병이 들어 수많은 사람들이 죽어갈 때 당시 사람들은 이를 '하늘의 학대'로 생각했다. 치명적인 죽음에 대한 묘사는 피렌체의 휴머니스트인 지오반니 보카치오(Giovanni Boccaccio, 1313-1375)가 쓴 《데카메론》(Decameron)에서 볼 수 있다. 보카치오가 14세기 중반 유럽을 강타한 전염병에 대한 공포는 유럽 전체에 퍼져나갔다. 질병을 극복할 수 없어 언제 죽을지 모르는 상실감과 좌절감에 쌓였을 때 나온 책이다.

또한 15세기 이탈리아 화가 미켈레 지암보노(Micheles Giambono, 1420~62)의 '슬픈 사람(Man of Sorrows)'은 예수의 고통과 외로움을 표현한 그림이다. 그리스도의 옆구리 상처와 머리 면류관에서 흐르는 피가 인간의 삶과 죽음, 죄악에 대한 그리스도의 구원을 상징하는 작품이다. 예수가 슬픔을 지닌 사람이라는 것은 누구나 "슬퍼하는 자는 복이 있도다."라는 내용을 전달하고 있는 그림이다.

이런 신앙을 고취하는 그림, 조각상들을 성당 곳곳에서 볼 수 있었다. "너의 종말을 염두에 두라." 하는 메시지가 풍겨난다. 사후세계에 대한 믿음과 죽은 사람들을 존경하고 기념하는 이미지가 강하게 나타난다. 인간 존재에 대한 허무감, 죽음에 대처하는 폭넓은 그림들이 그렇다. 신앙심이 깊고 지혜 있는 사람들은 알아차렸을 것이다. 길 위의 성자라는 산토도밍고(Santo Dominic, 성 도미니코)과 같은 당시 귀족들과 부자들은 자신의 재산을 털어 도시를 건설하고 이어 교회를 지어 봉헌했다. 작가와 예술가, 학자들은 권력의 보호 내지 지원을 받으며 르네상스 시대를 열었다. 예술가들은 물론 금세공기술자 역시 교회성직자들과 부르주아 등의 지원을 받았다. 교회는 신에 대한 경외심, 신앙심을 고취하기 위해 예술을 후원한 것이다.

어쨌든 분명한 것은 기독교인들에게는 하나님이 내리는 벌이 두려웠다. 신앙심은 바로 죽어서 신 앞에 섰을 때 "너는 어떻게 살았느냐, 무슨 일을 했느냐, 세상에 어떤 좋은 일을 했느냐?" 고 묻는 것에 대한 응답이다. 곧 구원의 문제였다. 이에 대한 대답이 구세주에 대한 헌신, 헌물을 바치는 일이었다. 특히 당시 사제나 귀족들은 죽어서 성당 안에 묻히는 것을 선호했다. 사실 보건위생적인 우려가 있었지만 수세기 동안 로마와 유대인 관습에 따라 그리스도인들은 교회를 건축한 데 이어 교회 내 지하묘지에 금빛 유리관 혹은 대리석 석관에 안치하거나 성벽 밖의 공동묘지에 묻히는 것이 소원이 었다.

누구나 경험하는 것이지만 유럽 지방을 여행하다 보면 마을 근처 가까운 곳에서 공동묘지를 보게 된다. 산티아고 길에서도 수없이 만난다. 근본적으로 기독교인의 무덤은 마지막 부활의 날을 기다리는 죽은 자들의 거주지로서 산자들과 같이 있다. 무덤 주변의 조각상은 고인의 생전의 상태를 상징적으로 보여주고 있었다. 조각상에는 왕권을 가진 왕들과 천사가 동행하는 성직자, 전신갑주 옷을 입은 장군, 건축가, 수호성인, 또는 성모마리아 옆에서 무릎을 꿇고 있는 천사들, 십자가와 예수, 그리고 심판의 마지막 날을 기다리는 온 가족들이 묘사되어 있다.

그런데 불행하게도 나에게는 레오나르도 다빈치의 예술적 감각, 지능이 없어서일까? 성당 안에 그려진 성화들이 거의 비슷하지만 잘 이해가 되지 않았다. 물론 전체적으로 요한 계시록에 나오는 심판의 파노라마 같은 영감을 받았다. 최후 심판 장면은 교회 출입구에 놓인 '성금함'에 넣는 경건의 예물, 축복받은 자는 천국에, 저주받은 사람은 지옥의 영원한 공포에 떠는 모습이다. 이러한 영적 연합으로서의 예술은 신앙의 강화수단으로 중요했을 것이다. 그것은 아마도 초기 그리스도교 미술로 여겨지는 비잔틴 예술(Byzantine Art)에서 영감을 받은 신비적 모습이 아닐까 싶었다.

그래서 그럴까? 스페인은 역사적으로 이슬람과 가톨릭 세력에 엎치락뒤치락하며 싸워온 까닭에 오늘날까지 모스크와 대성당이 공존하는 묘한 매력의 나라다. 가톨릭교회와 이슬람 세계의 지중해 문화와 대서양 문화가 조우하는 문명의 교차로에 있는 나라다. 침략과 문명, 신들의 땅이다. 이래서 좀 낯설은 얘기지만 흔히 유럽은 이성에 바탕을 둔 문명국가라고 하지만 스페인은 비이성적이며 감성적인 문명을 이룬 것 같다. 즉 스페인은 전일적으로 기독교 문화가 지배하고 있다는 얘기다. 그런 점에서 순례자들은 성당과 성당을 연결하는 카미노에서 잠재적인 기독교 신자로서 '시간여행자'가 된다. 1000년의 기독교 역사를 느끼며 걷는 길이다.

걷기 바보만의 관념적 사색일까. 스페인의 드넓고 아름다운 자연 풍경과 성당들은 창조주 하나님을 연상시킨다. 다시 말해 스페인에 대한 이해는 인문지리학(human geography)적인 측면보다는 좁은 의미의 종교지리학(Religio geography)적으로 접근해도 좋을 듯하다. "성당이 어디 지역에 어떻게 배치되고 어떤 기능을 했는가?" 하는 것들을 살펴보는 일이다. 순례 여행은 신에게 더 가까이 가려는 목적으로 고통과 고뇌 죄를 깨끗하게 하고자 함이다. 순례길은 뭔가 다른 것이 있고, 뭔가 유일한 존재의 의미를 주기 때문에 많은 사람들이 찾아가는 것이다. 순례자들 역시 단순한 관광이 아니라 종교적 영역으로 들어가는 걷기가 더 영적 편안함을 느끼며 걷는 것이다.

이상에서 보듯이 산티아고 순례길은 외로움이 충만한 길이다. 동시에 모든 이가 꿈을 꿀 수 있는 길이며 치유의 길이기도 하다. 이런 길을 낯선 친구와 같이 걷거나 혼자 걷는 사람 대부분이다. 뚜벅뚜

벅 홀로 걷는 사람, 오순도순 얘기하며 걷는 사람, 내 달리는 사람, 어슬렁거리며 걷는 사람, 아니면 토끼같이 혹은 거북이처럼 걷는 사람 등 참으로 다양하다. 또 똑같은 옷과 배낭, 신발, 모자, 외관상으로는 비슷하지만 내적으로 매시간 느끼는 감정이 각각 다른 사람들이다. 같은 면서도 다른 삶의 모습들이다.

결국 내가 31일간 산티아고 순례길을 걸으면서 '주마간산' 격으로 보았기에 기술한 내용에 오류가 있을 수 있다. 오랜 전통의 최고 문화를 간직한 카미노 여정을 단숨에 이해하고 내면적으로 받아들이기에는 너무나 부족한 시간이었기 때문이다. 중요한 건 아름답고 즐겁고 힘들게 걸으면서도 "뭘 보고, 어떻게 느끼고, 무엇을 얻었느냐?"의 문제다. 내가 걸으면서 느낀 점은 조용한 초원, 때 묻지 않은 중세마을과 고요한 성당들은 긴 여운으로 남을 뿐만 아니라 마음의 안식을 주는 영혼의 여행지였다. 참으로 카미노 길을 걸어보지 않고 어떻게 걷기에 대하여 말할 수 있는가 싶다.

제 4 장

일본 시코쿠 순례길 걷기

4. 일본 시코쿠 순례길 걷기
- 태양이여 별빛이여 바람이여 시코쿠 순례길을 허락하소서

　일본 시코쿠 도보여행은 '준비된 여행'은 아니었다. 2017년 6월에 스페인 산티아고 순례길(800km)을 걷고 또 한 번 장거리 도보여행을 시작하는 것이지만 갑자기 오사카행 비행기를 예약하고 나서부터 시코쿠 순례길은 시작되었다.

　시코쿠(四國)는 제주도의 10배 크기로 세토내해 안에 자리잡고 있으며 태평양과 맞닿아 있는 섬이다. 시코쿠 순례길은 일본 열도를 구성하는 4개의 섬 중에 가장 작은 섬에 생긴 길이다. 일본 불교의 진언종(眞言宗)의 창시자인 코보대사(弘法大師, 공해 쿠카이)가 1200년대부터 걷기 시작한 길이다. 바다와 산을 끼고 걷는 1200km의 긴 여정으로 1번부터 88번의 사찰을 경유하는 불교 성지 순례길이다. 스페

시코쿠 불교 성지 순례길
(88개 코스 1300km)

시코쿠 순례길 개념도(도쿠시마현에서 시작해 고치현-에히메현-가가와현에서 끝나는 88개 구간으로 구성돼 있다.)

인의 산티아고 순례길이 서양의 가톨릭 성당을 따라 걷는 길이라면 시코쿠 순례길은 동양의 부처를 만나는 길이다.

그런데 출발 일정을 예측할 수가 없었다. 간사이공항 폐쇄로 비행기가 예정대로 출발할 수 있을지 불확실하기 때문이다. 9월 15일 오후까지 떠날 수 있을지 명확하지 않았던 차에 항공사에서 운행 취소가 되었다는 통보가 왔다. 실망했다. 포기할까? 아니면 인천공항으로 가서 다시 시코쿠 타카마츠공항으로 직접 갈까?

사실 나는 요새 몸 상태가 정상적이지 않았다. 허리를 다쳐 몇 개월째 부자연스럽고, 위장 장애로 자주 병원을 찾아다니고 있다. 또 만성비염에 미상(未詳)의 세포가 코안에서 돋아나 수술을 받아야 한다는 진단을 받은 상태였다. 게다가 더 큰 고민은 체중이 평상시보다 낮아진 53kg으로 떨어져 체력의 문제로 망설여졌다. 40여 일간의 장거리 도보여행은 무리라는 생각도 들었다.

그러나 나는 다시 배낭을 챙기며 그곳이 "처음 창조된 에덴동산보다 더 아름다운 땅일까?" 하며 설레는 마음으로 가득 찼다. 새로운 길을 걸으며 뭔가를 발견하고 느끼는 것은 어떤 '즐거움'이다. 부처 찾아 삼만리, 힘껏 걷자, 살맛 나게 걷자. 나이는 숫자일 뿐이다. 하루에 30km 거리, 걷는 시간 7~8시간은 '깨어 있는 시간'이다. 늙었지만 은둔자, 수도사 같은 삶을 사는 것이 싫어서 걷는 것이다. 나는 어디론가 떠나야 힘이 난다. 그리고 다시 꿈꾸기 위해서 시코쿠 순례길에 오르는 것이다. 다행히도 계획대로 1200km, 40여 일을 걷고도 남은 생명이라면 어디서 죽더라도 겁나지 않을 것 같다.

삶은 만나고, 사랑하고, 가꾸고, 비우고, 지우고, 작별해 가는 과정이다. 길에서 삶을 꿈꾸고 흙에서 삶의 가치를 깨닫는 여정으로 드디어 닻을 올렸다. 미지의 땅, 없는 길을 향해서 말이다. 나는 70대 중반에 내 마음의 소리로, 발길 닿는 대로 길을 떠났다.

오늘 아침(2018년 9월 21일) 제주도는 세찬 비바람이 불어댔다. 그렇지만 두 발은 따뜻했다. 따뜻하니 걸을 수 있고 마음도 따뜻해진다. 감사의 기도를 드렸다. "하나님! 저의 발길을 지켜주소서." 하고. 제주 집 정원에 외롭게 핀 장미 한 송이가 가족 대신 배웅을 한다. 걷기를 무사히 끝내고 집으로 돌아와서는 "헛길이 아니었구나!" 하는 감동을 기대하며 이른 새벽 제주 집에서 공항으로 달려갔다.

미지의 세계로 들어가다

걷는다는 것은 가깝고 먼 곳에 있는 무언가를 만나는 것이다. 걷기는 길 없는 길을 가면서 내 삶을 찾아가는 것이다. 시코쿠 순례길은 그런 길이었다. 내가 시코쿠 순례길 걷기를 구상하며 떠난 것도 그런 이유였다. 그것도 야심 차게 일본 불교 성지로 알려진 88개 절을 찾아서 1200km의 도보여행을 해보자는 것이었다.

그러나 결론부터 말하면 계획했던 목표를 이루지 못하고 1번 절부터 35번 절에 이르는 300여km 걷고 돌아왔을 뿐이다. 설렘과 걱정을 안고 떠났지만 생각했던 것보다 매우 힘든 코스였다. 지난해 걸었던 스페인 산티아고 순례길에 비하면 급경사의 산비탈을 올라가야 하는 산중불교의 고행길이었다. 88개 절 중에 25% 정도가 마을 근처 평지에 있을 뿐 대부분의 사찰이 해발 100~400~700m 고지에 있다. 그것도 시코쿠 섬 자체가 해안지형을 이루는 급경사의 험한 산길이었다.

또 나 자신의 체력의 문제였다. 체중이 53km까지 저하된 상태에서 10kg 이상의 배낭을 메고 평지가 아닌 산비탈 길을 걷는 것은 무리였다. 31번째 절 지쿠린지(竹林寺)를 내려오다가 디딘 돌이 굴러 앞으로 넘어지면서 허리에 심한 충격을 받았다. 1년 전부터 허리 통증을 앓고 있던 곳에 통증이 가중되었다. 게다가 왼쪽 발의 발톱이 흔들리다가 빠지면서 피가 흘렀다. "나 미쳤나 봐. 이렇게 혼자 먼 길을 걷고 있다니……." 하며 후회도 들었다.

뿐만 아니라 걷는 동안 몰아닥친 24호, 25호 태풍에 시달렸다. 일본에서 태풍은 큰 재난이고 전쟁을 치르는 것과 같았다. 기차, 버스 등의 운행이 정지되고 상가들도 문을 닫았으며 사람들은 피난 대피소로 황급히 피신하기에 바빴다. 또 늦가을 계절 탓인지 순례길을 걷는 사람이 거의 없었다. 홀로 들길, 마을길, 산길을 걸으니 신변 안전의 문제도 염려되었다. 특히 산길을 혼자 걷다가 불의의 사고로 골절이라도 당하면 대책이 없어 보였다. 산티아고 순례길의 경우 혼자 걸어도 앞뒤로 걷는 사람이 보여 안심이 되는 것과는 대조적이었다.

결국 나는 걷기를 중단하고 서울을 떠난 지 2주 만에 귀국했다. 88개 절을 연속적으로 걸어서 다 순례한다는 것은 지나친 호기심이었다. 만약 내가 그 절들을 모두 걸어서 완주했다면 70대 노인으로서 걸어 다니는 기적을 이룰 수 있었을 것이라는 아쉬움도 들었다. 그러나 시코쿠 섬을 다 돌지는 못했지만 지금도 걷는 중이다. 오히려 남겨 놓은 것도 상상의 끈을 잡고 있는 희망이 된다. 언젠가 기회가 되면 다시 도전해 볼 수 있기 때문이다.

그러면 2주간 1번 절부터 36번 절까지 걸으면서 보고 느낀 점을 간추려 보자. 무한을 추구하는 돈키호테는 아니더라도 여러 가지로 시도하며 걸은 이야기를 남긴다. 귀국 후 서울대 병원에 치명적인 질병 치료를 받으러 다니다 보니 좀 늦은 글이 되었지만 도보 여행기를 글로 남기는 것도 나에게 주어진 즐거움이다.

첫 번째 절 료젠지로부터 시작하다

2018년 9월 21일 인천공항에서 08시 25분에 떠나는 에어서울 비행기 편으로 시코쿠 다카마스 공항으로 향했다. 비행기 안에서 이런저런 생각에 잠겨 있을 때 10시 35분쯤 공항에 도착했다. 배낭을 챙겨서 리무진 버스로 다카마스 역으로 향했다. 그리고 JR 열차로 갈아타고 도쿠시마(德島) 역을 지나 오후 2시 30분경 반도역(板東)에 도착했다. 도쿠시마에서 반도역에 이르는 동안 아름다운 건물이나 예술적 이미지가 보이지는 않았다. 뉴욕 파리 로마 도시들보다 좀 어두운 분위기다. 물론 외부자로서 그 사회 속에 숨어 있는 리얼티를 발견하는 것은 불가능한 일이었다.

주위를 두리번거리다가 약 15분 걸어서 순례길을 시작하는 첫 번째 절 료젠지(靈山寺)에 도착했다. 첫 번째 만나는 절이니 우선 사찰 경내로 들어가 보았다. 연화대좌(蓮花臺座) 위에 올려져 있는 불상이 나를 버라보며 "잘 왔소. 잘 걸어보소." 하는 인사를 보낸다. 다른 순례객들은 대웅전 앞에서 의식(儀式, Hocus Pocus)을 치른다. 신은 죽었거나 신이 없는 시대라고 하지만 일본에서는 신의 나라임을 느끼기에 충분했다. 동시에 내 마음이 바빠지면서 순례길 걷기에 필요한 물품을 구입했다. 근처 매점에서 삿갓, 흰 상의, 스택, 납경장, 안내책자(영문판)를 구입했다. 이것 모두를 구입하는데 9,700엔(약 9만7천 원)

2018년 9월 1300km에 이르는 일본 시코쿠 순례길을 찾아 나선 필자는 첫 번째 절 료젠지(靈山寺)에서 걷기를 시작했다.

이 들었다.

걷기를 시작하니 빨리 걷게 된다. 사람의 내면에는 이곳으로부터 멀리 떨어진 곳에 무언가 존재한다고 믿고 달려간다. 첫 번째 절에 서 1.5km 걸어가니 2번 사찰인 고쿠라쿠지(極樂寺)에 닿았고, 또 이어 3km를 걸어 3번 사찰인 곤센지(金泉寺)에 이르렀다. 인천공항을 떠나 서 첫날 약 5km를 걸은 셈이다. 산과 들판을 거리낌 없이 걸어다닌 방랑자(베가본드)로서 힘차게 걸었다. 그러다 보니 이미 해는 서산을 거닐고 있었다.

우선 하루 묵을 잠자리를 찾아야 했다. 곤센지(金泉寺) 근처 안내소에 들어가 게스트하우스를 소개받았다. 안내소 여직원은 평소에 알고 있는 게스트하우스에 전화를 걸어 손님을 픽업해 가는 것이 좋겠다고 부탁했다. 잠시 후 게스트하우스 주인이 차를 가지고 왔다. 60대의 대만인으로서 영어 중국어 학원을 한다고 했다. 그가 안내한 곳은 크지 않은 허름한 숙소(Sharen's Cabin)였다. 1층에 침대가 2개 놓인 방에서 혼자 투숙하게 된 것이다. 2층에는 스위스에서 왔다는 30대 여성이 묵고 있었다. 배낭을 내려놓고 샤워를 한 후 근처 식당에서 덴푸라(tenpura) 우동으로 저녁을 먹었다. 그리고 편의점에서 내일 아침 식사용으로 김밥, 닭고기 꼬치구이, 우유, 달걀, 식수를 780엔(7800원)에 구입해 숙소로 돌아왔다.

밤은 깊어가고 있었다. 밤 9시경 잠자리에 누웠는데 이게 웬일인가? 왼쪽 다리에 통증이 오고 마비되는 것이었다. 첫날 긴장된 기분에 힘들게 걸어서 그럴까? 바늘로 다섯 발가락을 찔러 피를 조금씩 빼고 종아리에 바세린을 바르고 마사지를 했다. 통증이 사라지면서 좀 편안해졌다. 사실 걷는 순간만은 바보가 되어 걸었을 것이다. 밤새 뒤척이다 3시경 잠에서 깨어나 다음 일정을 점검하며 새로운 하루를 맞이했다.

걷지 못하는 사람은 없다. 9월 22일 이틀째 되는 날이다. 새벽에 인삼 액을 따뜻한 물에 타서 먹으니 속이 따뜻해졌다. 날씨는 비가 올 듯이 우중충했다. 어제저녁에 마련한 음식으로 아침 식사를 마치고 8시경 4번째 절 다이니치지(大日寺)로 향했다. 길이 이끄는 대로 논길 마을길을 따라 약 5km를 걸어가니 절이 나왔다. 간간이 빗방울도 내렸다. 주위의 들판에는 황금색으로 변해가는 벼와 조용한 숲으로 덮여 있다. 농촌 주택들은 사람 하나 보이지 않는 가운데 조용하기만 하다.

머무는 듯하다가 또 걷는다. 이것이 떠남의 시작이다. "오늘 하루가 아름다울 거야." 하고 주문을 걸며 출발했다. 외롭지만 아름다운 들길을 지나 9시 20분경에 다이니치지에 도착했다. 이어서 약 2km 떨어진 5번 절 지조지(地藏寺)-6번 절 안락쿠지(安樂寺)-7번 절 주라쿠지(十樂寺)-8번 절 구마다니지(熊谷寺)-9번 절 호린지(法輪寺)-10번 절 기리하타지(切幡寺)-11번 절 후지이데라(藤井寺)까지 계속 걸었다.

하루 동안 28km를 걸었다. 걷는 동안 땀을 식히며 앉아 있을 때는 바람의 길, 숲의 길, 그리고 내가 하나가 되는 듯했다. 특히 10번 기리하타지에 이르는 길은 논밭들과 농가로 이루어진 농촌 풍경이다. 곳곳에 벼를 수확하거나 아직 벼가 논에서 누렇게 익어가고 있다. 그리고 11번 후지이데라로 가는 길 역시 소도시를 지나는 길이었다. 요시노가와시(吉野川市)를 흐르는 요시가와 강을 건너는 아와 중앙다리(阿波中央橋) 위에서 보는 강줄기는 아름답고 끝이 없었다.

발이 이끄는 대로 걸었는데 너무 멀리 걸은 걸까. 오후 4시 반경 11번 절 후지이데라 절에 도착했을 때는 기진맥진할 정도였다. 게다가 해가 저물어가니 잠자리가 걱정되었다. 이때 길가 어느 집에서

60대 남자가 보였다. 나는 그에게 다가가 여관을 찾는다고 했더니 나의 지친 모습을 보았는지 쾌히 자기 차를 타라고 했다. 그는 차로 5~6분 정도 가서 여관(吉野) 앞에 내려 주며 주인에게 방을 부탁했다. 70대의 주인 부부가 반갑게 방으로 안내했다. 그리고 저녁과 내일 아침 식사 여부를 물었다. 나는 망설임 없이 두 끼 식사를 주문했다. 그러자 주인은 하루 묵는 데 식사를 포함해서 6,800엔이라고 했다. 세탁비는 건조비를 포함해서 300엔이라며 모든 시설 사용에 대한 설명을 빼놓지 않고 해주었다.

길은 인생의 공연장인가 보다. 거기서 관객이 되고 주인공이 되는 것이다. 길을 걷다가 하루 머무는 데 좋고 나쁨이 있겠는가. 다행히 전통 일본식으로 꾸며진 방은 마음에 들었다. 샤워를 하고 나니 지친 몸이 가벼워지는 듯했다. 저녁 식사 또한 좋은 편이었다. 익숙한 일본식 식단으로 정갈했다. 식당에서 일본인 5명, 백인 부부를 포함해서 8명이 같이 먹었는데 그들도 만족해하는 듯했다. 그런데 어쩐지 나는 밥맛이 없고 먹히지를 않았다. 너무 지쳐서 그럴까? 갈증만 심했다. 주어진 식사의 반도 먹지 못하고 자리에서 일어났다. 밤새 온몸에 열이 나며 두통도 심해졌다.

□ 자연 만물 신성이 잠긴 곳

새벽 05시에 잠자리에서 일어났다. 방안에서 간단히 스트레칭을 하며 몸을 풀었다. 6시에 아침을 먹은 데 이어 여관주인이 점심으로 싸준 주먹밥을 들고 출발했다. 아침 날씨는 흐리고 구름이 많이 끼었다. 오늘은 11번 절에서 시작해 해발 700m 이상의 높은 산을 올라야 한다. 오르막 내리막길 12km 걸어가 12번 절 쇼산지(燒山寺)에 도착한 후 다시 비탈길을 내려가 13번 절 다이니치지(大日寺)까지 22km를 걸어야 하는 험난한 길이다. 대개 이런 길은 장거리 산을 걸어야 하지만 중간 마을에서 일박하고 대일사를 향해 무조건 걸었다.

이른바 헨로고로가사(순례자를 굴러떨어지게 하는 악산)라는 코스를 쉬지 않고 걸었다. 지옥의 아가리인지, 희한하게 반의식 상태에서 쇼산지에 올랐다. 잠시 땀을 식힐 때 내 영혼은 달콤한 기분에 빠졌다. 우리 삶은 순간인가. 다행히 전날 밤 같은 여관에서 묵은 일본인 여자 순례자를 이곳에서 다시 만났다. 사찰 경내를 잠깐 돌아보고 납경장에 싸인을 받았다. 앞에서도 남경장을 받았지만 무슨 뜻인지 모르겠다. 우리의 부적 같은 캘리그라피(Calligraphy)다.

잠깐 쉬면서 주먹밥으로 점심을 때우고 40대의 일본인 여자와 같이 걸으며 서투른 영어로 일본인의 생활과 그들 문화에 대해 많은 얘기를 나눴다. 그런데 어찌 된 일인가? 다 내려온 줄 알았는데 또다시 오르막길로 이어졌다. 너무나 힘든 가파른 길이다. 길 흔적이 없는 돌멩이만 뒹군다. 그녀는 한참 앞을 오르다가 나를 기다리곤 했다. 자꾸 뒤처지니 미안한 생각도 들었다.

"후! 수성암 절벽과 나무가 우거진 길 어떻게 하지?"

그녀는 절벽길을 오르면서도 여유있게 "슬로우 슬로우"를 외치며 기다려 줬다. 그러기를 한 참, 힘들게 오르고 내려오는데 그녀는 낮은 목소리로 오늘 묵을 숙소를 정했느냐고 물었다. 나는 "여관 이름과 전화번호는 알지만 아직 예약을 하지 않았다."라고 했다. 그러자 그녀는 자기가 예약한 곳이 있는데 같이 가겠느냐고 물었다. 나는 지친 나머지 반갑게 그러자고 답했다. 이렇게 해서 들어간 곳이 아노(阿野) 마을 강가(阿川)의 식촌여관(植村旅館)이다.

여관은 고즈넉한 분위기에 깨끗하고 조용했다. 뒤뜰 정원에는 가을꽃들이 반긴다. 저 멀리 강줄기가 급한 산세를 따라 어디론가 흐르고 있다. 여장을 풀고 샤워를 하고 잠시 누워있으니 낯선 방이지만 지친 내 영혼을 받아주는 듯하다. 모든 걸 잊고 무아지경 속에 빠지다 보니 정신만은 더 맑아지는 기분이다. 곧이어 60대쯤 보이는 주인아주머니가 저녁 식사를 하라고 문을 두드렸다. 힘들기도 했지만 허기가 찾아오던 참이었다. 나가보니 이미 동행한 일본인 여자가 나와서 밥상을 준비하며 반갑게 맞이해주었다. 마치 시골의 가정식 같은 기분이 들었다. 모두가 입맛에 맞았다. 식사를 마치고 내 방에 들어와 집에 카톡으로 안부를 묻고 잠자리에 들었다.

이튿날 일찍 아침 식사를 마치고 떠나기 앞서 숙박비 7,700엔을 지불하고 일본인 여자와 잠깐의 인연을 잊지 않기 위해 같이 사진을 찍고 헤어졌다. 그녀는 이곳에서 딴 방향으로 간다며 떠나고 나는 주인아주머니의 배려로 그의 차를 타고 13번 절 다인리치지(大日寺) 근처까지 나갔다. 그리고 다인리치지까지 큰길을 따라 혼자 걸으며 "오늘 걷는 길을 다시 오지 않겠지……" 하며 열정적으로 걸었다. 아침 일찍 닿은 다인리치지는 21번 도로 옆 강(鮎식川)에 있었다. 한국인 여승이 주지라고 했지만 경내를 잠깐 살펴보고 나왔다.

□ 조라쿠지에서

이어 이곳에서 14번 절 조라쿠지(常樂寺)로 향했다. 긴다리(이치노미야)를 넘어 마을길 2.5km 걸어가니 조라쿠지 절이 나왔다. 그리고 얼마 가지 않은 2.3km 지점에 15번 절 고구분지(國分寺), 이어 2.0km 가서 16번 절 카논지(觀音寺), 2.9km 더 나가서 17번 절 이도지(井戸寺)에 이르렀다. 이상의 절들은 도쿠시마시(德島市) 마을과 도시를 끼고 있는 절들로 참배객들이 많이 보였다. 도쿠마시는 시코쿠의 정치 · 경제 · 행정 · 사법의 모든 정부기구와 은행 · 상점 · 학교 등이 모여 있는 대도시다.

산길 혹은 마을길만 걷다가 도시 길을 걸으니 생기가 도는 듯하다. 힘들지만 사람 구경하는 것만으로도 기분이 좋다. 세속적이며 문명 도시에 온 듯하다. 며칠 만에 먹는 커피와 머피 빵은 청량제였다. 큰 길가에 있는 허름한 초밥집에 들어가 초밥을 청했다. 일본식 초밥은 셰프(chef)의 손으로 쥐는 습관에 따라 입맛이 달라진다고 했는데 식탁의 즐거움을 오랜만에 맛보았다. 그리고 그 맛은 지친 내 몸에 위로가 되는 음식이었다. 창밖을 보니 저마다 바쁘게 걷는다.

14번 절 조라쿠지(常樂寺)에서...

그들 삶의 영역 중 육체, 사랑, 회사, 가족 등과 더불어 재미와 모험, 상실과 좌절을 경험하며 살아갈 것이다.

이렇게 도심 한가운데서 배를 채우고 휴식을 취하다가 다시 18번 절 온잔지(恩山寺)로 향했다. 안내 책자에서 보니 18.7km 거리다. 온잔지까지 간다면 오늘 하루 총 30km 정도를 걸어야 한다. 가즈오 이시구로(2010)의 《남아 있는 나날》에서 암시하듯이 "나를 한국 땅에서 떼어내 낯선 일본 땅으로 안내했을 것이다. 그러니 걷고 또 걷자,

그것이 살고 또 사는 것이다."라며 주문을 걸며 걸었다. 그러나 복잡한 도시를 지날 무렵 나의 지친 그림자는 길어지고 있었다. 도시 한가운데서 하룻밤을 보내는 것도 의미 있을 것이라고 생각되었다. 복잡한 도심을 걸으면서 외부자 아니 산책자로서 어슬렁거리는 것도 좋을 듯했다.

이때 다행히 대로변에 있는 서너 개의 여관 간판이 보였다. 매력적인 도시 속에서 외관이 그럴듯한 여관(わかさ旅館)으로 들어갔다. 여주인이 나와 인사를 하며 방을 안내했다. 깨끗한 방에다 일본식의 인테리어가 마음에 들었다. 호화스럽다고 할까? 하지만 욕조는 코딱지만큼 작지만 따뜻한 물이 좋았다. 몸을 씻고 다시 밖으로 나와 근처 음식점에서 간단한 소고기구이로 배를 채우고 카페에 들러 커피를 마시며 하루를 되돌아봤다. "산골짜기와 들판을 떠도는 외기러기처럼 헤매였구나." 하고.

오늘(9월 26일)은 어떤 황홀한 환경이 펼쳐질까? 아침 일찍 여관을 나와 온잔지로 가볍게 걷기 시작했다. 오전 10시 가까이 돼서 그곳에 도착했다. 절의 입구에는 산을 배경으로 세워져서 산 이름이 현판으로 올려져 있다. 산 자체를 신으로 모시는 것인가? 어느 산 자체를 신으로 섬기며 참배객들은 손을 모아 산을 향해 고개를 숙인다. 잠시 머뭇거리다가 다시 4.2km를 앞으로 나가니 19번 절인 다츠에지(立江寺)다. 첫 번째 절 료겐지(靈山寺)에서 시작해 4일간 104km 정도를 걸은 셈이다. 참으로 정신없이 빨리 걸었던 것이다. 그래서 그럴까. 몸이 무거워졌다. 발바닥에 물집도 생기고 발톱도 꺼멓게 변하면서 흔들렸다. 감정의 기운도 소진되는 듯했다.

　풍경화가가 아닌 나는 다츠에지(立江寺)를 간단히 살펴보고 근처 민박집에 들어갔다. 60대의 남자주인은 저녁 아침 식사를 포함해 7,000엔이라고 하면서 잠만 자는 데는 4,500엔이라고 했다. 식당과 거실들을 살펴보니 마음에 들지 않았다. 미안한 마음이 들었지만 나는 식사는 빼고 잠만 자기로 하고 잠깐 쉬다가 근처 편의점에서 저녁과 아침 식사 거리를 사들고 들어왔다. 내가 묵은 방은 2층 방이었는데 여기저기서 신음소리가 났다. 밤사이 비가 내리는 가운데 잠이 오지 않았다. 여관방에서 홀로 보내는 밤은 길기만 했다. 침대가 아닌 다다미방에 누웠지만 좀처럼 잠이 오지 않는다. 두뇌가 잠들지 못하고 온갖 번뇌가 넝쿨처럼 뻗어 나가는 긴 밤이었다. "저녁에는 힘들고 외롭더라도 아침에는 힘이 솟고 기분이 살아나겠지……." 하고 잠 못 드는 내 영혼을 향해 위로의 말을 해주었다.

□ 자연의 연극무대는 내 삶의 무대였다

　9월 27일 아침이다. 동쪽 창문에 나무 그림자가 어른거렸다. 5시경에 일어나 간단히 몸을 풀고 배낭을 정리하며 다시 하루를 시작했다. 날씨가 무겁게 느껴졌지만 기분이 좀 좋아졌다. 어제 사다 놓은 샌드위치 꼬치구이와 우유로 식사를 간단히 끝내고 출발했다.

　여관집 주인이 차로 20번 절인 가쿠린지(鶴林寺) 부근 가츠우라우

(勝浦町)까지 태워다 주었다. 몇 시간을 얻은 기분이었다. 일본인 여자 순례자가 동행했다. 마을길과 논밭을 지나니 산길로 이어졌다. 표고 500m 가까이 되는 깊은 산속을 헤매듯이 걸었다. 오솔길이 아닌 지그재그의 비탈길이다. 동행하던 여자들과 멀리 떨어져 나 홀로 3.5km의 급경사 산을 오르니 가쿠린지가 나왔다. 사방에서 가을 소리가 들려온다. 일본인 순례객들 서넛 명이 참배를 하고 있다. 사찰 경내에서 잠시 쉬면서 여관에서 싸준 주먹밥으로 허기를 채우고 다시 산길을 내려오기 시작했다.

이어 21번 절인 타이류지(太龍寺)로 향했다. 기진맥진 상태에서 한참 내려갔다. 오르락 내리락 하는 6~7km 거리의 급경사 길로 이어졌다. 길고 험한 길이다. 나가강(那賀江) 다리를 건너 와가스기티니(若杉谷川)를 따라 남쪽으로 내려가니 아난시(阿南市)의 타이류지가 보였다.

이 절 역시 500m 고지대에 있었다. 11시 50분경이었다. 고야산 자락 삼나무가 가득한 경내는 꽤 넓은 느낌이 들었다. 이어 22번 절 뵤도지(平等寺)로 향했다. 11km를 가야 하는 이 코스 역시 타이류지 산(표고 618m)을 내려와 다시 195번 도로를 따라 걷는다. 옆으로는 나가야마(中山川) 천이 흐른다. 이어 삼거리 아세비(阿懶比)에서 우측을 향해 밭길을 걷다가 또 산을 넘어 아난시(阿南市)의 마을을 지나 뵤도지에 오후 2시 반에 도착했다. 신도들이 조용히 합장하며 불경을 외우고 있다. 몸과 말, 마음을 일치시키는 모습이 성스럽다.

오후 3시경 다시 힘을 내서 23번 절 야쿠오지(藥王寺)로 향했다. 22번 절 뵤도지에서 20여km를 걸어야 한다. 나의 피로감이나 시간적으로 야쿠오지까지 가기는 힘든 거리다. 내심으로는 걷다가 민박집이나 여관을 만나면 일박하고 가리라 하고 걷기 시작했다. 얼마를 걸었을까? 이미 해는 저물어가고 있어 불안해졌다. 이때 길가 자동차정비소에서 일하는 청년이 보였다. 배낭을 내려놓고 이 청년에게 "미안하지만 이곳에 여관이 없소?" 하고 잠자리를 물었다. 그는 전혀 구차한 모습을 보이지 않고 핸드폰으로 검색해 보더니 이 근처에는 숙소가 없다면서 야쿠오지(藥王寺) 근처까지 가야 한다는 것이었다. 나는 무척 당황했다. 아직 7~8km는 남았기 때문이다.

행운인가? 난감해하는 나를 보고 그는 자기 차로 야쿠오지까지 태워다 주겠다고 했다. 고맙기도 하지만 자기 하던 일을 멈추고 도와주겠다는 그 청년의 행동에 감탄했다. 미안한 마음이지만 그 청년의 차로 이동했다. 지나가는 도로를 보니 284번 도로로 해안가로 달리는 자동차 전용 도로였다. 갈색으로 변해가는 숲, 깨끗한 공기, 꿈에서도 생각할 수 없었던 풍경이 전개되었다.

15분 정도 달렸을까? 23번 절 야쿠오지(藥王寺) 산문 앞에 내려 줬다. 나는 고맙다고 하면서 답례로 2,000엔을 그의 손에 쥐어주면서 헤어졌다. 그가 돌아가는 모습을 보면서 "세상에서 가장 평균적으로 살아가는 사람 이상의 청년이구나……" 하며 그 호의에 감사했다.

잠시 생각이 막힌 듯이 서 있다가 주위를 보니 시골이지만 많은 사람이 보였다. 나는 사람들이 절 입구 산문으로 걸어가는 것을 보고 따라갔다. 야쿠오지(藥王寺) 산문에서 본당까지 가는 데는 가파른 계단을 올라가야 했다. 우선 산문을 배경으로 사진을 몇 장 찍고 잠자리부터 구하는 것이 급했다. 편의점에서 음료수를 하나 사 먹으면서 민박이나 여관을 물으니 친절하게 미요키 여관으로 안내해 주었다.

천천히 55번 도로를 따라 걸어가는 히와사(日和佐) 역 근처에서 상가들이 많이 보였다. 더듬거리며 내가 들어간 여관은 퍽 오래된 목조 상가 주택으로 70대의 할머니가 나와서 맞이했다. 할머니는 저녁과 아침 식사를 해줄 수 없다면서 숙박료는 3,800엔이라고 했다. 이미 날이 어두워지는 시간에 선택의 여지 없이 좀 어설프지만 묵기로 했다. 할머니가 안내한 방은 2층 2호실이었는데 방은 컸지만 정리정돈이 잘 안 된 상태였다. 다행히 창문을 열어보니 불빛에 강물이 반짝이고 숲이 보였다. 낭만적이다.

안내하는 방으로 들어가 잠깐 휴식을 취한 후 근처 식당에 가서 일본의 전통 우동으로 저녁을 먹고 편의점에서 내일 아침에 먹을 삼각김밥, 삶은 계란, 우유, 과일을 사서 들어왔다. 세탁물을 할머니에게 맡기고 9시경에 세찬 바람 소리를 들으며 잠자리에 들었다. 걷기의 전쟁과 쉼의 평화가 교차했다. 오늘도 몇 개 사찰을 지나왔는데 불교에서 말하는 "신(身), 구(口), 의(意)를 일치시키며 걸었는가?" 하고 하루를 되돌아본다. 매일 이렇게 걷는다면 30여 일 후는 신나는 종주 여행이 될 수 있을 것 같았다.

□ 절간 문 앞에서 노숙하는 나그네

아침의 시간은 하루의 컨디션을 좌우한다. 오늘도 미지의 길을 걸어야 한다. 분명히 오래전부터 나를 기다리고 있었던 길일까? 9월 28일(금) 7일째 되는 날이다. 6시경에 일어나 간단히 아침 식사를 하고 여관을 나섰다. 바람이 약간 세차고 차갑게 느껴졌다. 바람 소리와 파도 소리가 요란하다. 항상 낯선 것은 새로운 세상으로 느껴지게 마련이다.

이제까지 도쿠시마현(德島縣) 지역을 걸었는데 앞으로는 고치현(高知縣)으로 들어가면서 걷게 된다. 23번 절 야쿠오지(藥王寺)에서 무라토시(室戶市) 미사키에 있는 24번 절 호츠미사키지(最御崎寺)까지는 55번 국도와 해안을 따라 76km를 걸어가는 장거리 코스다. 지도를 보니 너무나 아득하다. "JR 기차로 이동할까? 걸어갈까?". 잠시 머뭇거리다가 일단 "걸어보자." 마음먹고 신발 끈을 졸라맸다. "길 위에서 나를 보고 숨을 다하는 날까지 걸어보자." 이런 길을 걷는다는 것은 내 삶의 역사가 되고 사회의 일원으로 사는 방법이 아닌가. 걸으면서 일본을 배우고 특별한 사람들도 만나보자며 먼길을 재촉했다.

나는 약왕사 히와시역에서 아침 8시 25분에 출발해 미지의 갑포역으로 향했다. 끝없는 해안길이다. 우측으로는 도시건물과 농장, 공장 건물이 보이고 왼쪽은 푸르고 푸른 태평양 바다와 하늘이 맞닿아 있다. 길거리 사람들의 의상이 다양하지만 정장 차림의 남녀가 많다. 학생들은 교복을 모두 입고 줄을 서서 걷고 있다. 게다가 일본 사람들의 체구가 비교적 작고 뚱보가 잘 보이지 않는다. 음식점에서는 게요리 전문점이 많이 보인다. 메뉴는 게초밥, 게구이, 게찜, 게튀김 등의 음식점 광고가 요란하다. 걸으면서 사람을 만나고 그 지방 문화를 느끼고 그 지방 사람들의 삶의 모습을 보았지만 매우 지루한 걷기였다.

하루의 태양이 저녁 석양으로 물든 지평선으로 넘어가는 것을 보면서 3일간을 걸어서 호츠미사키지(最御崎寺) 근처까지 왔다. 미쿠로도 동굴을 잠시 들렀다. 동굴 안으로 들어가 보니 공해(空海, 하늘과 바다)일 뿐이다. 인간이 모든 행동에서 자신이 선택해 실천한다고 하지만 공허감 속에서 허우적거렸다. 허리 통증이 점점 심해지면서 무의미한 걷기로 시간을 낭비하는 듯했다. 그러나 걸어야 한다. 아직 나는 걷다가 포기한 길은 없었다. 나는 한 가지 일에 빠지는 덕후(Otaku, オタク) 기질이 있지 않은가.

어쨌든 숨을 잠시 돌린 후 다시 약 2km의 산비탈 길을 올라가야 했다. 70대의 일본인 여자가 여행 가방을 들고 비탈길을 오르고 있었다. 나는 눈짓으로 인사를 했다. 걸으면서 영어로 간단한 의사 표현을 나눴다. 그녀는 88개 절 중 3개만 걸으면 모두 참배한다고 했다. 놀라웠다. 그녀는 오직 신앙의 힘으로 걷는 듯했다. 실제로 그녀가 배낭을 메고 여행 가방을 끌고 가는 모습이 매우 힘들어 보인다. 내 지팡이로 가방에 끼어 같이 메고 갔다.

몇 번이고 쉬면서 올라가니 24번 절이 나왔다. 그녀는 본당 앞에서 간절히 주문을 외우고 있다. 어떤 종교적 신념체계보다는 삶의 방식이요 문화로 보였다. 그리고 나는 의심했다. 일본의 수많은 신들이 인간을 통제하는가? 아니면 인간이 신을 통제하는가? 그렇지 않으면 각자 개인 자체에 의존하며 살아가는 것일까?

원래 인간은 애초부터 합리적인 동물이 아니다. 나 역시 그렇다. 더 빨리 걸었다. 24번 절에서 나와 약 7km 정도 걸어가니 무라토(室戸) 지역의 25번 절인 신쇼지(津照寺)가 나왔다. 절 모양이 다 비슷하지만 고요하기만 하다. 만물이 색(色)이고 공(空)이다. 본당 앞에서 젊은 여성이 혼자 참배하고 있었다. 사랑을 잊어버리고 의존할 대상이 없어서 다른 세상을 찾아 나선 것은 아닐까? 위로받지 못하는 사람들이 찾는 곳이 절간이겠지…….

한곳에 머물러 있기엔 너무나 시간이 부족하다. 내가 지금 어디쯤에 있는지 궁금해졌다. 약 5km를 걷다가 불안감 속에 무라토민박집(室戸の宿竹の井)으로 들어가 여장을 풀었다. 아직 해가 남았지만 피곤한 데다 비가 오기 시작하기에 더 걷는다는 것이 무리라고 여겨졌다. 강한 정신적 담력보다 풍부한 감정의 조절이 필요했다. 민박집은 20대의 젊은 남자가 운영하고 있었는데 비교적 깨끗했다. 저녁과 아침을 포함해서 6,500엔이라고 했다. 생활 모습이 간단하면서도 절제의 미를 풍긴다.

걷는 것 자체가 목적이지만 이튿날 아침이 돼서 그런지 걷기보다 눕고 싶고 쉬고 싶은 마음이 간절했다. 비가 내 마음을 후빈다. 비를 맞으며 해안가 마을 길을 따라 4km쯤 걸었다. 그런데 비탈길이 앞을 막는다. 무거운 발을 재촉하며 해발 160m쯤 되는 산길을 올라가니 26번 절 콘고쵸지(金剛頂寺)가 나타났다. 일본인 50대의 남자 순례자를 만나서 초콜릿을 나눠 먹으며 잠시 쉬었다.

걷고 산다는 것은 만나는 것이 아니던가. 내려오는 길은 급경사에다 숲길이었다. 거미줄이 얼굴에 걸리고 미끄럽기도 했다. 어렵게 내려오니 55번 국도를 만났다. 나는 급하게 해안가 국도와 마을 길을 무조건 걸었다. 걷는 좌측의 태평양 해안가는 파도가 심하다. 다가오는 태풍 때문이다.

나는 사라지기 위해서 계속 걷는다. 26번 절을 나와 혼자 24km쯤 걸었을까. 만나는 풍광과 사람, 짐승이 모두가 감동 깊은 대상들이다. 나는 27번 절인 코노미네지(神峯寺)를 앞에 두고 타노(田野町) 근처의 한 여관(山郷旅館)에서 일박하고 아키시(安藝市)로 들어갔다.

아키시는 해안가에 자리 잡은 비교적 번잡한 소도시다. 산비탈 들판길 숲속에 홀로 남은 자가 된 듯이 걸었다. 순례길에서 만나는 농촌 마을은 소박하고 클래식하다. 포근함으로 걷는 사람들을 어루만진다. 토사해안(土佐灣)을 바라보면서 콘난시(香南市)에 속하는 게이세이(藝西村)의 한 민박집에서 또 일박했다. 일본식 다다미(疊)는 바닥을 깔은 것이지만 깔끔함과 단아함을 보여주었다. 걸어온 며칠을 결산해 보니 "마른 풀 같고 시들은 꽃 같은(이사야: 40) 나를 일으켜 세우는 걷기"였다.

미친 발걸음으로 10월 4일(목) 아키시를 빠져나와 콘난시를 지나 오후 1시경 노이치역(のいち)에 도착했다. 시골에서 보기 어려운 현대

식 상가와 음식점이 있다. 많은 사람이 쇼핑을 즐기고 있다. 허기가 도는 가운데 전문 식당가로 들어가 고기볶음(700엔)을 주문했다. 볶은 소고기를 넣은 돌솥밥에 김치, 고사리 등을 넣어 비벼 먹는 음식이었다. 초딩 입맛일까? 좀 짜고 기름진 음식이다.

세상은 넓고 맛 나는 것은 천지에 깔려있음을 알 것 같다. 오후 2시경 식당을 나와 길을 스마트 폰으로 확인하며 22번 지방도를 따라 올라갔다. 길가는 사람과 같이 미소 지을 일도 없이 한참 걸었는데 눈앞에 28번 절 다이니치지(大日寺)가 나왔다. 거의 30km를 걸어서 온 절이다. 신 앞에서 조화를 이루고 살아가는 참배객들이 서성거린다. 무지렁이 민중들이 합장하고 반야심경을 외우고 있다.

이어 나는 그곳 관광 상품을 파는 아주머니와 몇 마디 나누다가 일어났다. 누구를 만나 수다를 떨고 쉴 사이 없이 29번 절 코쿠분지(國分寺)로 향했다. 다이니치지에서 9km 남짓 떨어진 거리다. 논과 밭길을 지나 큰 다리(戸板島橋)를 건너니 비교적 복잡한 가미시(香美市)가 나왔다. 그런데 여기서 이정표가 확실치 않았다. 이상한 기분이 들었다. 내가 못 보고 지나친 것인지 이정표가 보이지 않아 매우 당황했다. 사람들에게 몇 번이고 물으면서 걸었지만 혼란스러웠다. 거의 코쿠분지(國分寺)에 온 듯한데 이정표가 나오지 않았던 것이다. 이때 자전거를 타고 지나가는 학생에게 코쿠분지를 물었다. 학생은 아직 3km 너 가야 한다며 자세히 길 방향을 알려 주었다. 불안하기는 마찬가지다.

그런데 내가 힘들게 걷고 있는데 그 학생은 가던 길을 되돌아와서 나를 절까지 안내해 주겠다면서 따라오라고 했다. 낯설은 45번 국도를 따라 함께 걸었다. 학생은 자전거를 끌고 나는 그를 따라 걸어가면서 어렵게 말을 나눴다. 잠시 후 왼쪽 방향으로 코쿠분지(國分寺) 푯말이 드디어 나왔다. 반가웠다. 그런데 해가 저물어 목적지까지는 왔는데 잠자리가 문제였다. 학생에게 우선 숙소가 어디 있는지 아느냐고 물었다. 하지만 그는 알 수 없다며 난감해하는 눈치였다. 학생은 스마트 폰으로 검색해서 전화를 해보더니 방이 없다는 것이었다. 그 지역의 민박집 등을 찾아보았으나 역시 방이 없다는 답변만 돌아왔다.

할 수 없이 나는 학생에게 이 근처 경찰서가 있으면 경찰을 불러 달라고 부탁했다. 그러자 학생은 경찰과 통화해서 사정 얘기를 했다. 잠시 후 50대의 경찰이 왔다. 다행히 영어가 되는 푸근한 시골 아저씨 같은 이미지다. 내가 방을 구하지 못해서 그러니 민박집이나 공공장소, 혹은 기타 숙식할 장소를 구해 달라고 했다. 그는 어딘가 전화를 하더니 코쿠분지로 가서 일박하라는 것이었다. 그러면서 자기 차로 데려다주겠다고 했다.

이렇게 고마운 일이! 그러나 경찰은 나를 절 앞에 내려 주고는 급히 가버렸다. 나는 어두워진 저녁 절 안으로 들어가 관리인을 찾았지만 아무도 없었다. 다시 밖으로 나와 뒤쪽 주택가에 불빛이 새어 나오는 곳으로 가서 문을 두드렸더니 스님과 부인이 나왔다. 남자는 스님이라는 이미지와는 다르게 건장한 체구에 목소리도 우렁찼다. 거드름이나 피고, 힘 있는 척하는 건달같이 보였다. 혹시 '가짜 중'인지도 모른다는 생각마저 들었다.

그는 부인과 뭔가 말하더니 절로 들어가는 산문(山門, 인왕문), 우리가 알고 있는 '일주문' 같은 곳의 처마 밑을 가리키며 이곳에 자라고 했다. 부인은 텐트를 가지고 왔으면 주차장에서 자면 된다고 말했다. 나는 난감한 나머지 텐트가 없고 침낭뿐이라고 하니 그러면 여기서 잘 수밖에 없다면서 근처에 놓인 벤치 두 개를 가져다 겹쳐 놓으며 자라고 했다.

이런 황당한 일이! 고독한 방랑자를 이렇게 취급하다니. 길손에게 따뜻한 물 한 모금을 전하는 것이 인간의 도리가 아닐까? 그러나 할 수 없이 나는 이곳에 배낭을 풀고 잠자리를 만들었다. 노이치역에서 구입한 햄버거와 빵으로 저녁 식사를 대신했다.

이미 날이 어두워 8시가 되면서 침낭을 펴고 간신히 누우니 하늘에는 별빛이 반짝이고 달빛이 으스름하다. 밤공기가 차갑게 느껴지며 풀벌레 소리와 모기가 얼굴 위를 날아다녔다. 의자가 짧아 발이 의자 밖으로 나갔다. 배낭을 의자에서 내려 베개로 삼으니 간신히 잘 수가 있었다. 내 생애 이 같은 곳에서 노숙을 하는 것은 처음이다. 물론 피곤한 몸이지만 잠을 잘 수가 없다. 한국에서 안전한 여행을 위해 기도하는 가족들이 어른거렸다. 또 2시간 넘게 나를 도와주던 학생(甲藤福太)도 떠올랐다. 그는 고등학교 2학년생으로 한국의 K팝을 좋아하고 걸그룹의 팬이라고 했다. 참 고맙고 마음씨 고운 학생이다. 나는 혹시 한국에 오면 꼭 연락하라면서 명함을 주었다. 언젠가 소식이 오려나 기다려질 것이다.

이런저런 생각으로 뒤척이다가 미리 준비해간 수면제 한 알을 먹고 어렵게 잠이 들었다. 얼마나 잠을 잤을까. 자정 시간도 안 되어 깼다. 잠자리가 불편하니 당연한 것이지만 또다시 선잠에서 허덕였다. 나 자신이 벌거벗은 생명같이 느껴졌다. 슬픔과 외로움의 극한까지 추락하는 기분이다. 그러기를 몇 시간, 새벽 4시를 넘어서고 있다. 사위는 아직 어둑컴컴한 밤이다. 그러나 정신이 맑아진다. 걸어야 할 하루 코스를 생각하며 5시 20분에 배낭을 챙기고 주위를 정리한 후 급히 출발했다.

□ 힘든 길에서 만나는 따뜻한 손길들

길은 끝나지 않았다. 오늘은(10월 5일) 30번 절 젠라쿠지(善樂寺)로 가야 한다. 코쿠분지에서 약 7km쯤 되는 거리다. 논밭 길과 코쿠가와(國分川) 강둑을 따라 한참 걸으니 편의점(Law Son)이 보였다. 편의점으로 들어가 김밥 한 줄과 우유, 꼬치구이로 아침 식사를 했다. 많은 직장인들이 이곳에서 간단히 식사를 하고 일터로 나가는 모습이 새롭게 보였다. 매우 바쁜 현대인들이다.

비교적 평탄한 384번 국도를 따라 걸었다. 그렇지만 또 안내 표식이 보이지 않았다. 한참 당황했지만 다행히 젠라쿠지(善樂寺) 근처에 가서야 안내 표시가 나왔다. 젠라쿠지 역시 이제까지 본 사찰과 크게 다르지 않다. 본당의 부처가 밖의 숲과 나무들의 반짝이는 빛깔

고치(高知) 역 광장에서
주변을 둘러보며....

속에 웃는다. 아직 이른 아침이지만 구름 사이로 햇볕이 얼굴을 만
진다. 주위에는 사람이 보이지 않는 홀로의 시간이 흘렀다. 차별화
된 경험으로 다가왔다.

다음에 찾은 곳은 젠라쿠지(善樂寺)에서 6.4km 떨어진 31번째 절
지쿠린지(竹林寺)다. 처음에는 이 길 역시 평야 지대로서 강둑을 따라
걷는 길이다. 44번 국도를 따라 걷다가 코쿠가와(國分川) 강 다리를 건
너가는 좌우에는 끝이 없는 평원지대. 푸른 강줄기가 아름답게
흐른다. 이어 고치(高知)로 들어서는 소도시(高知高須)를 지나 마을 뒤
안의 좁은 길을 따라 가다가 산비탈 길을 올랐다. 뒤를 보니 외국인

젊은 부부가 뒤따라 왔다. 반가워서 "하이, 굿모닝!" 하고 인사를 나누며 같이 걸었다. 유럽 벨기에서 왔다면서 매우 흥미로운 여행을 한다고 했다. 어느덧 해발 120고지에 있는 지쿠린지에 도착했다. 사찰 주변에는 식물원(牧野)과 기념관(牧野富太郎)이 있어 참배객이 많이 보였다.

32번 절인 젠지부지(禪師峰寺)로
가는 길을 안내하는 길가의 안내판.

또 전통 의상을 입은 신랑 신부가 웨딩 사진을 촬영하고 있었다. 우리나라와 비슷하게 사진 찍는 4명의 스태프들이 분주히 움직이며 신랑 신부의 색다른 포즈를 잡아 주고 있었다. 나는 그들과 사진을 한 장 찍으며 행복을 지었다. 그리고 고목 나무들이 우거진 조용한 사찰 경내를 걷다가 주위 상점으로 들어갔다. 주인 할머니로부터 차 한 잔을 대접받으며 32번 절인 젠지부지(禪師峰寺)로 가는 길과 여관의 주소를 물어서 두 곳의 여관 주소와 전화번호를 받고 떠났다.

걷는 동안 하루가 다르게 몸에 대한 경고신호가 울렸다. 결국 문제가 생겼다. 지쿠린지(竹林寺)에서 출발해 한참 비탈길을 내려오다 다리를 헛디뎌 앞으로 넘어졌던 것이다. 제기랄! 무수히 뒹구는 돌들, 어지럽게 들어낸 나무뿌리들을 피해 조심하며 내려왔지만 밟은 돌이 구르면서 나도 굴러 넘어졌다. 까마귀들이 머리 위를 날아가며 먹이를 찾는 듯했다. 불길한 생각도 들었다.

그러나 걷기는 내 몸과의 싸움이다. 절름발이라도, 작은 걸음일지라도 걸어야 한다. 그러기를 한참, 어렵게 높은 산길을 벗어났다. 넓은 들판에 강(下田川)과 다리, 논밭들이 펼쳐진다. 논에는 크고 작은 우렁이들이 기어 다니며 생명활동을 하고 있다. 고치 시(高知市)와 연결되는 고치 동부 자동차전용도로를 만나기도 한다.

나는 이어 247번 도로를 따라 걷다가 길을 물을 겸 신고배(新古梨)를 판다는 집으로 들어갔다. 길 언덕에 있는 집인데 두 할머니가 배를 골라서 비닐봉지에 담고 있었다. 한 개만 사고 싶다고 했더니 오 닷세이라며 칼로 깎아 주면서 그냥 먹으라고 했다. 나는 배를 맛있게 대접받으면서 근처에 여관이 있느냐고 물었다. 허리 통증이 심해서 휴식이 필요했기 때문이다. 할머니는 두꺼운 전화번호부를 꺼내

한참 찾더니 매우 멀다고 했다. 이때 또 다른 마을 할머니가 들어왔다. 이들 역시 배를 사러 온 것이다. 네 할머니가 한참 반갑게 대화를 하며 배를 한 봉지씩 사들었다.

그리고 나서는 한 할머니가 나에게 여관까지 데려다줄 테니 자기 차를 타라고 했다. 너무나 고마운 일이다. 오늘은 날씨가 안 좋다면서 걱정을 했다. 세찬 바람과 함께 하늘에는 먹구름이 가득했다. 차를 타고 14번 도로를 20분 정도 갔을까? 고치 시에서 유명하다는 관광지인 '국민숙사계병장(國民宿舍桂浜莊)'이라는 곳에 도착했다. 할머니는 데스크 종업원에게 특별히 부탁해 주는 것도 잊지 않았다.

배정받은 403호 방에서 문밖을 바라다보니 바다는 파도와 함께 아우성이다. 좌우로 태평양 바다가 잘 보이는 언덕 위의 여관이라 해일 등 물난리를 당하지 않을 것 같았다. 사람들은 태풍이 온다는데 크게 신경 쓰는 것 같지 않았다. 그러나 밤새도록 태풍의 위력을 방송하고 있다. 그러나 나에게는 멋진 밤이었다.

방랑자에게는 맛있는 한 끼 식사가 중요하다. 저녁 아침 식사를 포함해서 7,990엔을 지불하고 기분 좋게 여관을 떠났다. 다시 길을 떠나면서 우아하게 아름답게 늙어가는 노인들이 떠 올랐다. 고치현 남국시(南國市)에서 살고 있다는 할머니(田島香壽代)가 너무나 고마웠다. 여행 중에 만난 '명품노인'들이다. 속이 따뜻하고 지적인 이미지, 그리고 있는 척 아는 척하지 않는 숨김이 없는 시골 노인들이다. 시코쿠 길에서 만나는 이곳 현지인들의 환대하는 마음을 느낄 수 있다. 알면 달라지고 보면 변하게 마련인데 그러기에 더 배우고 더 봐야 일본을 알 것 같았다.

그런데 어제저녁의 심한 비바람은 어디로 갔을까? 날씨가 쾌청했다. 공기는 좀 쌀쌀하지만 햇볕은 따사롭다. 일상생활이 정상적으로 돌아가는 듯하다. 꼬불꼬불한 산길을 내려와 포호대교(浦戸大橋)를 건너서 마을 길을 따라 걷다가 종기도선장(種岐渡船場)에서 조그마한 페리호를 타고 33번 절 셋케이지(雪磎寺)에 도착했다.

생각했던 것보다 초라한 모습이다. 새로 개축해서 그럴까? 볼품이 없었다. 어떤 모양이든 "내세의 불멸을 원하는 사람들의 발길은 계속되겠지" 하며 돌아서서 다시 걷기 시작했다. 안내 책자에 보니 약 6.4km를 더 걸어가야 한다. 길에 비친 내 그림자를 보며 한 시간쯤 걸었을까? 평지길 옆에 있는 34번 타네마지(種間寺)에 닿았다. 큰길가에 있는 절이다. 순례객이 부처를 보며 합장을 한다. 사찰 경내를 돌아보면서 몸과 마음, 정신과 영혼이 충만해지는 듯하다. 나 역시 눈으로 보는 사찰과 마음으로 보는 사찰의 세계가 다르게 '비움'으로 다가왔다.

먼길을 걸어왔다. 하지만 여전히 나는 '나'다. 타네마지에서 다시 몇 번의 둑길을 바꿔서 278번 도로를 따라 걷다가 35번 절 키요타키지(清瀧寺)에 이르렀다. 약사여래불이 길손을 맞이한다. 또한 '계단 순례'라는 특별한 길에는 노부부가 손을 잡고 걷고 있다. 내 얼굴에는 구름에 땀방울이 솟는다. 조용한 절간에서 염불송경(念佛誦經) 소리가 나를 위로했다.

이어 방문한 도사시의 36번 절 쇼류지(青龍寺)이다. 시골의 조용하고 아득한 절이다. 산문(인왕문)을 지나 가파른 계단을 올라갔다. 본당에 대사당, 납경단이 보인다. 잠시 쉬고 있는데 일본인 남자가 와서 "어디서 왔느냐?"며 말을 걸어왔다. 그는 이 절은 뱃사람들이 항해의 안전을 빌기 위해서 온다고 했다.

법정 스님은 "모든 여행의 궁극적인 목적이 행복"이라고 했는데 '나는 시코쿠 길을 걷는 동안 행복했나?' 하고 자문해 보았다. 사실 내 마음을 알아보려고 구시렁 대면서 어렵게 2주일간을 쉬지 않고 걸었다. 그러나 팔다리뼈가 망가지는 듯했다. 엉뚱한 저항감도 생겼다. 내가 이렇게 힘들게 들판길 산악길을 걸어서 사찰에 닿을 때에는 "나는 전생에 어느 절의 중노릇이라도 했는가?" 하고 불편한 마음도 들었다. 나는 다시 물었다. "걷기가 정말 힘든가?" 그러나 가보지 않은 길을 걸어갈 사람들은 계속되겠지, 수많은 절들은 중생들의 병들고 약한 몸을 치유하는 신의 장소로 남아 있겠지……

결국 나는 더 이상 걷기를 중단하고 배낭여행 삼아서 56번 국도로 빠져서 버스로 토사시(土佐市)를 지나 수사키(須崎市)로 들어가 일박했다. 이날은 비가 많이 내리는 탓인지 "70대 나이에 먼길을 걷겠다는 위험한 모험을 왜 하려고 하는가?" 하는 후회도 들었다. 나는 몸 상태가 좋아지면 수십km 떨어진 37번 절 이와모토지(岩本寺)까지 내려갈 참이었다. 그러나 지쿠린지에서 내려오다가 넘어지면서 다친 허리 통증이 더 심해진 데다 나 자신을 잘 모를 정도로 지쳐갔다. 내면의 목소리도 들리지 않았다. 나는 어쩔 수 없이 10월 6일 걷기를 중단하고 고치 시에서 일박하며 귀국을 서둘렀다.

지나간 추억은 다 아름답다. 어차피 걷자고 떠난 길, 힘들어도 긍정적인 마인드로 목적지까지 걸으려고 했다. 혹시 길을 잃어도 "괜찮다."라며 편안히 걸을 작정이었다. 그러나 걷기는 한계에 부딪치면서 나의 시코쿠 길 놀이는 시작한 지 17일 만인 10월 8일 귀국 비행기를 타면서 끝나고 말았다. 걷기는 시작하기는 쉬웠으나 목적지까지 완주하지를 못했다. 걷지 못한 남은 코스를 다음 기회로 미루려니 아쉽기만 하다. 건강이 허락되면 다시 와서 남은 꽃길만 걸었으면 좋겠다. 걷기 끝에 오는 피곤, 절망과 희망의 길에서 나를 다시 본다.

신의 나라: 부처의 나라인가, 신도의 나라인가?

인간은 태어나면서부터 종교적 삶이다. 여행과 걷기에 있어서 만나는 곳마다 정신적 발견과 실질적 발견의 대상이 된 것은 일본의 종교이다. 한마디로 일본은 신의 나라라는 사실을 깨닫게 된다. 일본에는 8천 개의 신이 있다. 75,000개의 사찰과 300,000개 이상의 불상이 있다고 한다. 일본을 여행할 때마다 "일본 사회문화 속에서 보이지 않는 근원의 존재는 뭘까?" 하면서도 "부처의 나라인가, 신도의 나라인가?" 하고 궁금해진다. 문학 예술가 종교인들의 탐구대상이지만 일본이 '신의 나라'라는 인식이 현대 일본 사회에서 유효한 것 같다. 어디를 가더라도 일본은 신의 땅이라는 느낌이 강하게 들기 때문이다.

일본의 불교는 6세기경 인도 중국 그리고 한국으로부터 전파되

일본인들은 8천여 개의 신을 섬기고 있는데, 그 대표적 종교 시설이 신사이다. 시코쿠 순례 길 걷기 중 金泉寺 앞에서...

었다. 삼국(고구려, 신라, 백제)의 이주민이 불교를 전했다. 일본 각지에 퍼져있는 산사는 약 12만여 곳에 이르며, 그중 8만여 곳의 산사가 한반도 이주민과 깊은 관련이 있다고 한다(이정면, 2015). 일본으로 전파된 시기는 서기 538, 548년쯤으로 예상한다. 일본의 불교는 초기부터 개인 신앙으로서의 불교(사찰없이 불경이나 작은 불상을 대상으로) 사찰 불교로 볼 수 있다. 낯익은 3층 석탑이 보인다. 부처(佛陀)의 신체적 특징이 다양하게 그려져 있다. 인상, 자세, 의상 등 양식이 비슷하다. 비로자나불(毗盧遮那佛)상이 비슷하다. 또 백제탑과 유사하다. 백제의 산림불교(山林佛敎)가 성행했듯이 시코쿠 역시 산림수행의 좋은 중산간에 세워졌다. 절들이 자연과의 조화를 이루고 있다.

사실 일본은 신의 나라로 국가신도(國家神道)를 정신적 지주로 삼고 있다. 통치신학으로서의 '신불습합'을 이루고 있는 나라다. 신도, 사찰은 종교건물이지만 일본의 사회제도와 다름없기 때문이다.

그렇다면 신도(神道, Shinto)란 무엇인가? 일본 신도의 신앙체계는 일본인들의 생명 자체이고 모든 행동의 동기가 되며 삶의 좌표가 된다. 그리고 신사(神社, Sinto Shrine)는 우리의 신궁(神宮)과 같은 곳이다. 신사는 우지마에(氏信)로서 마을을 지키는 신이라는 뜻이다. 신사는 고대로부터 국가적인 종교의식으로 자리 잡으면서 현재까지 '신기질서'(神祇秩序)가 제도화된 나라다.

이 같은 제도화는 에도시대의 국학자인 모토오리 노리나가(本居宣長, 1730~1801)의 '고시키전(古事記傳)'에서 일본의 신화를 재구성하면서 본격화되었다. 신도의 신으로 불리는 '가미(迦微, カみ)' 개념을 비롯해 일본 고전에 나오는 천지의 제신들을 포함해서 인간, 조류, 짐승, 초목, 바다, 산 등 모든 존재에 신이 있다고 하는 범신론적인 것이다. 일본인들의 조상숭배와 가족의 안녕은 '신들의 도'를 따라 완성해가는 삶이 되었다. 도처에 마련된 제단 혹은 신주들은 존재론적 인간의 불안과 구제에 대한 열망을 나타내는 것들이다.

좀 더 보태면 신도의 신앙체계에는 삶과 죽음, 희망과 상실, 낙관과 비관, 선과 악이 뒤잉켜 있는 형국이다. 불교, 신도, 무속이 한데 묶여 습속화 된 민간신앙형태를 띠고 있다고 할까. 특히 신사와 사찰이 공존하는 이른바 '신불습합'(神佛習合)의 형태를 띠고 있다. 그러

므로 일본인들에게는 서양종교에서 말하는 '절대신' 혹은 '절대의 선과 악'이 없다. 신도에서는 특별한 '경전'이 없이 무속적 신앙의 배경이 되는 나무, 바위, 강, 천둥 돌풍 속에 이르기까지 삼라만상에 신이 있다고 본다. 심지어 한 알의 쌀에도 혼이 깃들어 있다고 믿는 그들이다. 이를 야오요로즈노카미(八百万の神)라고 한다.

여행 중 자주 보이는 것이지만 사람들이 신사, 사찰에서 줄을 당겨 종을 치며 소원을 빌거나 마을 모퉁이에 마련된 신단에 제물을 바치는 모습이 이를 반영한다. 일본인들에게 생명력을 고갈시키는 것은 케가레(けがれ), 즉 부정적인 악, 더러움, 혐오스러움이다. 따라서 그것을 하라이(はらい), 즉 정화의례로 신에게 빌어서 부정을 없애는 일이 일생의 과업이다. 다시 말해 하라이에는 악과 흉을 씻어내는 의례와 선(善)과 복(福)을 불러오는 의례를 행하게 된다. 이 두 가지는 통상 동시에 이루어진다. 신과 마주하는 축제로 선을 행하며 살아가야 한다는 의미를 던져 준다.

일본 사람들은 살아가는 의례, 즉 탄생과 성장 과정에서의 시험, 취직, 결혼은 물론 길흉, 질병의 극복을 위해 신사를 참배하고 신에 기도를 드리는 것이 생활화돼 있다. 이때 신찬(神饌)을 바치게 되는데 돈은 물론 술과 떡 주먹밥을 올리기도 한다. 혹은 향을 피우고 종을 치며 부적을 받아 지니며 신을 찾아 헤맨다. 중생들에게는 외면할 수 없는 생명력이 아닐 수 없다. 수백 년을 견디며 중생들을 이끌어온 사찰들은 영혼의 고향이다. 이곳에서 사람들은 화복을 빌며 자식을 낳고 죽어갔으리라.

그 외 일본식의 '특유의 미'라고 할까? 신사, 사찰들은 신기함과 매력을 동시에 지니고 있다. 신사 입구에는 어김없이 기둥문이라는 붉은 도리이(とりい, 鳥居)가 서 있다. 사찰마다 색다른 무한의 의미를 지니고 있다. 육중한 나무 기둥과 널빤지로 축조된 신사들이 일본의 문화생태를 엿볼 수 있는 곳들이다.

이런 신사 사찰들은 도시, 마을마다 랜드마크다. 역사와 문화, 예술이 숨 쉬는 곳이다. 그런데 엉뚱한 질문을 해본다. 염불을 외우고 기도하지 않는 자에게도 신(God)은 올 수 있을까? 반대로 순례길에서 신을 못 만나면 어디서 만날까? 하지만 누구든지 신과의 관계를 벗어날 수 없다. 나만의 독특한 방식으로 신을 만나는 것뿐이다. 결국 우리는 신을 찾는 존재다. 우리가 눈물과 고통이 올 때 신은 자신의 얼굴을 내미는 법이다.

제 5 장

예술 소비 욕망의 도시 파리를 걷다

5. 예술 소비 욕망의 도시 파리를 걷다

　밖에 나가면 수천 가지 매혹적인 현상으로 가득 차 있다. 걷기를 통해 만나는 아름다운 자연, 수많은 사람들, 고대유적들, 명품의 상가들, 그리고 나 자신이 느끼는 내면의 세계를 더듬어 보고 느끼는 감정은 일종의 예술 행위다. 특히 세계의 도시 파리를 걷는 것이 그랬다. 파리에는 박물관, 고궁, 책방, 그리고 미술관, 오페라, 카페 거리가 남다르다. 며칠간 돌아봐도 색다른 놀라운 광경을 볼 수 있다. 이런 거리를 걷는 사람들은 지적 심미적 예술적 호기심으로 가득하다. 예술 문학 패션 음식에 이르기까지 과거와 현재 미래가 다양하게 공존하고 있다. 파리만이 갖는 열린 사회, 자연스러운 모습을 발견할 수 있다.

우리가 가끔 여행 이야기를 하다 보면 파리를 빼놓지 않는다. 흔히 "파리를 아직 안 가봤어?" 하며 여행담을 꺼낸다. 나는 그동안 파리를 세 번 방문해 대부분의 관광지는 이미 둘러보았지만 지금도 감동적인 추억으로만 남아 있다. 파리는 여전히 나의 '관심 영역'으로 남아 있기에 이번에는 파리지앵처럼 여유를 갖고 즐기는 일정으로 잡아 파리 시내를 소요자처럼 어슬렁거렸다. 공식 출장 중에 파리를 잠시 들리거나 관광차 방문한 적이 있으나 지난해에는 느긋하게 나 홀로 파리 길거리를 걷고 싶었다. 몽파르나스 지역에 호텔을 정하고 한가로이 보냈다. 한국 유학생 가이드를 택해 7일간 파리 시내 구석진 곳을 산책자로서 걸어 다니며 파리문화를 찾아보는 것은 남다른 기쁨이었다.

그렇다. 낯설은 도시 파리에서 나를 보자. 가능한 많은 것을 보려 했고 바쁘게 많은 장소를 찾아다녔지만 내 기억에 남는 몇 가지 사실들을 떠올리며 경험하고 느낀 바를 늦게나마 남겨두고자 한다. 마음과 가슴속으로 혁명의 도시, 앙리 4세와 루이 15세의 파리, 나폴레옹의 영웅적 발자취를 찾아보는 것, 그리고 발자크, 릴케, 사르트르, 푸코, 고흐, 달리 등 예술 문학, 사상가들의 흔적을 찾아보는 것만으로도 파리 시내 걷기는 값진 것이었다.

혁명의 도시 파리

다시 만난 파리, 수시로 모습을 바꿔가며 변해가는 파리, 흥분을 일으키는 도시이자 오래된 서구문화의 중심 도시다. 옛 모습 그대로 보존돼 있거나 많이 변해가는 모습이 한눈에 들어온다. 그 자체로 신기하고 전통적이며 발칙한 현대적인 도시다. 도시는 지리학적으로 정치구역, 오페라 구역, 상업지역, 문학예술 구역 등으로 나누어져 있다. 허공에 우뚝 선 성당, 구름 속에 들어간 종탑, 기묘한 타워들과 조각품들이 사람들을 압도한다. 마치 신이 머물고 있는 곳처럼 보인다. 황제의 목이 달아난 곳은 하늘을 찌를 듯한 위세가 넘쳐나겠지만 순간에 완패하는 죽음을 맞이한 광장들은 많은 사람으로 붐빈다. 그 처연함이 하늘에 닿아있는 것 같다.

파리는 고대 마을로부터 현대도시로 발전하면서 세계의 명품도시로 명성을 얻었다. 부드럽고 우아한 르네상스 양식의 파리 시청 건물을 비롯해 궁정풍의 건물들은 예술품이다. 인간이 만든 문화 사회 속에서 그곳의 사회적 정체성을 감지할 수 있다. 샹젤리제 거리 서쪽에 높이 솟은 개선문, 멀리 떨어진 에펠탑과 루브르 박물관이 한눈에 들어온다. 모나리자 그림을 간직한 루브르 박물관, 그 옆의 샹젤리제 록세루아 교회가 있다. 왕정과 구교에 의한 신교 탄압으로 인해 많은 사람이 죽었다는 교회다. 루브르 박물관에서 북쪽의 샹젤리제 거리와 평행선을 따라 개선문까지의 생토노제 거리는 우아하고 화려한 명품의 상점들로 가득하다.

또 파리는 혁명의 도시다. 걸을 때 옛날 사람들이 걸었던 길을 걷는 것은 그들의 발자취를 느끼는 것이다. 파리의 이미지는 루이 14세의 절대왕정 시기에 전 유럽이 부러워하는 도시로 발전했다. 제2차 대전 중 독일의 파리 점령(1940~1944) 당시 독일군대와 탱크가 파리를 휩쓸고 나치의 고리 십자가 기(旗)가 에펠탑에서 펄럭거렸을 것이다. 나폴레옹의 군대가 샹젤리제 거리를 세차게 지나간 거리다.

특히 파리에는 혁명의 유산이 시민들 핏속에 흐르는 듯하다. 파리를 걷다 보면 많은 기념물 광장을 볼 수 있다. 광장에는 크고 작은 사건들의 역사가 숨어 있다. 1870년부터 계속 세워진 동상이 300여 개에 이른다고 한다. 광장, 공원 등 공공장소에 위인 동상을 건립해 존경 대상에 대한 공적 숭배의 전통을 이어가고 있다. 이를테면 에펠탑이 있는 상드 마르스 광장에는 기원전 로마군에 맞서서 싸운 파리 원주민들의 투쟁역사가 잠겨 있다. 앵벌리드에는 루이 14세, 팜레온에는 루이 16세, 방돔 광장에는 나폴레옹 동상이 서 있다. 그 밖에 파리에는 사상가, 예술가들의 동상이 많다. 화가, 시인, 몽상가들의 크고 작은 동상들이 길손을 멈추게 한다.

덧붙이면 내가 파리 거리를 걸으면서 특정한 역사적 사실들을 불러낼 지식도 없지만 젊었을 때 프랑스 혁명사를 읽은 적이 있다. 시민들의 손에 루이 16세와 그의 부인 앙투아네트의 목이 잘리는 대혁명 혼란을 겪었던 사실들이 어렴풋이 떠올랐다. 1793년 1월 21일 오전 10시 22분 혁명광장을 가득 메운 2만여 명의 분노한 군중이 숨죽이는 가운데 얼마 전까지 국왕 루이 16세라고 불리던 한 남자의 목덜미로 은색의 칼날이 내리쳤다. 그리고 그의 부인도 38세의 나이로 '인민의 면도날'로 불리는 기요틴으로 처형당했다. 멋진 남편, 아름다운 아내, 하나는 살고 다른 하나는 죽어야 하는 관계로 전락했다. 죽어가는 황제와 혁명 군중의 분노, 믿음과 배신의 역사였다.

그야말로 프랑스 혁명기 파리에서 일어난 처형장은 드라마틱하다. 샤를 앙리 상송이라는 남자는 당시 왕과 왕비의 목을 베는 등 총 3,000명의 죄인을 처형했다고 한다(산이치 사카모토, '이노센트', 2016) 그런 모습에 대해 신은 군중들에게 이렇게 말했을 것이다. "너 보았느냐? 순리대로 살아가는 것이 옳지 않니?" 하고 말이다. 지금도 그런 소리가 나에게도 들리는 듯하다. 역사적 인물들은 백성들이 사라지고 기억에서 지워지는 영웅들의 흔적들만이 남아 있다. 지금으로부터 220년 전 기요틴(Guillotine)에 의해 희생된 사람들이 많았으나 지금은 매우 활기차고 평화로운 파리 시내다.

프랑스에서 빼놓을 수 없는 이야기는 나폴레옹일 것이다. 프랑스의 영웅이자 패배자인 나폴레옹은 특별한 인물이다. 프랑스 군대가 점령한 땅 코르시카의 아들로 태어나 고독과 열등감을 이기고 사상 최대의 영웅이 된 나폴레옹이다. 1821년 5월 5일 나폴레옹이 세상을 떠난 후 세계적으로 8만여 권에 달하는 나폴레옹에 관한 저작들이 나왔다고 한다. 나폴레옹의 신화적 영웅, 그리스 신화에 나오는 프로메데우스와 같은 영웅상을 그려낸 내용들이다.

나폴레옹의 발자국은 사라졌으나 그의 거대한 열망은 지금도 파리 시내에 살아 있다. 파리 시내를 걸을 때마다 파리에 남아 있는 나폴레옹의 흔적들에서 프랑스의 한 세대를 통치하며 국민을 감격의 도가니로 몰아넣었던 모습을 보는 듯하다. 전혀 알려지지 않은 일개 보나파르트 중위가 세계의 황제가 된 눈부신 등장은 놀라운 것이 아닐 수 없다. 가난하고 보잘것없는 30세에 프랑스를 지배하고, 그리고 전 세계를 호령했던 나폴레옹이다. 프랑스 혁명을 주도했던 로베스 피에르(Robes pierre)가 반대파의 반발로 단두대에서 목이 잘렸을 때 나폴레옹은 말을 타고 대중 앞에 나타났던 것이다. 그의 상징적인 이미지는 키가 작은 나폴레옹이 말 위에서 권력을 자랑했던 모습이다. 그를 묘사한 유명한 그림 '알프스를 넘는 나폴레옹'은 어린아이들에게 꿈을 실어주는 그림이 되었다. 프랑스 역사학자 막스 갈로(Max Gallo)의 장편소설 《나폴레옹 5 : 불멸의 인간》(2017)에서 그의 권력과 영광을 엿볼 수 있다.

예술과 소비 욕망의 도시

파리는 소시민, 부르주아, 지배층, 피지배층 구분 없이 자유롭게 살아가는 낭만적인 도시다. 손을 내미는 거지들까지 찌푸리지 않고 동전 한 잎 던져 주기를 기대하며 앉아 있다. 나 역시 꿈속에 잠긴 듯 파리 거리를 헤매다가 넓은 길옆 어지러운 어느 모퉁이에 앉아 있다. 이리저리 가는 사람들은 바람벽을 뚫고 잘도 간다. 활보하는 여인들은 4차원의 모습으로 코믹한 매력이 넘쳐난다. 모든 게 사람이다. 봄바람 탓일까? 보일 듯 말 듯 관능미를 강조하는 시스루(see through) 소재로 만든 옷을 걸쳤다.

나는 파리 센강을 오고 가는 배 '바토무슈(Bateaux-Mouches)'를 타고 야경을 즐기고 배에서 내려와 걸으면서 노상 카페에서 와인 한 잔으로 피로를 풀었다. 6월의 햇빛은 센강 위에서 춤을 추고 창가에는 꽃들이 피어나 가는 길손을 즐겁게 한다. 젊은이들은 센강, 센강 다리에서 포옹을 한다. 교각 난간에서 포옹하며 아래를 더듬는다. 연인들의 센강이다. 센강 주변의 골목길을 걷는 많은 사람이 사랑에 대한 고민을 안고 걷는 것 같다. 몸은 녹초가 되었는데 마음은 분홍빛처럼 다가온다.

날씨는 더할 나위 없이 밝다. 파리 오페라 지구의 오페라 극장(음악당) 앞에서 격정적으로 춤추던 노인들의 아름다운 스텝은 내 기억속에 차곡차곡 남았다. 그들은 흥겹게 춤을 추면서 "우리 같이 춤출래?" 하고 묻는 듯하다. 음악이 흘러나오는 곳이면 발을 구르며 장단에 맞춰 몸을 흔들거나 춤을 춘다. 어디서나 쉽게 볼 수 있는 로맨틱한 춤사위가 벌어진다. 노년기 한 쌍의 남녀가 왈츠곡에 춤을 추는 모습이 황홀하다. 늙으면 백일몽 같은 사랑을 만나기 쉽지 않은데 노년기의 몸 부딪침이 아름답다. 경찰도 옆에서 테러 경계를 하면서 노인들의 춤추는 모습에 정신을 팔고 있다. 파리 노인들은 내가 좋아하는 영화배우 잭 니콜슨 혹은 안소니 퀸의 얼굴을 하고 있는 듯하다.

흔히 '꽃보다 파리'라고 했나. 많은 사람들이 가고 싶어 하는 로망의 도시 파리, 파리는 흔히 예술의 도시라고 한다. 그리고 패션과 낭만의 도시라고 한다. 잠옷을 입고 나온 사람, 초미니의 처녀, 수세미 머리를 한 여인, 벽 밑에다 오줌을 깔기는 사내, 술 먹고 뒹구는 사람, 이 모든 것이 이상스럽게 보이지 않는 파리다. 카페에서 맥주를 마시며 떠드는 사람, 수프 하나로 허기를 채우는 노인, 진한 커피

파리 오페라 지구의 오페라 극장(음악당) 앞에서 격정적으로 춤을 추던 노인들의 아름다운 스텝은 지금도 필자의 기억 속에 차곡차곡 남아 있다.

향에 지그시 눈을 감는 사람, 모두가 낙관주의적이다. 남자에게 버림받고 홧김에 길을 나선 여자인지 머리카락이 엉망인 중년 여인도 지나간다. 한마디로 세상에서 가장 흥미로운 나라다. 여행하는 동안 내 마음이 풍족해지고 여유 있음을 발견한다.

어디 그뿐인가. 어떠한 집도 돌멩이도 패션도 프랑스의 역사를 말해주고 있다. 조상들로부터 물려받은 아름다운 건물과 예술적 작품들이 제 자리를 지키고 있다. 곳곳에 피카소 등의 예술가 초상화 조각들이 눈길을 끈다. 파리는 예술적인 토양에 뿌리를 두고 문화적인 지향과 지적인 인재들의 생활공간으로 성장해 왔다. 예술적 재능이 있는 사람들에게는 지원을 아끼지 않는다고 한다. 파리는 옛것에 얽매여 있으면서도 자신의 과거를 신격화하고 있다. 거지들을 포함해 이방인들에 대해서도 신중하게 방관자적인 태도를 보인다. 아무것도 아닌 곳에서도 사람을 끌어모으는 매력을 가진 도시다.

무가치한 존재는 없는가? 나는 또 다른 태양을 맞이하면서 샛길로 골목길로 빠져 들어갔다. 이때 호기심 가득한 공원 정원이 보였다. 내가 본 파리 정원들은 넓고 화려했다. 언제가 보았던 영국의 넓고 푸른 정원들, 체코의 궁정 정원들이 떠 올랐다. 파리 정원 공원들 역시 그랬다. 화려한 궁전과 고택들로부터 현대식 건물들이 미를 자랑한다. 동시에 부와 권력을 쥐었던 사람들의 몰락한 모습들도 어렴풋이 보인다. 파리에서 가장 오래됐다는 몽마르쉐백화점은 사람들로 붐빈다.

트렌디한 파리의 레스토랑은 비좁지만 웃음이 가득하다. 파리지엥 스타일의 레스토랑은 헤아릴 수 없을 정도다. 레스토랑 식당마다 와인 병이 보기 좋게 진열돼 있다. 프랑스는 세계 와인 생산국 4개 나라(프랑스, 이탈리아, 스페인, 미국) 중의 하나라고 한다. 프랑스 와인은 2,000여 종이 넘는다는데 생테밀리옹에서 생산되는 적포도주가 유명하다고 들었다. 프랑스 미식의 세계, 파리를 여행하는 사람들은 어디까지 먹어봤을까? 화려한 메뉴들이 뭔지도 모르지만 다양하기만 하다.

며칠이 지났을까? 바쁘게 돌아다니다 보니 어느덧 6월 14일 아침이다. "아! 멋진 아침이네." 하며 호텔을 나섰다. 나는 많은 시간을 에펠탑 주변 샹젤리제 부근에서 보냈다. 샹젤리제 거리 에투알 개선문, 사요궁, 에펠탑으로 이어지는 거리다. 그리고 루브르박물관 주변에서 방동광장으로 이어지는 오페라 가로니에, 몽마르트 언덕을 들르고 시태성에서 노트르담 대성당 주변을 걸었다. 퐁피두센터가 있는 보주 광장(Place des Vosges)을 비롯해 베르사유궁전, 뤽상부르공원, 오르세미술관, 소르본대학의 교정과 주변 백화점에 들렀다. 여기저기 시간을 채우기에 바쁘게 보낸 탓인지 컨디션이 좋았는지 정신만은 붕 뜬 해방감을 느꼈다.

산책자로서 어슬렁거림의 기쁨

파리를 걸었던 옛사람들의 행적을 좇아 걷는 것은 참 즐거운 일이다. 파리를 돌아다니다가 2층버스를 타고 파리 시내를 돌아보는 재미, 이때 많은 사람들과 즐겁게 손짓하며 인사를 보내던 기억도 아련하다. 지하철을 하루에 7, 8번 갈아타고 버스를 이용하면서 이곳저곳을 어슬렁거리는 것만으로도 좋은 여행이었다. 그리고 찾아보기 쉽지 않은 골목길들을 살펴보다가 영어전문서점(Shakespeare and Company)에 들러 헤밍웨이의 흔적을 찾아보는 것도 재미있었다. 그리고 주변 골목길에서 만난 화랑이나 액세서리 상점을 둘러보면서 디테일한 아름다움에 젖기도 한다. 거리는 오래된 곳, 새로운 곳을 보여주는 박물관 같았다.

이렇게 이곳저곳을 돌아보면서 나에게 묘한 부러움도 다가왔다. 어떠한 경계도 제약도 없이 대화하고 웃고 생각하고, 때로는 사치스런 패션을 날리며 커피를 손에 들고 있는 사람들 모습들이 그랬다. 또 사람들은 신사복 정장에서부터 청바지, 반바지, 티셔츠 등 자기 마음 내키는 대로 입고 거리를 활보한다. 모두가 보헤미안적인 색다른 광경들이다.

나는 저들을 보는 것만으로 가치가 있었다. 자유란 저런 것인가? 자유란 그냥 '있는다' 함이 곧 자유라고 하지 않던가. 걸림 없는 것이 자유요 이런 자유를 '소요(逍遙)'라고 했을 것이다. 유대계 독일인이며 철학자인 벨터 벤야민(Walter Benjamin, 2016)은 일반 산책자와 다른 의미의 소요자, 즉 한가로이 거리를 거니는 사람들을 소요자라고 했다. 그는 "우리가 걷는 거리는 아주 먼 옛날 사라져 버린 시간으로 데려간다."라고 적었다. 내가 산티아고 순례길 800km를 걷고 난 후 목적 없이 파리 거리를 걷고 있는 모습이 곧 소요자와 같은 기분이 들었다.

오후의 나른한 시간이다. 지금 나는 시간의 주인이 아니다. 길거리 벤츠에 잠시 앉아 숨을 고른다. 그런데 "어, 내가 지금 서 있는 곳이 어딘가? 번잡한 도시 골목인가?" 파리 메트로 2, 5호선을 이용해 마레지구와 앙팡루즈 재래시장을 찾았다. 파리에서 가장 오래된 시장이라고 한다. 헤아릴 수 없는 상품들, 싱싱한 채소와 과일들을 포함해 전 세계의 음식을 먹을 수 있는 곳이다. 어느 나라든지 재래 시장은 그 나라의 문화와 소비 수준을 가늠할 수 있다. 미로의 골목 길, 양쪽에 늘어선 상점들, 소소하기에 혼자 간직하고 싶은 물건들 이 쌓여있다. 이곳 역시 위와 아래도 없는 경쟁과 자유로움이 몸에 배어 있는 듯하다. 길고 짧은 거리 불문하고 긴 골목은 쇼핑의 기쁨, 시민의 놀이터다. 골목 속의 숨은 상점들은 장인정신과 개척정신을 가지고 있다. 나는 다리도 쉴 겸 해서 어느 간이음식점에 들려서 샌 드위치와 오렌지 주스로 허기를 풀기도 했다.

파리는 이곳으로 모여드는 사람들 모두에게 특별한 경험을 제공 해 주고 있다. 나무들도 꽃들도 사람들도 저마다 자기 존재를 알린 다. 최고의 영감을 주는 것이 자연 속이지만 중세기 풍의 건물들, 정 원에도 영감을 느낀다. 멋지고 생동감 있는 파리는 부와 전통이 현 란하게 빛을 발하고 있다. 수많은 사람이 남의 일에 관심이 없이 지 나간다. 흑인도 백인도 동양인도 거리낌 없이 남녀가 어울려 담소를 나눈다. 한 인간이 다른 인간에 대하는 태도가 그렇다. 음식점, 카 페, 박물관에서 저마다 즐겁게 웃고 담소를 나누는 모습에서 영혼 의 자유와 평등을 느끼게 된다. 특히 고궁, 백화점, 공항 등 어느 곳 이든지 중국인들이 넘쳐난다. 특이한 모습들이다. 걷는 사람들 누 구나 이런 파리의 경쾌한 모습을 온몸으로 받아들이고 있을 뿐이 다.

몸이 피곤해지면서 누구와 커피 한 잔을 하고 싶어진다. 마침 하 루 종일 같이 걷던 한국인을 만나 "커피 한 잔 할까요?" 하고 말을 걸었다. 경기도 일산에서 왔다는 이재현(55세) 씨는 혼자 온 것이 가족들에게 미안하다면서 "와인을 곁들인 맛있는 저녁상을 가족들과 즐기는 것이 꿈"이라고 했다. 그는 "동물화하는 한국 사회에서 어떻게, 왜 사는지도 모른 채 세월이 지나갔다."라며 앞으로는 적게 벌더라도 조금 느리게 여유 있게 이웃과 더불어 살고 싶다고 했다. 생물학적으로는 살아 있더라도 감성적 정신적으로 죽어 있는 삶이었다는 것이다. 나는 그의 말을 이해하지 못하는 것은 아니지만 한참 멍해졌다.

연극 무대 같은 카페에서 또 다른 한국인을 만났다. 걸으면서 동행하는 사람들과 말 걸기는 특별한 순간이다. 걷기는 사람들의 피할 수 없는 만남, 그리고 헤어짐의 연속이다. 카페에서 만난 사람은 프랑스 대학에서 정치철학을 공부한다는 20대 말의 청년이었다. 그와 만나서 프랑스 생활부터 세상 살아가는 이야기를 나눴다. 프랑스에 온 지 4년이 됐다는 김정만 씨는 한국과 달리 경쟁에서 벗어나 내면에서 자유로워지는 것이 좋다고 했다. "무슨 뜻이지요?" 하고 나는 호기심에서 다시 물었다. 그는 "여기 와 있으니 자유롭게 살아야 한다는 마음이 없어졌다."라는 것이다. 이것저것 눈치 보지 않고 마음 내키는 대로 자유롭게 누구로부터 방해받지 않고 살아가니 너무나 편하다는 뜻이었다. 나는 그에게 그런 마음이 평생 이어지기를 빌면서 목을 축이는 맥주 한 잔을 사면서 잠시 우리나라의 불편한 현실을 돌아보는 시간을 가졌다.

사실이 그렇다. 몸뚱이가 뒤틀리는 순간이지만 걷는 것은 아름다운 풍광이나 역사적 유적지를 찾아보는 것보다 이곳 사람들의 생활 모습, 걷다가 만나는 사람들의 삶의 의미를 듣고 싶은 것이다. 파리 시내를 걷는 사람들은 소련사람이나 중국인들처럼 째려보고 감시하며 겁을 주는 얼굴들이 아니다. 걷는 사람들이 싱글벙글이다. 와인에 취한 듯 비칠거리는 사람들, 햄버거 아이스크림을 먹으며 걷는 사람들, 세상을 다 얻은듯한 길거리의 당당한 신사들, 어벙한 화가 등 참으로 다양하다.

파리 시내 어느 한 길모퉁이에서 4-5명으로 구성된 '구걸 가족'이 자리를 잡고 지나가는 사람들에게 손을 내밀고 있다.

그중에서도 웬일인지 내 눈에 거슬리는 모습이 있었다. 이곳저곳에 거지들이 많이 보였기 때문이다. 거지들은 이길 저길 모퉁이로 한없는 방랑을 하며 구걸하는 모습이다. 어떤 길모퉁이에는 4, 5명으로 구성된 '구걸 가족'이 자리를 잡고 지나가는 사람들에게 손을 내밀고 있다. 부모들은 구걸할 수밖에 없다지만 옆에 있는 3~4살 어린애는 천진난만하게 웃고 있다. 뿐만 아니라 파리 좁은 골목길에도 노숙인들이 가끔 보인다. 천사가 가난한 이들에게 무엇으로 위로할까? 서울 지하철 역사 주변에서 노숙하는 사람들의 모습과 크게 다르지 않았다. 이들은 사회적 낙오자일까? 아니면 자발적 게으름의 군상일까? 각자도생의 시대에 다름 아니겠지만 자본주의적 경쟁과 고독, 소외의 산물이 아닐까 싶었다.

파리지엥인가?

나는 점과 점을 걷는 방랑자이다. 방랑자는 모든 존재와 소통한다. 파리의 상징인 에펠탑은 특별하다. 독일인 미국인 스페인 이탈리아인 일본인 중국인 한국인 모두가 에펠탑 앞에서 탄성을 지른다. 자신들의 인종적 뿌리 따위는 필요 없다. 다만 서로 인간적인 소통이 있을 뿐이다. 저들 속에 내가 있다. 명품 옷을 걸치고 걷는 한민족 아줌마 4명이 환하게 웃고 있다. 모두가 예쁘게 입었다. 명품 액세서리를 안 해도 즐겁고 아름다울 텐데…….

도보여행에서는 애써 몸치장을 안 해도 되지 않을까 싶다. 그녀들은 들뜬 거리를 걷다가 노상 카페에 앉아 커피 한 잔 하는 모습이 마냥 즐겁다. 나는 그들을 뒤로하면서 또 다른 곳으로 걸었다. 멋지게 포즈를 취하며 사진을 찍고 편안함을 느끼며 걷는 사람들로 가득하다. 나는 안내자를 따라 유치원생처럼 걷는다. 어딘가 복잡한 거리로 이어진다. 도로 혹은 길은 사회와 문명을 연결하는 통로이고 열림과 닫힘의 관계를 뚫어주는 장소들이 새롭다.

개선문 근처에 있는 샤를 드골광장은 방사형으로 뻗어있다. 샤를 드골광장에서 콩코드 광장까지 이어지는 샹젤리제 거리는 퍽 길어 보인다. '샹젤리제'란 말의 의미는 '천국'이라고 하는데 이름 그대로 관광객의 천국이다. 샹젤리제 거리는 패션의 거리, 명품의 거리, 미식가들의 거리다. 길거리에 늘어선 마로니에 나무가 싱그럽고 수많은 상점과 카페가 있어 이곳을 걸을 때는 마치 파리지엥이 된 듯하다. 이곳은 많은 사람이 모이는 곳으로 메트로 지하철 1, 2호선이 지나가고 있다.

어쩌다 기분 좋은 또 다른 하루다. 노트르담 성당에 들렀다. 몇 번 들린 곳이지만 늘 새롭다. 고딕 양식의 가톨릭 성당으로 국가의 큰 행사가 열리는 곳이다. 천장 돔으로부터 빛이 들어온다. 천국의 문인가? 하나님을 믿는 신자, 아니 모두에게 열려 있다는 메시지를 던진다. 인간의 시대에서 과거의 '신의 시대'를 보는 듯하다. 유럽의 성당 이미지가 거의 비슷하지만 노트르담 대성당은 세계적으로 이름난 영혼의 여행지(soul destination)다. 1804년 나폴레옹이 프랑스 황제로서 대관식을 올린 곳이다. 이때 나는 1990년대 말의 영화 '노틀담의 꼽추' 이미지가 떠올랐다. 빅토르 유고(Victor Hugo)의 소설 '노트르

담의 파리'를 원작으로 해서 만든 영화로 여자 집시와 꼽추 꽈지모
또(안소니 퀸 주연)의 운명적 열연을 볼 수 있는 영화였다. 그 후에 나는
배우 안소니 퀸의 팬이 되었다.

이어 나는 어느 날 보주(Vosges) 광장을 둘러보았다. 가장 오래된
보주(Vosges) 광장은 마레지구에 있는 정사각형의 넓은 정원과 분수
대가 있는 곳이다. 1612년 앙리 4세에 의해 만들어진 광장으로 여
행객과 시민의 휴식처로 널리 알려져 있다. 한가로운 잔디밭에서는
젊은이들이 쌍쌍이 모여 즐겁게 시간을 보내고 있다. 구름 아래 누
워있는 여인의 몸매에 햇볕이 속삭인다. 거리에서는 거리 악사들이
발길을 잡는다. 지친 나머지 나는 노천카페에서 커피 한 잔과 초콜
릿을 주문한다. 옆 사람과 가벼운 인사와 함께 나는 초콜릿 한쪽을
나눈다. 활력이 넘치는 60대의 미국인이다.

산책자는 늘 느리게 걸으며 체험하는 것이다. 목적지는 밤동광장
이다. 밤동광장(Place Vendome)은 고풍스러운 건물들이 둘러싸여 있는
팔각형 모양이다. 평화 거리라고 하는데 팔방으로 거리가 펼쳐져 있
고 광장에는 나폴레옹이 아우스테롤리츠 전투에서 승리한 것을 기
리기 위해서 만든 기념탑으로 나폴레옹의 동상이 우뚝 서 있다. 주
변에는 호텔과 명품 상가들이 들어서 있다. 손쉬운 호사를 즐길 수
있는 곳들이다.

그 밖에 파리를 걷다 보면 쉽게 보이는 성당의 종탑들, 첨탑의 종
소리들은 시간을 두고 멀리 퍼져나간다. 걸으면서 대상 속에서 신을
보고 때로는 신과 함께 신비한 기쁨을 맛보기도 했다. 성당 안과 밖,

성(聖)과 속(俗)이 존재한다. 성당 주위에는 속세의 세상이 아름답게 펼쳐져 있다. 자주 들리는 종소리는 나의 삶을 경고하는 듯했다. 걷기와 영성은 늘 같이 있다고 했던가. 걷기는 영적 여정이다. 누구나 걷는 공공의 길이지만 그 길을 내가 걸음으로서 자유를 얻는다. 걷기 리듬은 사유의 리듬을 낳는다.

메트로 4호선을 이용해 몽파르나스 타워, 로댕미술관을 지나서 몽마르트르(Montmartre) 언덕에 올랐다. 11년 전으로 돌아가 다시 첫 기억을 더듬으며 걷고 싶었다. 여행객들의 필수 코스인 몽마르트르 언덕은 화가들의 열망의 땅이다. 파리 몽마르트르 언덕을 중심으로 예술가들이 늘어나면서 자연스럽게 갤러리, 노천에서 그림을 그리는 사람들이 늘어났다. 예술 문화거리가 형성된 것이다. 화가들은 노천이지만 자신의 아틀리에처럼 예술작품을 그려낸 것이다. 거기에서는 모두가 예술이 된다. 이런 몽마르트르 언덕, 광기 어린 걷기를 통해 화가들이 창조해 낸 비범한 작품을 보는 것은 특별한 감동이다. 그 길을 걸으며 기쁨의 탄성을 다시 느꼈다. 언덕 위에 자리잡은 흰색의 사크레쾨르 대성당이 길손을 축복한다. 좁은 골목에는 당시 화가들의 흔적이 남아 있다. 커피하우스 카페에는 관광객들로 붐빈다.

그런데 몽마르트르 언덕의 수많은 아마추어 화가들, 고뇌하는 예술가 정신이 뭘까? 잘 팔리는 흥밋거리 그림이나 그리는 속물들이 아닐까? 다비드 모네, 마네, 고흐, 고갱, 르누아르 등 많은 낭만주의, 인상주의 예술가들은 가난 속에서도 왕과 당시 귀족들의 마음을 사려고 애쓰며 그림을 그렸다. 그 전통은 계속 이어지고 있다. 몽마르트르 언덕에서는 화가들이 멋진 베레모 혹은 챙 달린 모자를 쓰고 무사태평하게 그림을 그리거나 값싸게 팔고 있다. A4 용지 만한 크기에 그린 그림 한 점을 사는 것도 즐거운 일이다. 언덕을 내려와서는 '사랑의 벽'이 발길을 잡는다. 한글로 표기된 '사랑'이라는 글자를 찾아본다. 심한 말로 파리에서는 예술의 데카당스(decadence, 퇴폐주의)를 두려워하지 않는다.

파리 몽마르트르 언덕, 광기 어린 걷기를 통해 화가들이 창조해 낸 비범한 작품을 보는 것도.필자에겐 특별한 감동이었다.

파리의 저녁노을은 힘든 내 영혼을 어루만지며 산등성으로 넘어가고 있었다. 날씨와 하늘의 색깔을 잊고 걸었는데 이미 어두운 밤이다. 파리의 밤 풍경은 어떨까? 길거리 포장마차 식당에서 간단히 저녁 식사를 하고 밤길을 걷고 싶었다. 밤하늘의 등뼈처럼 보이는 은하계별이 내 머리 위에 있다. 시간을 잊었다 "우째 밤 9시가 넘어가는데도 이리 눈이 부실까?" 여기저기서 흘러나오는 찬란한 조명 빛은 나를 혼란스럽게 한다. 그런 가운데 웬일까? 방랑자의 가슴은 허전했기 때문일까? 느닷없이 밤거리 여인이라도 만나고 싶다. 살다 보면 이 세상에서 가장 행복한 사람처럼 생각되다가도 금방 외로워지고 불안한 마음마저 든다. 호텔에 돌아와 누우니 오늘 걸은 경험의 현실과 미래의 비현실이 교차한다. 연금술은 잘 모르지만 뭔가 정신적 깨끗함을 느끼는 밤으로 다가왔다. 밤은 지친 내 몸을 감싸주는 벨벳 같은 느낌으로 다가와 포근히 감싸주었다.

요리를 예술로 여기는 파리사람들

여행 중에 현지 음식을 찾아서 먹는 것도 즐거운 일이다. 흔히 여행 중에는 "최고의 식사를 하라." 하는 말이 있다. 여행과 음식은 잘 맞는 궁합이다. 그러나 낯선 곳을 여행하며 걸을 때는 어떻게 어디서 뭘 먹을까 하고 망설여진다. 맛집을 들어가도 불안하기는 마찬가지다. 나는 프랑스 음식에 대한 환상을 가지고 있지 않지만 혼자 걸을 때는 서양 음식이 그러하듯 소고기, 양고기, 미트볼, 바삭바삭한 빵, 토마토와 야채를 곁들인 샌드위치, 햄버거 등 패스트푸드로 끼

니를 채울 때가 많았다. 이를테면 거리 카페에서 커피와 주스, 여러 가지 빵(케이크 쿠키), 셀러드로 허기를 채우며 골목길을 찾아다녔다. 커피 향기와 빵 냄새가 가득한 골목마다 사람이 가득하다.

흔히 프랑스는 먹거리 천국이라고 한다. 나는 해질녘 피곤한 몸을 이끌고 식당 안에 많은 사람이 보이는 곳을 찾아가 프랑스 가정식 종류로 비스트로(Bistrot), 특선 요리라고 하는 달팽이 요리(에스카르고)와 와인 한 잔으로 즐겼다. 어느 날은 메트로 3호선의 상티에 역에서 수제버거 전문점인 빅페르낭 식당에서 10유로에 음료와 햄버그를 먹으니 허기가 가셨다. 식당에 따라 메뉴가 다양하지만 비프 스테이크, 달팽이 요리, 적색과 백색 포도주, 그리고 나무토막처럼 긴 바게트 빵을 즐겨 먹는다. 음식값은 5유로에서 30, 40유로에 입에 맞는 요리를 선택해 먹을 수 있다. 파리산 마카롱도 먹어본다. 때때로 품위 있는 레스토랑에서 코스 요리를 시켜 먹는 사치도 부려본다. 넓은 접시에 달팽이 10개가 담겨 있었고 와인은 달콤하기만 했다. 고단함을 잊게 해주는 음식들이었다.

젊은이들은 스마트 폰을 이용해 핫한 음식점, 입소문 난 맛집을 찾아가 실패 없는 식사를 즐길 것이다. 나는 별이 붙은 미슐랭 레스토랑에는 가보지 못했으나 저녁 식사만큼은 근사한 음식점에 들려 혼밥을 먹을 때가 있었다. 이런 음식점에서는 20코스로 요리를 먹는다고 한다. 식사 시간을 2~3시간으로 잡고 느긋하게 음식을 즐길 때 얼마나 즐거운가? 그러나 혼자 이런 식당을 찾아가는 것이 불편했다. 몇 해 전에 직장 일로 출장 왔을 때 대사관에서 마련해 주었던 정식 만찬은 황홀했던 기억만 날 뿐이다.

　누구나 프랑스 지역을 여행할 때마다 느끼는 것이지만 카페나 레스토랑에 들리면 여러 모양으로 진열해 놓은 와인 병을 볼 수 있다. 그럴 때마다 저렇게 와인 병이 많을까? 프랑스 사람들은 와인의 생산과 시식이 생활의 일부다. 그들은 식사 때 '포도주'를 내놓고 몇 년산, 어느 지방산인가를 주제로 대화를 한다. 여기다 치즈에 대한 이야기는 향수를 자극한다. 사실 치즈와 와인은 좋은 조합을 이룬다. 강한 맛과 향이 독특하다. 치즈의 종류도 다양해서 가정마다 먹는 치즈 종류가 다르다. 우유 속의 지방 함량, 소금 함량, 독특한 냄새가 나는 끈적끈적한 질감을 가지고 있다. 그중에서도 '카망베르 치즈가 유명하다고 한다. 프랑스 황제 나폴레옹은 카망베르(Camembert) 치즈를 무척 좋아했던 모양이다. 나폴레옹은 연인(후에 부인) 조세핀의 체향이 카망베르 향과 같이 느껴져서 그것을 즐겨 먹었다는 얘기가 전해지고 있다. 나폴레옹은 어느 식당에서 카망베르 치즈를 갖다 준 소녀에게 키스할 정도였다고 한다. 어려운 전투를 끝내고 잠든 나폴레옹을 부하들이 깨우기가 조심스러울 때는 쟁반에 카망베르 치즈를 담아서 코앞에 갖다 놓으면 신음소리와 함께 "오, 조세핀!" 하고 깨어났다는 일화가 전해져 내려온다. 조세핀의 독특한 체향과 치즈의 냄새가 비슷했기 때문이다.

　덧붙이면 프랑스 사람들은 '음식의 사치'를 추구하는 모양이다. 음식, 요리의 나라 프랑스에서는 16세기 이후 '탐미의 시대' 답게 다양한 요리법이 개발되고 요리가 예술의 한 분야로 자리 잡게 되었다. 세계의 음식이 퓨전화되고 민속음식이 선호되면서 음식도 사치 대상이 되고 있다. 더구나 프랑스에서는 요리가 예술이 되는 시대이다. '요리예술(Culinary arts)'은 우리의 살과 뼈, 장기 등을 창조하는 것이다.

음식은 다른 동물이 만들 수 없는 창조물로서 내적인 것의 미학과 관련된 것이다. 빵 한 조각이라도 파삭파삭한 질감, 향기로운 버터 맛, 그리고 단순함, 절묘함 등이 모두가 손끝에서 나온 창조물이다. 아트 케이크도 마찬가지다. 즐겁게 본 오페라는 쉽게 잊을 수 있어도 맛있게 먹은 음식은 초월적인 감각을 제공함으로써 잊을 수가 없다. 그것이 바로 요리의 예술이다.

제 6 장

동해 해파랑길 걷기의 미학

6. 걷기의 자유: 동해 해파랑길 걷기의 미학
- 집을 나왔다. 떠났다. 걸었다. 아직 더 걸어야 한다

"당신 얼굴 괜찮네. 파김치가 되어 돌아올 줄 알았는데, 당신 70대 노인 맞아? 대단해!"

6박 7일간 동해 해파랑길을 걷고 들어오는 내 모습을 보고 아내가 일성으로 던진 농담 반 격려의 말이다. 그렇지 않아도 울산 화정산 산책길에서 만난 60대 남자는 우리들이 동해안 길을 따라 종주한다는 말에 놀라며 "100세까지 사시겠네. 다리 괜찮아요? 몸매를 보니 무척 건강해 보이시네. 헌데 100세까지 살면 골치 안 아픈겨? 오래 살면 큰일 아닙니꺼?" 하고 경상도 사투리로 100세 인생을 걱정한다. 100세를 경험해 보지 못한 미래에 대한 두려움, 혹은 건강에 자신이 없다거나 경제사회적 문제 때문일 것이다.

사실 나는 계속 꿈을 꾼다. 세상에서 생각하는 성공의 꿈이 아니라 "만성 통증이 찾아오는 노년을 어떻게 건강하게 보낼까?" 하는 꿈이다. 숲길을 걷거나 산을 오를 때, 아니면 해변을 걸으면서 저 푸른 바다 건너편에 무엇이 있을까? 그리고 내겐 아직 어떤 그리움이 남아 있는가?

그렇다면 그 그리움이 유토피아인가? 연민인가? 연인일까? 그래서 그럴까. 제주도로 거처를 옮긴 후에도 한라산을 자주 오르고 제주 특유의 오름과 올레길을 걷는다. 요즘 제주올레길을 두 차례 종주하고 있지만 육지의 동해안 길을 걸어보는 것도 또 다른 경험이라고 생각되었다. 계절 따라, 길 따라 노마드(유랑민)의 삶을 상상해 본 것이다. 인생은 하나의 여정이 아니던가? 발걸음 시작에서 인생은 성장하기 때문이다.

우선 걷기를 계획하는 사람들을 위해 필자가 걸은 해파랑길의 여정을 간단히 소개하면서 이야기를 시작해 보고자 한다.

해파랑길은 부산 오륙도(五六島) 해맞이 공원에서 시작해 강원도 고성 통일전망대까지 이르는 770km(50코스) 구간의 탐방로이다. 아직 낯선 이름이지만 동해안 종주길에 해당하는 '해파랑길(East Sea of Korea Haeparang Trail)'이라는 이름은 "동해안에 떠오르는 해와 푸른 바다를 벗 삼아 함께 걷는 길"이라는 뜻이란다. 문체부 정책 담당자는 "해파랑길을 동해안의 새로운 관광상품으로 개발하고, 나아가 스페인 '산티아고 순례길'과 같은 세계적인 걷기 여행길로 자리 잡을 수 있도록 다양한 콘텐츠를 발굴해 간다고 했다. 도보 길과 관련해 지자체와 민간단체, 일반인 등이 참여해 대한민국 장거리 트레일

○통일전망대
○화진포
고성 ○송지호
59 km
○청간정
속초 ○영랑호
11 km ○낙산사
양양 ○포매호
41 km ○남애항
○향호
○경포대
강릉 ○정동진
53 km ○헌화로
동해 ○묵호항
27 km ○추암 촛대바위
○죽서루
삼척
59 km

해파랑길 전체 구간
(50개 코스 770km)

○망양정
울진
81 km ○월송정

○망사이
영덕
63 km
○영덕풍력
○강구항

포항
112 km ○:

경주 ○감포
34 km
○문무

울산 ○처용암
88 km
○간절곶

부산
55 km ○문텐로드
○해운대
○오륙도

해파랑길 개념도(부산 오륙도 해맞이공원에서 시작해 강원도 고성 통일전망대까지 이르는 해파랑길은
50개 코스 770km 거리로 구성돼 있다.

걷기 여행길 활성화를 꾀한다는 계획이다.

이러한 해파랑길을 걸어보는 것은 어느덧 나에게 '동경의 가치 (aspiration value)'로 다가오기 시작했다. 동해안 길은 국토종단의 걸을만 한 아름다운 길이라는 생각이 들었다. 70대이지만 아직 걸어야 할 길이 많다는 점을 느꼈다. 그래서 지난 2016년 6월 2일부터 절친한 교우와 함께 걷기 시작했던 것이다. 첫날 비행기로 김해 비행장을 거쳐 부산 오륙도 해맞이 공원으로 달려가면서 동해안 길 걷기는 시작되었다. 설레는 마음으로 해파랑길 안내소에서 받은 간단한 관 광지도를 길잡이로 삼아 해파랑길 안내 표식을 따라 걸었다. 길 위 에서는 책임과 의무가 없으니 걷는 데까지 걸어보자는 마음이었다. 걷기의 자유가 주어진 것이다.

"존재의 가벼움과 무거움을 동시에 짊어지고 가는 내 영혼을 위 하여."

□ 하늘길로부터 시작하다

동해 해파랑길을 걷기를 시작하는 첫날 코스(01코스)는 오륙도 해 맞이공원에서 해운대 미포(尾浦)에 이르는 17.7km 구간이다. 출발지 점인 오륙도 스카이워크에 서니 오륙도가 손짓한다. "하늘을 걷는 다."라는 의미의 35m 해안절벽에 세운 전망대에서 바라보는 오륙도 와 푸른 바다가 시원하다. 심장이 쿵덕거린다. 잠시 숨을 고르고 내

동해 해파랑길을 걷는 부산 오륙도 해맞이공원에서 시작되는데 오륙도 스카이워크에 서면 오륙도가 더 가까이 오라고 손짓하는 듯하다.

려와서 '이기대 해안산책로'를 따라 걸었다. 전설에 따르면 '이기대' 란 말은 임진왜란 때 왜군이 수영만을 함락시키고 경치 좋은 이곳 에서 축하 잔치를 벌이는 과정에서 일어난 두 기생의 이야기와 관 련돼 있다. 왜장에게 술을 잔뜩 권하고 술에 취한 왜장과 함께 물에

뛰어들어 죽음을 맞이한 두 명의 기생이 이곳에 묻혀 있다고 해서 이기대(二妓臺)라고 부른다.

부산시민들의 휴식처인 이기대 산책로는 부산광역시를 둘러보는 '갈맷길'과 연결돼 있다. 자연괴석들이 해변지형을 이루며 바다와 조화를 이룬다. 기암절벽과 숲길이 어우러져 아름다움을 안겨준다. 농바위-치마바위-어울마당-동생말까지 이어지는 산책로는 꼬불꼬불하고 아기자기하다. 이런 숲과 해안 길을 한참 걷다 보면 용호만 유람선 부두를 지나 광안리 해수욕장에 이른다. 멀리 바다를 가로지르는 광안대교가 부산시민의 삶과 시간을 제공하는 시간공간(zones of time)으로 자리 잡고 있다. 광안대교는 '다이아몬드 부릿지'라는 별명이 붙은 데서 알 수 있다. 이날 밤 야경을 보지 못했지만 교량에 LED 조명등과 음향설비로 관광객들에게 즐거움을 선사한다. 광안리 해수욕장 주변에는 아기자기한 카페, 술집, 음식점들이 즐비하다. 초여름이지만 영화 '뜨거운 것이 좋아'처럼 나신들의 뜨거운 육체들이 심심치 않게 보인다.

이어 만나는 수영만 요트경기장을 지나 해운대 해수욕장에 이른다. 한국을 대표할 정도로 유명한 해수욕장이다. 예전에 몇 차례 와서 즐긴 곳이지만 올 때마다 새로운 낭만을 불러일으킨다. 부산 도심과 가장 가까운 해수욕장으로 주변에는 역시 특급호텔, 음식점, 포장마차, 카페 등이 밀집해 있다. 모래사장에는 때마침 모래축제로 모래조각품이 전시돼 있어 또 다른 즐거움을 느낄 수 있었다. 이른 여름이지만 젊은이들이 쪽빛 바다에 몸을 담그거나 비키니 차림의 여성들이 선팅하기에 바쁘다. 해안가를 걸으니 살랑살랑 바닷바람이 땀을 씻어낸다.

땅거미가 내리는 저녁 시간 해운대 노천카페에 앉으니 초록 물결이 외로운 여행자의 마음을 위로한다. 걸으면서 돌아보니 석양의 내그림자가 특별히 길어 보인다. 어느덧 해운대 해수욕장 해변의 동쪽 미포에 이르렀다. 첫날 코스가 끝나는 지점으로 조그마한 어촌을 형성하고 있다. 포구 부두에는 생선을 파는 아주머니들의 얼굴이 구리빛이다. 이곳에서 첫 일박을 하며 지친 몸을 어루만지며 잠을 청했다.

이어지는 해파랑길 02코스는 해운대 미포에서 대변항까지 16.3km 거리다. 아침 일찍 간단하게 식사를 하고 달맞이공원으로부터 시작했다. "내가 가까이 가는 길 달빛 바투길에서 달빛을 바람처럼 느껴보세요" 하는 푯말이 눈에 띈다. 어울마당-구덕포-청사포-송정해변-해동용궁사-대변항에서 끝나는 길이 아름답다. 달맞이고개라고 부르는 이곳은 벚나무와 소나무 숲이 울창한 오솔길이다. 달맞이 공원길을 내려서면 문텐로드를 만난다. 문텐로드는 아름다운 달빛 속에서 걸어볼 수 있는 곳으로 알려져 있다. 밤에는 달빛 모양의 조명이 숲을 밝혀 많은 사람들이 야간산책을 즐기는 곳이다. 대한 팔경의 하나로 '해운대의 달'을 꼽을 만큼 달빛이 아름답게 쏟아지는 숲길을 걷는 사람들 모습에서 몸과 마음의 기쁨을 느끼는 듯하다.

문텐로드를 빠져나오면 청사포와 구덕포가 숲속 사이로 들어온다. 미포와 함께 3포로 불리는 이곳은 작은 어촌마을이다. 조용한 해변 옆에 놓인 그림 같은 정자가 길손을 쉬게 한다. 해안가 길옆으로 오밀조밀한 어촌 횟집들이 손님을 맞이한다. 이곳에서 옛날 사람들은 멍텅구리배를 타고 고기잡이를 나갔으리라. 수천 번의 그물을 던졌을 것이다. 어부들의 애환이 곳곳에서 묻어난다. 어느덧 구덕포를 지나면 송정해수욕장으로 연결되고 이어 죽도공원을 끼고 돌아가면 해동용궁사가 보인다. 오랑대에 이르니 젖병등대가 보이는 02코스가 끝나는 대변항이 나왔다.

□ 전통과 현재와 미래가 공존하는 축복의 땅

해파랑길 03코스는 대변항에서 임랑해변에 이르는 20.5km의 거리다. 죽성리 왜성-봉대산 봉수대-기장군청-일광해변-동백-임랑해변 구간이다. 들판길을 지나 산을 넘고 군청소재지를 경유하는 비교적 힘든 코스다. 기장군(機張郡)은 빛과 물 그리고 꿈의 도시를 표방한다. 전통과 현대 미래가 공존하는 농촌 지역이다. 낮은 산들과 푸른 들판, 아름다운 해변과 함께 옛 모습이 많이 남아 있다. 그중에서도 기장의 시골장 풍경이 이색적이다. 도시의 백화점보다 시골의 농민시장을 돌아보니 시간의 여유로움마저 느껴진다.

특히 죽성리 해송이 명품이다. 여섯 그루의 나무가 마치 한 그루의 큰 나무처럼 보이는 수령 300년의 노송으로 매년 정월 보름날이면 마을 안녕과 풍어제를 지내는 신들의 터전이다. 또 역사적으로 기억될 만한 기장읍 죽성리에 있는 죽성왜성(竹城倭城)도 같은 기념물이다. 임진왜란 당시 일본군이 축조한 돌 성곽이다. 주위에는 고목들과 잡초들, 성곽 위를 날아다니는 새들이 옛 아픔을 알리는 듯하다. 이곳을 지나는 어린이들이 얼마나 아픔의 역사를 알고 있을지 궁금해진다.

기장군 팔경의 하나로 꼽히는 일광해수욕장의 바다 역시 썩지 않은 바닷냄새가 코를 자극한다. 늘 움직이기 때문에 살아 있는 것이다. 근처 카페에서 커피를 마시며 태양을 품은 푸른 바다에 행복을 비춰 본다. 모래사장에는 밝은 햇살을 즐기는 미녀들의 비키니 차림의 모습이 관능적이다. 내 안에 다른 영혼이 저 여자들을 향해 달려간다. 그밖에 기장지역의 해변에는 멸치 고장으로 알려졌듯이 두호항 이동항 등의 작은 포구에는 멸치를 파는 상점들이 많다. 생선과 어물을 파는 아낙네들의 모습에서 그들의 삶을 읽을 수 있다. 미생의 삶일까, 완생의 삶일까? 얼굴만 보면 매우 순박해 보이는데 이것이 삶의 흔적이다. 강한 햇볕으로 얼굴을 화장해서 그럴까 건강한 모습들이다.

해파랑길 04코스는 임랑해변에서 진하해변에 이르는 19.1km의 구간으로 임랑해변 모래사장에서 아침 산책을 하며 걷기 시작했다. 봉태산 숲길-나사해변-간절곶-진하해변으로 이어지는 길이다. 나사해변은 울주군 서생면 나사리에 있는 작은 모래사장이다. 이곳 역시 해안가를 따라 멸치와 다시마를 말리는 곳이 많다. 곳곳에 횟집이 길손을 유혹한다. 가만히 보니 간판에는 해물 요리인 회덮밥, 도다리회, 성게알밥, 아구탕, 멍게비빔밥, 물회, 멸치회 등 다양한 메뉴가 보인다.

녹색 자연 속에 내 눈이 맑아지면서 죽기 전에 꼭 봐야 할 '간절곶(艮絶串)'에 이르렀다. 지도에서 보면 육지에서 바다 쪽으로 가장 많이 돌출된 곳이다. 극동지역에서 해가 가장 먼저 뜨는 곳이라고 한다. 강원도 정동진보다 포항의 호미곶보다 먼저 일출을 볼 수 있다고 한다. 간절곶은 아시아의 끝 지점인 동시에 태평양의 시작점이기도 하다. 그밖에 바다로 나간 배들이 무사히 돌아오기를 바라는 간절곶 하얀 등대가 보인다. 바로 북쪽에는 MBC 주말 드라마 '욕망의 불꽃'(2011)을 촬영한 오픈 세트장이 설치되어 있다.

그리고 간절곶 언덕에는 '간절곶 소망우체통'이 놓여 있다. 문득 "저기에 편지 넣으면 보내줄까?" 70여 년간 갈 수 없었던 황해도 내 고향 할머니에게 손자가 이렇게 건강하게 잘 살고 있다는 안부편지를 전하고 싶었다. 할머니는 자기 자식보다 손자인 나를 얼마나 사랑했던가. 할머니는 자기 자식(삼촌)과 나에게 젖을 먹이며 키웠다. 시어머니는 안방에서 며느리는 건너 채에서 애기를 낳고 키우던 시절이었다.

갈 수 없는 고향을 그리워하는 네 옆에 '박제상 부인과 딸의 상'이 동해안을 지켜보며 나를 끌어들인다. 신라 천년의 으뜸가는 충신으로 불리는 신라 재상 박제상을 부인과 딸이 남편과 아빠를 기다리다 숨져 망부석(望夫石)이 되었다는 이야기가 전해지는 곳이다.

역사적 인물 속에 깃들여져 있는 영혼을 찾아 위로하고 싶은 마음이다. 그 밖에 김상희의 '울산 큰애기' 노래비에서 그의 노래가 들리는 듯하다. "내 이름은 울산 큰애기, 상냥하고 복스런 울산 큰애기"의 노래가.

간절곶에서 3.8km를 올라가니 어느덧 4코스의 종점인 진하해변에 다달았다. 울산시 동구 진하리에 위치한 해변으로 축복의 바다다. 해변을 따라 해송이 무성하고 동쪽 끝으로는 명선도와 이덕도가 해변을 감싸고 있다. 해안가의 오밀조밀한 집들이 고답적이고, 수십 년 이상 돼 보이는 낡은 집들이 웅크리고 앉아 있다. 시간에 시간을 더하니 벌써 저녁때가 되었다. 잠깐 벤치에 앉아 쉬고 있으니 허기도 느껴진다. 매일 걷기도 식후경이 아닌가. 갈 길이 멀어도 배가 든든해야 걷는다. 보신탕집에 들려 배를 불리고 모텔로 들어가니 다리가 아프다. 나의 눈, 코, 귀, 입, 모두가 피곤하다. 얼마나 피곤했던지 아침 일찍 깨어보니 태양은 이미 창문을 두드리고 있었다. 햇살을 받으며 살아 있다는 사실만으로도 아름다운 존재가 된 듯하다.

해파랑길 05코스는 울산군 지역으로 접어들면서 만나는 진하해변에서 덕하리 덕하역까지의 17.6km 거리다. 진하 해변을 출발해 회야강(回夜江)을 따라 서생리 내륙 깊숙이 꺾어지는 길이다. 회야강을 건너는 명선교가 알콩달콩하게 서 있다. 다리 위 주탑에는 학이 비상하는 듯한 조각상이 아름답다. 회야강 포구에는 크고 작은 배들이 안개 속에 누워있다. "정박 중인 저 배는 왜 떠나지 못하고 묶

국내 옹기문화의 메카로 알려져 있는 외고산 옹기박물관 앞 조형물.

여 있을까? 주인이 없는가, 게으른 배인가?" 하고 상상해 본다. 명선 교를 건너지 않고 회야포구를 끼고 내륙으로 들어가는 둑길이 시원 하다. 회야강 주변의 논밭에는 농부들의 손놀림이 바쁘다.

슬마교를 지나 회양강 북쪽으로 돌아 논밭들을 지나면 다시 남 창천을 끼고 걸어가는 곳에는 넓은 농경지가 펼쳐져 있다. 울주군 온양읍에서 교회를 찾아 낮 예배를 드리고 남창역 앞에서 간단히 점심을 때우고 걸었다. 남창역을 한참 지나면 국내 옹기문화의 메카로 알려져 있는 외고산 옹기마을로 접어든다. 전통문화의 혼을 발견할 수 있는 울산 옹기박물관에는 우리나라 옹기문화의 역사와 특색 있는 옹기가 전시되어 있다. 장난기 어린 옹기를 상징하는 조각상들이 우리를 반긴다. 예부터 집안에서 소중하게 쓰던 모든 옹기들이 주위에 정리돼 있다. 크고 작은 항아리, 김칫독 된장 고추장을 담그는 생활 옹기들이다. 채움과 비움의 상징이다.

어느덧 한참 꼬불꼬불한 길을 지나오다 보니 덕하역에 이르렀다. 덕하역은 동해남부선 남창역과 태화강역 사이에 있는 역으로서 부산 해운대에서 경주와 대구역을 연결하는 간이역이다. 우리나라 모든 사람들을 하나로 연결하는 민족의 애환이 깃들여져 있는 철길이다. 간이역이지만 농어촌 특성을 살려 제조와 유통, 레저관광, 건강까지 융합해 6차 산업으로 실천해가는 역(驛)으로 발전하리라. 주변에는 아직 농촌 냄새가 짙게 나는 전원풍경이다. 현대문화가 멈춰버린 듯한 시골 풍경이다. 오래된 집들, 풀 한 포기, 모두가 지나가는 우리의 감정을 가라앉힌다.

□ 보는 관점을 달리해 삶의 현장을 본다

해파랑길 제06코스는 덕하역에서 태화강 전망대에 이르는 15.6km 거리다. 덕하역에서 출발해 선암호수공원-울산대공원-고래전망대-태화강 전망대까지 이어진다. 함월산(200m) 정상에 올라섰다가 내려와 또다시 태봉산으로 올라가는 힘겨운 길도 만난다. 하지만 힘든 가운데 신선산 오솔길을 따라 내려오면 울산시 남구 선암동에 조성된 선암호수공원을 만난다. 자연과 인공이 합쳐진 호수 주변에는 수려한 경관을 이룬다. 잣나무 소나무 벚나무들이 무성하고 호숫가에는 백로들과 연꽃이 풍성하게 호수를 채우고 있다. 테마 쉼터도 마련돼 있다. 안민사, 세계에서 가장 작은 교회라고 알려진 호수교회와 성베드로 기도원이 있어 찾는 이의 심신을 위로한다.

그림 같은 선암호수공원을 뒤로하고 술마루길로 내려오는 산길은 울창한 숲길로 산새들이 지저귄다. 운동기구와 벤치 등 휴식공간이 마련돼 있다. 작은 '숲속도서관'이 있어 산속에서도 독서를 즐길 수 있다. 그래서 그럴까? 오고 가는 사람들 얼굴에는 미소가 흐른다. 산책하는 사람들이 건강하게 불편하지 않게 살아가는 모습이다. 비가 숲속을 적시고 있지만 사람들은 "하하호호" 하며 걷는다. 하지만 비가 많이 내리니 내 발길이 빨라진다. 비를 피하러 울산박물관 내 독도박물관에서 열리는 '독도, 아름다운 곳' 전을 둘러보았다. 독도가 역사적으로 우리 땅이라는 사실과 일본의 억지 주장을 한 눈에 볼 수 있다. 험한 동해를 지키고 있는 독도, 축소된 독도모형을 보면서 꼭 한번 가봐야 하겠다고 다짐했다.

어느덧 태화강 전망대에 이르렀다. 비가 오는 날이라 비와 땀이 하나가 되었다. 어떤 빗방울은 내 몸에, 어떤 빗방울은 강물에 떨어진다. 빗속에 올라간 태화강 전망대는 원래 공업용수를 공급하는 취수탑으로 쓰이던 곳이다. 태화강 정화사업과 함께 지금은 지상 4층 규모로 개조해 전망대로 이용하고 있다. 카페에서 커피를 즐기며 태화강의 아름다운 전경을 한눈에 볼 수 있는 곳이다. 비가 내리는 날 회전전망대 카페에서의 커피 한 잔은 무척 달콤하고 축복받은 기분이다. 느리게 흘러가는 강을 보니 인간과 자연이 어우러진 아름다운 강이다. 이날도 태화강 줄기를 따라 흙을 밟으니 꽃향기, 풀냄새가 코를 자극한다. 백로가 먹이를 찾고 숭어들이 물가를 가른다.

해파랑길 07코스는 태화강전망대에서 염포삼거리 간 17.1km 구간으로 '십리대숲길'을 지나 태화교, 번영교, 학성교, 내황교를 거쳐 염포삼거리에서 끝나는 코스다. 잘 알려진 코스지만 태화강전망대에서 북쪽으로 올라가 태화강 다리를 건너 다시 아래쪽으로 접어들면 넓게 펼쳐진 태화강 대공원에 들어선다. 삼호대밭과 십리대밭이 울창한 숲을 이루고 있다. 십리대숲은 사람이 헤치고 들어갈 수 없을 정도로 대나무가 밀집돼 있다. 대나무 숲에는 팬더 곰이 살아가는 듯하다. 대나무 터널이 만들어져 그 길을 따라 걷는 것만으로도 치유 받는 기분이다. 죽림욕장 또한 다름 아니다. 주변 경관이 좋아 풍류시인들이 거닐었다는 오산(鰲山) 만회정(晩悔亭)에서 신발을 벗고 물 한 모금으로 피로를 날려 보냈다. 옛사람들이 여기서 종일토록 술잔을 주고받으며 세상 얘기를 하고 시를 나누었을 것이다. 울산만이 가지고 있는 특별한 풍경이다.

십리대숲이 끝나면서 둔치 길을 걷는다. 태화강 둔치에는 조깅하는 사람과 자전거를 타는 사람, 산책하는 사람이 많다. 둔치에 조성된 체육공원에서는 젊은이들이 공을 차며 뛰놀고 있다. 양쪽으로 울산의 발전 모습을 가늠하는 현대식 고층건물이 하늘을 치받고 있다. 현대인들이 높은 건물로 울타리를 만들고 살아가지만 얼마나 상처받기 쉬운 곳인가. 하지만 산책로 옆에는 각종 야생화가 자신만의 모습을 자랑하며 힘든 사람들을 위로한다. 깨달음의 길은 내면으로 흐르게 마련이다.

뿐만 아니라 남쪽 방향으로 내려가는 길에는 또 다른 억새 군락지가 이리저리 연결돼 장관을 이룬다. 곳곳에 무리 지어 덩어리진 숲, 물결이 넘실댄다. 울산항으로 이어지는 '아산로' 옆의 둔치 길을 따라 걸어가니 태화강 하구에 거대한 현대자동차 공장과 미포조선소, 자동차 선착장, KCC 울산공장들이 연기를 뿜어내고 있다. 우리나라 산업의 심장부임을 실감케 한다. 그런데 요사이 조선소의 수주가 줄어들어 구조 조정을 해야 한다고 야단인데 그 안에서 일하는 근로자들의 마음은 어떨까? 부질없는 걱정이다. 몇 년 전 산업시찰차 방문한 적이 있어 이 생각 저 생각을 하며 걷다 보니 어느덧 7코스의 종점인 염포삼거리까지 걸었다. 삼거리에는 '삼포 개항지'라는 표지석이 있다······.

□ 길에서 길을 묻다

43코스를 끝내면서 다시 44코스로 이어졌다. 지금 '여기'를 걷고 또 이어가야 할 미지의 '저기'를 궁금해 하면서 기승전(起承轉)의 기세로 걸었다. 동해안 길을 걷는 사람 거의가 비슷한 코스를 택해 걷지만 다시 한번 언급하면 해파랑길 44코스는 수산항에서 설악해맞이공원에 이르는 12.7km의 코스다. 나는 아침 일찍 해돋이를 보면서 수산항을 뒤로하면서 손양 문화마을을 거쳐 하얀색의 클래식한 6층 건물로 구성된 솔비치호텔 리조트 쪽으로 들어섰다. 솔비치호텔 리조트와 맞닿아 있는 오산해변은 700m의 백사장과 울창한 송림으로 싸여 있는데 완전히 새로운 모습은 아니지만 자연과 인간이 반복되는 삶이 싱그러운 해변이다.

호흡을 조절하며 걷고 있는데 "아 잠깐" 동네 어느 집 앞에서 아주머니가 대구 생선을 손질하는 모습이 보였다. 호기심 속에서 그녀의 경이로운 손놀림을 보면서 말을 걸고 싶었다. "이런 대구 한 마리 값은 얼마나 되요?" 하고. 대구탕 한 그릇에 보통 15,000원 정도여서 생대구탕 값이 궁금했던 것이다. 아주머니는 무뚝뚝하게 크기에 따라 3만~5만 원이라고 대꾸했다. 3~4kg짜리 한 마리면 대구탕 열 그릇을 만들 수 있을 것 같았다. 어쨌든 미각을 돋우고 식욕을 돋구는 생선이라 생각하면서 "네. 좋은 하루 되세요." 하고 돌아섰다.

낙산해변은 양양군 강현면 '해맞이길'에 위치한 곳으로 주위에는 솔밭이 아름답게 펼쳐져 있다. 낙산 해변가 역시 해변 솔밭캠핑장이 조성돼 있다. 특히 자연으로부터 소외되었던 사람들이 즐겨찾는 곳으로 손색이 없어 보인다. 예부터 해돋이 명소로 알려져 있어 여름이면 한해 100만 명 이상이 찾는 강원도 내 대표적인 해변이란다. 기록에 의하면 백사장 길이가 1,810m에 달해 전형적인 동해의 풍경이다. 게다가 천년 고찰 낙산사가 있어 국민관광지 혹은 문화여행을 즐길 수 있다. 기회가 되면 가족들과 함께 찾고 싶은 곳이다.

낙산해변 길가엔 각종 상점, 카페, 놀이장은 물론 공연거리도 마련돼 있다. 낙산의 밤바다를 즐길 수 있는 낭만의 장소로 가꿔가는 '낙산 디자인거리'와 해안 산책로에는 아치형 조명이 설치돼 있어 밤을 즐길 수 있는 곳이다. 동행자 강영환 님은 "정말 괜찮은 곳이네." 하고 감탄하며 걷고 있다. 또 색다름을 보여주는 낙산해변 조각공원에는 다양한 의미의 조형물들이 설치돼 있다. 주위를 돌아보니 젊은이들이 멋진 포즈로 사진을 찍거나 모래사장에서 모래 조각, 혹은 하트 모양을 만들며 사랑을 고백한다.

낙산사로 올라가기 전의 오봉산 자락에는 전진항(강현면 전진리)이 자리 잡고 있다. 낙산사 바로 밑 바닷가로서 낙산해변과 연결된 작은 포구다. 이곳 어촌마을이 풍기는 분위기는 초겨울 추위가 싸늘하지만 동시에 따뜻함을 느끼게 한다. 때마침 백사장 벤치에 멋스러운 모습으로 아름답게 우아하게 당당하게 앉아 있는 40대 여인의 모습에 눈을 빼앗기는 순간도 있었다. 자유롭고 거침없이 대화하고 싶은 충동까지 느껴지는 모습이다.

낙산사 입구로 접어드니 입구에는 "꿈이 이루어지는 길"이라는 푯말이 나온다. 낙산사(五峰山 洛山寺) 경내로 들어가면서 홍예문 옆 매

표소에 이르렀다. 어른들의 입장료는 3,000원이다. 그렇지만 나는 경로우대를 받으며 무료로 입장했다. 기분이 편안해진다. 부처님의 자비가 세상을 덮으리라 생각해 본다. 침묵 속에 아름다운 삶의 가치를 느낀다. 나는 먼저 의상대(義湘臺)로 갔다. 의상(義湘) 스님이 중국 당나라에서 돌아와 낙산사를 지을 때 이곳에서 지형을 살핀 곳으로 알려져 있다. 의상대 아래의 바닷가 바윗돌 위에는 홍련암(紅蓮庵)이 한 폭의 그림처럼 놓여 있다. 송강 정철(1536~1593)은 이곳의 수려한 경관을 못 잊어 관동팔경 가운데 하나로 칭송하였다는 곳이다.

이어 목탁소리 풍경소리를 들으며 "삼족섬의 두 가지 복"이라는 간판 앞에 이르렀다. 많은 사람들이 소원을 빌고 있다. 삼족섬(三足蟾, Three-Legged Toad)은 예로부터 동아시아에서 복을 가져다주는 재신(財神, God of Wealth)으로 알려져 있기 때문이다. 삼족섬은 하마선인도(蝦蟆仙人圖)라고도 불리는데 세 개의 다리를 가진 두꺼비를 지칭한다. 삼족섬 두꺼비는 깊은 연못에서 살면서 함께 사는 주인에게 돈이 있는 곳으로 안내해 부자가 되도록 도와준다는 전설이 있다.

사찰 경내는 몸을 추스르며 겨울 준비를 하는 사람들로 분주하다. 찬바람 속에 서 있는 나무에서는 마지막 잎새들이 떨어져 나가고 있다. 지금 내 몸 역시 낙엽을 밟고 있다. 사찰의 스님들 모습이 고전적이다. 내 눈에 보이지 않는 무의미한 것들에 대해서 삶의 의미와 내용을 부여할 줄 아는 스님들일 것이다. 나는 뭔가 색다른 것에 관심을 돌릴 때 60대 아주머니가 불상 앞에서 세상 번뇌를 풀어놓는 듯하다. 또 다른 40대의 백인 남자는 3단의 돌 사이를 흐르는

천년고찰 낙산사 경내의
의상대를 둘러보며...

　"마음을 씻는 물"에서 목을 적시며 빙긋이 웃는다. 안개의 세상으
로부터 황금빛 햇살을 보는 듯하다.

　또 나무 밑의 긴 돌단에 새겨진 "길 위에서 길을 묻다."라는 글귀
가 내 마음을 움직였다. 어디서 본 듯한 짧은 문장이다. 지혜가 둔
해서 나 자신의 삶도 제대로 바라보지 못한 나, 나도 모르게 내 인
생을 가지고 장난쳤던 나, 그래서 그럴까? 길 위에서 내 삶의 올바
름과 건강의 유지, 자유로움, 성실성이 곧 노년기의 삶의 좌표라고

생각되었다. 특히 "누워서 죽지 않고 걷다가 바보같이 죽는 것이 고령자의 소망이 아닌가." 운명의 여신 포르투나 (Fortuna)가 내 삶을 어떻게 안내할까? 점점 궁금해진다.

길에서 길을 묻다

낙산사 경내를 벗어나 흙길을 따라 약 2km 정도 걸으니 설악해변에 닿았다. 설악해변은 양양군 강현면에 있는 600m 길이의 "쪽빛 바다 해변"이다. 모래사장 언덕에서 설악산과 동해를 보니 자연 그대로의 정원이다. 나에게도 알 수 없는 비밀의 정원이고 마술의 바다처럼 다가왔다. 짠 물에 절인 듯한 내 삶을 다시 씻어내며 노후의 생명을 이어가는 걷기를 계속한다. 그래서 어떤 산책자는 자연은 나의 열망, 연인이라고 했던가.

꿈꾸는 듯한 바다는 계속되고 매혹적인 파도 소리가 로맨틱하게 들리는 후진항이다. 후진항은 낙산사와 가까이 있는 작은 포구로써 2007년 3월 '어촌정주어항'으로 지정된 곳이다. 후진활어회센터 등을 비롯해 그럴싸한 뜨내기들이 쉴만한 카페와 음식점들이 보인다.

이어 만나는 정암해변(강현면 정암1리)은 작은 해변이지만 7번 국도와 인접해 있는 매력적인 해변이다. 하얀 모래와 봉돌로 이뤄진 400m 길이의 아늑한 곳으로 방랑자들이 휴식을 취하기에 안성맞춤이다. 해안가에는 '정암조개잡이축제'가 열린 듯 플래카드가 펄럭인다. 횟집 마당에서는 조개구이와 오징어 굽는 냄새가 허기를 부추긴다.

입맛을 다시며 바보처럼 내 발길은 계속된다. 이번에는 물치해

낙산사 의상대를 들러보고 나오다 소나무 아래 돌계단 한복판에 새겨진 <길에서 길을 묻다.>라는 글의 의미는 한동안 필자의 뇌리에서 깊은 인상을 남겼다.

변(강현면 물치리)에서 판타지를 본다. 물치항과 인접한 간이해수욕장(해안 길이 200m)이지만 7번 국도와 인접해 있어 쉽게 접근할 수 있다. 해안을 따라 산책로가 마련돼 있어 무릎 관절이 아프거나 아니면 조용한 생각을 하려는 사람들에게는 숲길 자체가 매력적이다. 저 멀리 물치항의 송이버섯 등대는 강원도 특산물인 송이버섯이 많이 생산된다는 점을 암시하고 있다.

이어 양양군과 속초시의 경계를 이루는 쌍천의 쌍천교를 건너간다. "속초시: 어서 오십시오" 하는 표지석이 나오고, 그리고 옆의 길 안내 표시는 간성(고성), 설악해맞이공원, 설악산 신흥사, 설악산국립공원 등을 가리키고 있다. 더 반가운 것은 고성 통일전망대까지 81.4km 남았다는 표시에 부산오륙도 해맞이공원으로부터 688.5km 왔다는 위치 안내 표시가 나에게 축복처럼 다가왔다. 고성통일전망대가 가까웠음을 알려주고 있기 때문이다.

드디어 해파랑길 44코스의 종점인 설악해맞이 공원까지 왔다. 속초시로 들어가는 입구에다 설악산으로 들어가는 삼거리 해변에 위치한 곳으로 설악항구와 맞붙어 있다. 공원 내로 들어가니 남북이 함께 어울려 새천년 미래를 향해 항해하는 화합의 공간으로 '화합의 광장'도 마련돼 있다. 맑은 햇살과 함께 감미로운 음악이 공원 내 계속 울려 퍼졌다. 금방 어린아이처럼 가벼워지는 느낌도 든다. 오래 걸어서 고통스럽지만 동시에 편안해지는 곳이었다. 물론 어디라고 말할 수는 없으나 몸이 피곤하기는 마찬가지다. 감각적으로 지쳐서 근처 의자에 앉아서 커피 한 잔으로 목을 적셨다.

동해안 길은 어린아이처럼 행복해지는 풍경을 선사한다. 내가 걸어온 곳은 소박하고 운치 있는 해변길, 숲길, 시골길이니 더욱 그렇다. 누구의 돌봄 없이 해국(海菊)이 바위 비탈에서 생명을 이어가고 있는 모습이 신비롭다. 어촌 항구마다 신나게 어물을 파는 시장 아낙들의 웃음 낀 모습이 순진하다. 현실의 바닷가 풍경이 나를 편안하게 해준다. 계속 걸어가는데 단테의 말이 불현듯 떠올랐다.

"보아라, 그리고 알았으면 가던 길을 계속 가라"(Guarda e passai).

물론 삶의 목표를 놓지 말고 정진하라는 말이다. 걷기 역시 그럴 것이다. 모든 삶이 그러하듯이 걷기 역시 중단 없는 노력의 의해 가

능할 것이다. 그렇다면 당신은 걷고 싶지 않은가? 이때도 작은 용기
가 필요하다. "다시는 걷지 못할 것처럼 오늘을 걸어라. 늘 마지막처
럼 걸어라."

□ 실향민 정착촌 아바이마을은 공허하다

설악해맞이 공원에서 약 5km 이상을 걸었을까? 어느덧 아바이
마을 근처로 들어선다. 금강대교 옆을 지나 중앙동의 청초호 갯바
위 선착장으로 갔다. 다리 기둥에는 "이봅세~ 날래 오기오."라는
함경도 사투리의 인사말이 붙어 있다. 나는 선착장에서 200원을 내
고 갯배를 탔다. 갯배는 옛날 방식으로 뗏목처럼 생긴 배를 사람들
이 함께 직접 와이어를 끌어당겨 이동하는 방식이다.

이어서 만나는 청초호는 속초시 한가운데를 가르는 호수로 강과
바다가 만나는 항구다. 부두에는 크고 작은 배들이 정박해 있다. 수
리를 하고 있는 배들도 보인다. 부둣가의 좁은 골목은 지저분하다.
하지만 먹고 마시고 즐기는 생리적 욕구가 넘쳐나고 있다. 많은 사
람들이 자기 볼일에 정신이 없는 듯 시끄럽기도 하다. 어구를 손질
하는 사람들은 고통스런 얼굴도, 환한 미소도 아닌, 무감각한 표정
이다. 나는 이곳을 걸으면서도 머물지 않고 지나갈 뿐이지만 왠지
어항 근처는 삶에 찌든 어민들의 모습이 가슴 저리는 안타까움으로
다가왔다.

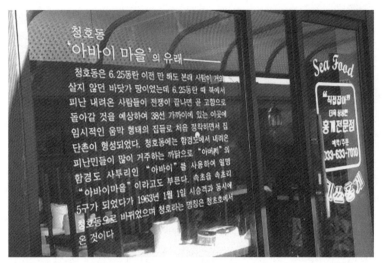

설악해맞이공원에서 5Km 정도 떨어진 한 음식점 유리문에 새겨놓은 청호동 아바이마을의 유래.

　쓸데없는 생각일까? 두리번거리다가 아바이마을로 향했다. 나는 그동안 잊어버렸던 아바이마을이 궁금했다. "옛날 모습, 정감, 아름다움은 어디로 갔을까?" 아바이마을이 밀집해 있는 청호동 일대는 6.25 전쟁의 아픔을 안고 살아가는 집단 정착촌 같은 곳이다. 전쟁이 끝나면 고향으로 돌아가려던 이북 피란민들이 1953년 휴전과 동시에 오고 가지도 못한 채 청초호 해안 모래 언덕에 판잣집을 짓고 살아온 곳으로 일명 '실향민정착촌'이라는 곳이다.

　더구나 전쟁으로 인해 쫓기듯 피란 나와 고향으로 돌아갈 날을 기다리며 지금까지 살아오는 함경도 피난민들의 애환이 담긴 곳이다. 여기서 만난 80대 노인은 "현재의 청호동 노인회관의 경우 피난

이산가족 1세대들은 거의 사망하거나 거동이 불편한 상태에서 끈질긴 생명을 이어간다."라며 한숨 짓는다.

이야기가 많은 골목길! 옛날 1950~60년대의 피난민들의 생활터전이었고 지금은 속칭 '아바이냉면마을'로 알려진 음식점 골목을 찾아갔다. 특히 점심을 먹기 위해 미로와 같은 좁은 골목길을 따라 '단천식당'으로 들어갔다. 여행할 때마다 아바이마을에 자주 들러 아바이순대와 가자미식해를 즐겨 먹던 곳이기 때문이다. 가서 본즉 맙소사! 10년 전 낡은 건물은 어디로 사라지고 다시 새롭게 재건축한 건물에 3대째 가업으로 이어져 내려오는 식당이 나타났다. 그 식당에서 함경도 단천에서 피란 나와 식당을 시작한 할머니의 피란 나온 이야기, 아바이마을의 역사를 들으니 전혀 딴 나라 사람들의 이야기처럼 들렸다.

물론 나 역시 6.25 전쟁이 한창인 1·4후퇴 때 피난 나왔기에 이 할머니의 한 많은 이야기는 곧 나의 이야기나 다름없었다. 나와 같이 동행하는 동료 또한 평안북도에서 피란 나온 터라 할머니 이야기에 동감하는 부분이 많았다. 우리는 80대 할머니의 고생한 이야기를 들으며 분단의 아픔과 반추의 기억을 더듬어 보았다. 골목길을 걸으니 피난민들의 고통의 그림자, 아픈 역사가 이곳저곳에서 묻어나고 있었다.

뒤이어 찾은 속초항은 매우 활기차다. 하지만 마구잡이로 지어 놓은 화물창고와 복잡하게 얽힌 선박들, 불량주택들, 지친 상인과 노동자들, 뭔가 현기증이 날 정도로 지저분한 골목길이 계속되었다.

해파랑길 안내 표시도 찾지 못해서 길을 잃었다는 기분도 들었다. 나는 속초항에서 떠나는 크루즈를 타고 어디론가 떠나고 싶은 욕망을 추스리며 속초항을 빠져나왔다.

속초시의 또 다른 동명항은 속초시 동북 쪽에 있는 항구다. 많은 어선들이 정박해 있다. 동해에서 해가 밝아 온다는 이름을 가진 비교적 큰 항구다. 우리나라 북단의 무역항으로 국제여객 터미널, 속초항만 지원센터 등이 위치한 항만이다. 금강산 관광과 남북 교역이 이루어지던 현대 여객터미널과 백두산과 러시아 중국을 연결하는 국제여객선터미널이 있다. 필자는 이곳에서 1990년대 초 설봉호를 타고 금강산관광을 다녀온 적이 있어 옛날 풍경이 더욱 새롭게 다가왔다.

□ 아름다움을 느끼지 못한다면
돌아가도 후회할 것이다

습관대로 일찍 잠에서 깨어났다. 12월 9일 아침 세상이 정해준 시간이 아니라 나만의 시계에 맞춰서 일어났다. 여명의 하늘빛은 주황색이다. 몸의 세포가 아직 정상적으로 작동하지 않지만 봉포길 좌우 상가들을 살펴보면서 천진항(토성면 천진리) 방향으로 향했다. 장사해변에서 시작하는 46번 코스는 봉포해변과 연결된 천진해변은 바다 쪽을 막아주는 천진항 방파제 안쪽의 500m 정도의 해변이다.

천진해변 역시 모래사장 주위로 작은 섬 같은 바위들이 물속에서 숨바꼭질을 한다. 여름이면 넓은 화감암 바위에 올라 벌렁 벗고 선 팅하는데 안성맞춤이다.

천진 해변길인 습지길과 농로길, 야산의 데크길을 올라서면 그림 같은 청간정(淸澗亭)이 나온다. 정자로 올라가는 길옆에는 대나무와 소나무가 무성하다. 속초의 끝이요 고성군의 끝자락에 있는 청간정 은 여명, 석양, 어둠, 바람, 바다, 산, 모두를 만날 수 있는 곳이다. 설 악산에서 흘러내리는 청간천과 바다가 만나는 지점의 작은 구릉에 있어서 더욱 운치가 있다. 정자의 건축년대는 1560년 이전으로 추측 된다. 고성팔경 중의 하나인 청간정에 걸린 현판은 1953년 5월 이승 만 대통령이 친필로 쓴 것이다.

아야진항 하역장에서 지난 밤에 잡아 온 양미리를 그물에서 떼어내는 작업을 하고 있는
50~60대 아주머니들의 재바른 손놀림이 필자의 눈길을 사로잡았다.

이어 아야진항과 아야진해변을 걷는다. 국가어항으로 지정된 아야진항이 말굽형 지형 안에 있는데 대략 8~9척의 어선과 어판장이 전부이다. 그렇지만 아야진해변은 고운 모래에다 수심이 얕아 어린애들과 함께 안전하게 즐길 수 있다. 이 지역에 자랑거리가 많겠지만 다른 어항과 마찬가지로 지난밤에 잡아 온 양미리와 오징어를 하역하고, 한편에서는 양미리를 그물에서 떼어내는 작업이 한창이다. 50~60대 아주머니들이 양미리를 그물에서 떼어내는 작업을 하고 있는데 플라스틱 용기 한 바케츠를 가득 채울 때 5천 원의 노임을 받는다고 했다. 그 옆에는 양미리를 판매하고 있었는데 대충 한 삽(물고기 옮기는 삽)에 1만 원이란다. 싱싱한 양미리를 사가는 사람들이 싱글벙글이다. 청량한 바닷가에서 팔딱팔딱 뛰는 생선회 한 점을 먹고 싶다.

아야진마을에서 해변도로를 따라 걷다가 7번 국도 방향으로 돌아 지방도이면서 자전거도로를 따라가니 천학정이라는 표지석이 나온다. 숲속 돌계단을 힘들게 올라가면 고성팔경의 하나로 지칭되는 천학정(天鶴亭)이 반긴다. 많은 사람들이 서성거리며 아름다운 풍광을 즐기고 있다. 주위에 바위가 많지만 특히 천학정 앞의 두꺼비 바위가 범상치 않다. 주위의 기암괴석들은 신이 쉬어가는 선경(仙境)이다. 기암괴석으로 이뤄진 해안절벽 위에서 동해의 아름다움을 만끽할 수 있는 곳이다. 이런 곳에서 '불감무귀(不感無歸)'를 다짐해 본다. 즉, 아름다움을 "느끼지 못한다면 돌아가지 않을 것이다."라는 뜻이다. 낭떠러지 끝에 있는 천학정에서 보니 푸른 바다, 바람, 햇볕, 바위들로 하여금 내 감각이 열리는 듯했다.

다리가 좀 아프지만 걷는 시간은 온전히 내 것이다. 문암2리항 옆에 위치한 능파대(凌波臺)로 가는 길은 조금도 외롭지 않다. 능파대 바위들 역시 화강암 지대로 다양한 형상으로 우리를 맞는다. 모질게 자연에 깎이며 빚어진 바위들이 제멋대로 뒤틀려 있고 곳곳에 구멍이 뚫려 있다. 마치 외계행성에 온 듯한 풍경을 자아낸다. 능파대란 이름 역시 험한 파도가 암석에 부딪히는 모습에서 이름 지어졌다고 한다. 이러한 능파대는 지질학적으로 1.8억 년~1.2억 년 전에 형성된 복운모화강암(Two-Mica Granite)으로 이뤄진 것이라고 한다.

잘 알려진 이름만큼 사람들이 많다. 내 앞을 거니는 나그네들, 당신들은 진실로 누구인가? 궁금해진다. 물론 내 관심에 아랑곳하지 않고 자연을 돌아보고 시심도 느끼는 듯하다. 대화는 못 했지만 저들은 자연을 벗 삼아서 살아가는 지혜를 얻고 사랑의 기술을 배워갈 것이다.

또 능파대에서는 낚싯배와 스쿠버들이 보트를 타고 먼 바다로 나가고 있다. 스쿠버 동호인들의 얼굴에서 빛이 난다. 기쁨을 감추지 못한 채 잠수복을 입고 뛰어나간다. 보트를 타고 떠나가는 젊은 여성들의 기교, 용기가 부럽기만 하다.

좀 더 걷자 능파대 서북쪽으로 이어진 또 다른 문암해변이 친근하게 다가온다. 이곳 솔밭 사이에는 캠핑장이 마련돼 있고 평판을 깔아놓아 가족들이 즐길 수 있다. 산책을 돕는 목재 데크길이 있고 앉을 의자가 있어 편안해 보인다. 해안가에서 흔히 볼 수 있는 풍경이다. 삶의 소박한 즐거움을 상상하면서 걸을 때 안내 표지판은 문암천 문암교 건너 하얀섬(백도) 방향을 가리키고 있다.

막상 도착해 보니 하얀섬을 알리는 하트형 조형물 표지석에는 "어서 오세요. 여기는 사랑하는 이들이 찾는 아름다운 문암해변입니다. 하얀 섬 두 개가 나란히 떠 있죠? 연인처럼 부부처럼 참 다정합니다."라는 평온과 충족감을 주는 글귀도 보인다. 그야말로 푸른 바다, 맑은 하늘빛만으로 만족하는 날이었다.

이어 자작도 해수욕장을 거쳐 46코스의 종점인 삼포 해변에 왔다. 백도해변을 지나고 백도항의 작은 고개를 넘으면 삼포(三浦) 해변이다. 능파대에서는 3.8km, 속초시에서 12km 떨어져 있는 곳이다. 이곳 800m 길이의 해안가는 고운 모래와 함께 울창한 소나무와 해당화 숲으로 둘러싸여 있으며, 삼포2리 간이해변과 연결돼 있다. 그리고 삼포 해변은 철조망이 없어 바다 가까이 접근할 수 있어 더 자유로움을 느낀다. 멀지 않은 바다 가운데 솟은 바위섬들 주위에는 수많은 갈매기가 한가로이 하늘을 날며 먹이를 찾고 있다.

동해안길 걷기는 때때로 철조망이 있는 해안가를 걸어야 했다. 안타깝고 우울해졌다. 온갖 나쁘고 불경스런 생각이 머리를 무겁게 만들기 때문이다. 침투 흔적을 알아채는 철조망 사이에 걸려 있는 검은 조약돌, 조개껍질, 이 땅의 무사함을 알리고 있지 않은가. 철조망은 날카로워 공포의 원인이고 두려움의 대상이다. 안보 불안 대상 자체가 불분명한 두려움으로 다가오는 것이다. 나도 모르게 작은 비명이 나온다. "언제쯤 철망이 걷힐까? 언제쯤 남북통일이 이뤄질까?". 만약 이 땅이 없다면 우리들은 어디서 존재할까? 이런 아름다운 대지가 없다면 우리가 살 수 있는 곳은 과연 어디인가?

□ 두 발로 세상을 오르고 내리고

걸으며 만나는 찰나의 순간이 연속적으로 이어지고 뒤이어 이것들이 머릿속에서 사라지고 사라짐을 통해 또 다른 존재들을 담는 것, 이것이 도보여행의 순간들이다. 48코스에서도 이런 반복이 계속되리라. 걷기 안내문에서 보니 48코스는 고성코스 중에 가장 긴 코스로서 가진항에서 거진항에 이르는 16.6km 구간이다. 걸으면서 배낭을 내려놓더라도 만나는 풍광에 눈을 떼는 일 없이 걷는 본능에 따라 앞으로 나갔다. 해안 길들은 거의 비슷했으며 어촌마을은 텅 비어 있었다.

나는 가진항에서 남천 마을과 남천교를 지나 곧바로 고성군청 방향으로 발길을 돌렸다. 항목리에서 우회전하여 간성 방향으로 걷다가 다시 신안리 방향으로 가도록 되어 있으나 우리는 고성군청 방향의 간성 읍내로 들어가 일박하기로 했다. 이미 해가 서산에 기울고 몸도 천근만근 무거워지면서 피곤이 몰려 왔기 때문이다. 인근 식당에서 삼겹살로 저녁을 하고 곧바로 숙소로 들어와 밤으로의 어로에 들어갔다.

12월 12일. 아침 6시도 안 돼 잠자리에서 깨어나 간단한 스트레칭으로 몸을 풀고 떠날 채비를 서둘렀다. 오늘도 어김없이 다른 곳 다른 길로 걷는다는 것이 궁금해지기는 마찬가지다. 황태해장국으로 아침 식사를 끝내고 고성전통시장을 둘러보고 걷기 시작했다. 고성 농업기술센터 앞 삼리교차로를 지나 대대교차로 앞에서 우회전하여 북천 제방 둑을 따라 거진 쪽으로 향했다.

넓은 들판이 풍요롭고 고요하다. 북천은 갈수기라 흐르는 물은 적지만 강폭이 넓어 갈대와 잡풀이 엉켜 있다. 지루하게 걸었을까? 야생적인 풍경에 빠져서 북천 하구에 이르렀다. 6.25 전쟁 시 파괴된 북천철교가 오랜 침묵 속에 지나간 아픈 역사를 간직하고 있다.

우리들의 머리통에 구멍을 냈던 미친 전쟁! 이곳 안내문에 따르면 북천철교는 원산~양양간을 연결하는 동해북부선 철교다. 1950년 전쟁 당시 북한군이 이 철교를 이용해 군수물자를 운반하자 아군이 함포사격으로 폭파해야만 했던 비극의 역사 현장이다. 지금은 다리 위에 상판을 설치해 걷기와 자전거 전용 교량으로 이용하고 있다. 그리고 DMZ를 연결하는 평화누리길과 연결되어 있다.

이곳을 떠나면서도 뭔가 가슴이 찡하다. 나는 가끔 이런 감사의 기도를 드리기 때문이다. "하나님! 저를 저 북한 땅에 남겨두지 않고 남쪽으로 인도해 주신 것, 고맙습니다. 이 아름다운 대한민국에서 숨 쉬며 살아가도록 도와주신 것, 감사합니다."라고. 내가 뿌리를 내리고 살아가는 땅은 이 세상에서 가장 아름다운 곳이 아닌가.

마산교를 건너가기 전 송강 정철 정자에서 잠깐 쉬고 있는데 50대 초반의 남자가 다가오면서 "안녕하세요. 어디까지 가세요?" 하며 묻는다. "네, 통일전망대까지 갑니다." 그는 반가운듯 "저도 통일전망대에서 시작해 여기까지 왔는데 내친김에 부산까지 가보려고 합니다."라고 했다. 나는 "음. 위대한 도전이군." 하면서 나 역시 관심거리여서 "혼자 대단하십니다. 성공하세요. 우리도 부산서 시작해서 여기까지 왔어요." 하자 그는 놀라서 "멋진 여행이네요. 어떻게 그게 가능했어요?"라며 맞장구를 친다. 서로 공감하는 친구처럼 "네. 세상 시계에 맞추지 않고 내 시계에 맞춰 걸었지요. 아직 걸어야 할 길이 많아요." 이름도 성도 모르지만 헤어지면서 나는 "맘껏 걸어보세요." 하며 손을 흔들었다.

"걷기는 홀로의 여행이자 시대정신이다"

조촐한 대화를 끝내고 황량한 전쟁 흔적을 뒤로하면서 반암해변을 향해서 걸었다. 마산교를 건너가니 하천과 도로 공사가 진행 중이어서 어지럽기까지 하다. 신발에 달라붙은 진흙을 떨어내며 걷다가 왼쪽으로 이어진 농로를 따라 숲속 길을 지나니 반암리 민박마을이다. 동네 입구에 '동명막국수집'이 보이고 길 좌우로 30여 가구로 형성된 민박 마을이 있다. 하지만 "명품관광 고성"이라는 간판만 요란하지 실제 마을 분위기는 썰렁하고 비바람에 시달린 낡은 흔적들뿐이다.

지금까지 몇십만 발걸음이었을까? 밟은 대지, 마을길을 벗어나 반암포구와 반암해변에 왔다. 반암해변은 7번 국도 옆이어서 접근성이 좋은 곳으로 한적하면서도 경관이 수려하다. 해변 백사장이

상당히 길게 보이지만 실제로 사람들이 놀 수 있는 공간은 200m뿐이다. 바위와 돌들이 제멋대로 물속에서 들락날락하며 거친 파도를 견뎌내고 있다. 한참 푸른 바다를 쳐다보고 있으니 "나는 고독도 없고 집도 없고 가족도 없이" 서 있는 기분이다. 기분이 처지지 않게 힘을 다해서 용감하게 버텨야 하겠다.

계속 해안 길과 농로 길, 자동차 도로를 따라가다 거진교를 건너 거진항에 닿는다. 거진항 입구에는 대리석으로 만든 고기를 잡고있는 조형물과 '거진랜드바크공원'라는 간판이 보인다. 힘들여 도착한 거진항은 생각보다 큰 어항으로 외항의 큰 방파제와 안쪽의 작은 방파제(서방파제)로 이뤄진 국가어항이다.

거진항에서는 국민 생선이라 불리는 명태가 유명하다. 하지만 도치와 도루묵 등 이름도 생소한 생선들이 많이 나는 곳이다. 특히 매년 11월부터 시작되는 산란기를 맞아 많은 물고기들이 잡힌다고 한다. 아낙네가 도치를 보이며 맛있는 고기라고 소리친다. 발길을 멈추게 하는 흉하게 생긴 도치? 배가 불룩 나온 처음 보는 물고기지만 최고의 비주얼은 '도치' 고기가 아닐까 싶었다. 잔뜩 찡그린 못생긴 모양을 했다고 해서 '심퉁이'라고도 부른다니 재미있다. 실제 생선 맛은 물론 식감 질이 좋다고 한다. 덩달아 먹고 싶었지만 때가 맞지 않아 그대로 지나치려니 서운한 기분도 들었다.

이곳에선 도루묵도 많이 잡히는데 어항 근처에서는 도루묵을 손질하는 모습이 분주하다. 식당가 길거리에서 도루묵 굽는 냄새가 입맛을 자극한다. 횟집 아주머니가 한번 먹어보라며 건네주는 도루묵 맛이 썩 달랐다. 크기가 20cm 남짓하지만 내장과 지느러미를 때어내고 소금에 약간 절여 먹는 '도루묵구이'가 인기를 끌고 있다. 지치고 힘들지만 걷기에서 얻는 경험들이 차곡차곡 쌓여가는 순간들이다. 잠깐씩 바다를 벗어나 만나는 숲속의 마을길은 더없이 조용하고 호젓함이 묻어난다. 딱 볼만한 절경은 없지만 그저 순례자처럼 걷는 길이 오히려 나의 내면을 충족시켜주는 순간들이었다.

□ 이승만 별장 김일성 별장

다시 49코스로 접어들었다. 이미 여러 사람들이 도보여행 후기를 통해 말하고 있지만 49코스는 거진항에서 통일안보공원(통일전망대 출입신고소)으로 이어지는 12.3km의 구간이다. 이 구간은 맑은 공기와 푸른 바다, 울창한 숲으로 이뤄져 있다고 해서 흔히 '산소길'이라 부르는 곳이다. 이런 길을 간다고 하니 걷고자 하는 욕망도 커진다. 이번 코스도 날씨만 잘 받쳐 주면 목적지까지 잘 갈 수 있겠지.

그런데 49코스는 거진항을 벗어나면서 내륙으로 이어지는 응봉(鷹峰, 122m) 산길을 걷게 된다. 이 정도 거리는 유쾌한 시간이다. 거진항에서 응봉은 약 3.4km 거리에 높고 낮은 산길이다. 산길 따라 걷는 것이 즐겁다. 걸으면 활력이 생기는 법이다. 앞을 보니 산악회에서 단체로 왔는지 남녀 30여 명이 응봉 쪽으로 걸으며 왁자지껄하다. 나는 이들을 앞질러 빠르게 걸었다. 땀이 날 정도에서 응봉에

'꽃 피는 나루'라는 뜻을 지닌 화진포 항의 아름다운 정경.

오르니 화진포가 한눈에 들어온다. "바로 저기야!" 신성함의 감정을 느낄 수 있는 그림 같은 곳, 자연 속에서 살고 싶은 일급 휴양지다. 한참 한 올 한 올 감상하며 명상에 잠긴다. 동시에 저런 곳을 볼 수 있는 건강한 다리를 가지고 있으니 참 감사한 일이었다.

　화진포의 아름다움에 사로잡혀 경이로운 순간을 느끼면서 김일성 별장 뒤편 비탈길로 내려갔다. 좀 가파른 산길이지만 주변 풍경을 바라보며 어려움 없이 내려왔다. 김일성별장에는 많은 사람들이 무언가 놓치지 않으려는 듯 그곳 안내문들을 읽으며 여유롭게 시간을 보내고 있었다.

　화진포에 있는 '김일성별장'은 6.25 전쟁이 발발하기 전인 1948년부터 김일성의 가족들이 여름 휴양을 즐겼다는 곳이다. 그동안 방

화진포 호수를 가로지르는 금구교를 건너와 한적한 송림 속에 자리 잡고 있는 이승만 초대 대통령 별장의 내부 모습.

치되었다가 1964년에 재건축한 이후 1999년부터 안보전시관으로 사용되고 있다. 김일성별장은 또 다른 이름으로 '화진포의 성'이라 부르기도 한다.

이어 차분한 발걸음으로 화진포 호반으로 내려왔다. 화진포 호반의 길, 모두가 좋아하는 산책길이다. 나 역시 "아! 이 길 너무나 마음에 든다."라며 몇 번 들린 곳이다. 자연과 나 사이에 아무런 방해도 없는 길이다. 여기서 화진(花津)은 해당화가 많이 피었다는 의미의 "꽃피는 나루"라는 뜻이다. 주위에는 울창한 송림과 갈대, 수천 마리의 철새, 고니가 날아든다. 갖가지 담수어가 서식하는 푸른 호수와 어우러져 있는 무릉도원 같은 곳이다. 아무리 해가 짧아도 이곳에서 한가로이 시간을 보내고 싶었다.

그래서 그럴까? 영원한 데자뷰(이미 느끼고 경험한 듯한) 느낌을 준다. 한국 근대사의 주역들이었던 이승만 대통령별장과 기념관, 부통령이었던 이기붕별장, 김일성별장이 있던 곳으로 존재의 단편들을 볼 수 있는 곳이다. 특히 이승만 초대 대통령의 별장, 화진포기념관은 많은 느낌을 준다. 화진포 호수를 가로지르는 금구교를 지난 호수를 내려다볼 수 있는 한적한 곳에 자리 잡고 있다. 기념관 내 거실과 응접실에는 50~60년대에 쓰던 낡은 살림들, 옷가지, 장롱, 침대 등이 놓여 있어 당시 대통령의 소박한 모습을 볼 수 있다. 또 전시관에는 이승만 대통령의 생애를 알 수 있는 빛바랜 사진들과 학경력 자료들이 배치돼 있다. 특히 나에게 감동을 주는 자료는 '건국 대통령의 기도와 유언' 내용이었다.

" ……이제 저의 천명이 다하여 아버지께서 저에게 주셨던 사명감을 감당도 못하겠나이다. 몸과 마음이 너무 늙어버렸습니다. 바라옵건대 우리 민족의 앞날에 주님의 은총과 축복이 함께하시옵소서. 우리 민족을 오직 주님께 맡기고 가겠습니다."

초대대통령으로서 마지막 병상에서 "남북통일이 이뤄지기 전에는 눈을 감을 수가 없어……" 하며 자유민주주의 통일을 소원하던 대통령의 음성을 듣는 듯하다. 자신이 만들려던 세상은 이루지 못했으나 자신의 이름, 자신의 역사, 자신의 성공과 실패의 권력을 그는 저세상에서 어떻게 받아들일까? 순수한 상상으로 길 위에서 역사를 만나고 평화를 생각해 본다.

화진포에서는 기다리는 또 다른 이야기가 있다. 광개토대왕의 전설이 그것이다. 화진포 앞바다 거북섬에는 광개토대왕릉이 있다는 학설이 제기되고 있는 것이다. 고구려 장수왕 2년(서기414년)에 이곳 거북섬에 왕릉(壽陵)을 축성해 광개토대왕의 시신을 안장했다는 얘기다. 화진포해변에 서서 바다 가운데 섬을 보고 있으니 광개토대왕 자신이 메마른 땅에 묻히는 것보다 영혼이라도 인간세계와 떨어진 푸른 바다, 바람 속에 영원히 살고 싶었던 모양이다.

숨을 고르면서 또 다른 삶의 문을 두드린다. 초도해변에 도착했다. 초도는 물 좋은 샘이 흐른다 해서 '샘동네'라고 불렀으나 앞바다에 갈대숲이 무성한 작은 섬이라고 해서 초도(草島)라고 부른다. 초도해변은 백사장이 곱고 맑아서 여름철에만 한시적으로 개방되는 곳이다. 이어 두 발로 모래사장의 감촉을 느끼며 초도항 쪽으로 갔다. 초도항 입구에는 해녀와 성게 조형물이 있다. 어항을 중심으로 한 초도어촌은 동해의 최북단에 있는 작은 마을로 '북방어업전진기지'로 매우 중시되는 곳이다. 대진항, 초도항, 오호리 마을 등이 동해 북부 지역 경제의 한 축을 이룬다.

이어 초도항을 따라 약 4km 정도 올라가면 국내 최북단의 대진항에 이른다. 대진항(고성군 현내면)은 동해 최북단 명태잡이로 유명한 어항이다. 이날 포구에 정박해 있는 어선만도 60여 척이 넘는 큰 어항이다. 오늘도 어선들이 통통거리며 겨울 바다를 깨운다. 저 배 안에는 어민들의 소박한 행복이 담겨 있으리라. 명태 한 마리에 웃음보가 터질 것이다. 인근 바다에서는 문어, 털게, 청어, 넙치, 성게류가 많이 잡힌다고 한다.

그중에서도 요즘은 도루묵이 풍년이란다. 대진항 수산시장에서는 어부들이 밤새 잡아 온 고기를 밖으로 내던지며 뭔가 소리를 지른다. 펄떡이는 고기가 콘크리트 바닥에서 뒹군다. 붉은 망사에 담긴 문어가 커다란 물통에서 꿈틀거린다. 문어를 고르는 관광객의 모습도 진지하다. 문어를 산 아주머니가 2kg쯤 나가는 문어를 보여주며 흐뭇해한다. 꿈틀거리는 모습이 살아있는 예술이다. 다른 해산물도 값싸게 거래되고 있는데 어항마다 좀 다르겠지만 도루묵 50~60마리에 1만 원 정도라고 했다.

걷기의 리듬은 계속된다. 동해안 최북단의 대진등대에 올라섰다. 팔각형 콘크리트 구조로 돼 있는 등대는 동해 최북단의 뱃길을 안내하는 곳, 어선들이 동해 북방 어로한계선을 넘지 않도록 관리하는 등대다. 여기서 보는 동해의 하늘빛, 바다 빛이 역시 아름답다. 북한 땅 금강산 동쪽 자락에 위치해 있는 장전(고성)이 손짓한다. 저 푸른 바다와 하늘빛은 구약 창세기 1장 3절에 "빛이 있으라 하시니 빛이 있었고……" 하는 그 빛이 아닐까 싶다.

□ 걸었다 해냈다 감격했다

우리는 목적지까지 거의 다 왔다는 기분에 금강산콘도에서 머뭇거리다가 통일전망대 출입신고소로 달려갔다. 50코스는 통일전망

2016년 12월 12일(월) 오후 4시경, 해파랑길 770km의 종주를 마치고 통일전망대에 도착해 일행과 같이 두 손을 번쩍 들고 외쳤다. "걸었다. 해냈다. 감격했다."라고.

대에서 명파초등학교(명파해변입구)−제진검문소−(차로 이동)−통일전망대에 이르는 12.7km 구간이다. 하지만 통일전망대 출입신고소에서 제진검문소까지 5.7km만 걸을 수 있고 나머지 7km는 반드시 차로 이동해 통일전망대로 가야 한다. 접경지대는 군사적으로 통제되는 지역이기 때문이다. 보통 통제된 지역의 풍경은 무거움, 혹은 시각적으로만 볼 수 없는 공허함이 느껴지게 마련이다. 더욱이 우리가 쉽게 갈 수 없는 DMZ 구역은 어딘가 불안하고 우울함을 사아내는 곳이다.

그래도 통일전망대까지 가야 한다. 우선 최종 목적지인 통일전망대로 가기 위해서는 통일전망대출입신고소(통일안보공원)에서 출입신고서를 작성해 허가를 받아야 한다. 그런데 급히 출입신고서를 냈으나 이날은 군사훈련 때문에 출입이 안 된다고 했다. "아! 어쩌나?" 몹시 실망스럽고 섭섭했으나 차량을 이용해 갈 수밖에 없었다. 그렇다고 갑자기 차량이 있는 것도 아니었다. 다시 창구직원에게 물으니 그는 망설이다가 외국인 여자가 혼자 택시로 들어가는 사람이 있는데 택시 운전사에게 물어보라고 했다. 우리는 옆에 서 있는 택시 운전사와 외국인에게 간곡히 부탁해 이들과 같이 통일전망대로 갈 수 있었다. 가까운 친구처럼 동행하니 큰 행운이었다.

드디어 2016년 12월 12일(월) 오후 4시경 통일전망대에 도착했다. 해파랑길 770km의 종주로 마침표를 찍는 순간이다. 버스를 타고 직선 대로로 쉽고 빠르게 달려올 수 있었으나 도보여행으로 멀리 돌고 돌아서 대망의 목적지까지 온 것이다. 눈앞에 전개된 북쪽의 금강산. 아! 우리는 어떻게 여기까지 왔을까? 눈물이 날 정도다. 어렵게 힘든 길 끝에서 만나는 마지막 지점에서의 순간만큼은 한껏 승리한 기분이다. 여기에 모인 사람들이 손을 마주 잡고 서로 축하해주고 있다.

통일전망대는 1983년에 문을 연 후 실향민을 비롯한 세계 각국 많은 사람들이 찾는 유명 관광지다. 필자 역시 몇 해 전까지 학생들을 이끌고 수차례 방문한 경험이 있다. 그때마다 국경이 아닌 잠시 그어진 공간(DMZ)을 넘어 금단의 땅, 북한 쪽을 한참 응시했다. 오늘도 눈에 들어온 북한 땅은 벌거벗은 땅이다. 자연의 빛을 잃은 듯한

통일전망대에서 북녘을 바라보니 6.25 때 두더지처럼 피란 나오던 시절이 떠올랐다. 인간은 망각하는 동물이라고 하지만 고향에 대한 기억은 절대 잊을 수 없다는 사실을 또 한번 깨달았다.

산하다. 다행히 동해 바다 쪽은 푸르고 아름답다. 왼쪽 지형부터 북한 전망대인 351고지, 구선봉(낙타봉), 외금강, 해금강에 이은 말무리반도의 만물상, 복선암, 부처바위 등이 한눈에 들어온다.

공간적으로 군사분계선(DMZ) 구간은 좁은 틈일 뿐이다. 하지만 통일전망대에서 더 이상 갈 수가 없다. 길도 막히고 바다도 넘을 수 없다. 남북을 가르는 철책선과 바다는 묘한 불균형을 이룬 가운데 긴장감만 감돈다. 6.25 전쟁 때 두더지처럼 피란 나오던 어린 시절이 떠올랐다. 이번뿐이 아니라 속초 통일전망대나 김포 한강하구의 애기봉을 찾을 때마다 고향 생각에 젖었다.

실향민 1세대인 필자의 삶은 남쪽에 살지만 다른 북쪽을 잊지 못하며, 북쪽을 그리워하지만 그쪽으로 갈 수 없는 병적인 희망증후군을 평생 앓고 있다. 그래서 그럴까. "모르면 찾고 없으면 만들어라."라는 한 서예가의 글귀가 유난히 가슴에 파고들었다.

사람은 자기 자신에 대해 묻지 않는 삶은 무의미하지 않은가? 인간은 망각하는 동물이라고 하지만 고향에 대한 기억은 절대 잊을 수 없다는 사실, 이것 또한 자신에 대한 물음이다. 나를 지극정성으로 키워준 할머니의 사랑은 내 생애에 가장 잊을 수 없는, 별빛처럼 빛나는 미스터리 같은 루미너리스(luminaries)다. 옛날 피란길을 잊지 못하는 것도 결국 내 삶을 기억하려는 몸부림일 것이다.

바라건대 국경 없는 공간은 없을까? 실향민 1세대인 나의 삶은 이쪽저쪽에 산다고 말할 수 없다. 남쪽에 살지만 다른 북쪽을 잊지 못하며, 북쪽을 그리워하지만 나는 그쪽으로 갈 수 없다. 병적인 희망증후군이다. 이것이 비극의 분단상태요 실향민의 아픔이다. 그래서일까. 마침 비극의 땅을 아는지 전망대 창문 너머로 이름 모를 산새가 날아간다. "그래 너는 70여 년의 세월이 쌓인 철조망을 자유롭게 오고 가는구나. 우리도 언젠가 그런 날이 오겠지……." 그리고 이어 "내 생애에 통일된 한반도를 횡단하는 도보여행을 할 수 있을까?" 하는 감정의 파노라마는 계속되었다. 이때 누군가 옆에서 소리쳤다. "저기를 봐! 우리가 또 걸어야 할 길이 저기 있어. 금강산 육로길이 뻗어있어."라고. 바로 내가 걷고 싶은 길이었다. 북쪽 동해안 길을 따라 함경남북도 원산, 함흥, 청진, 개마고원, 그리고 북한 땅끝 국경선까지 걷기가 소원이다. 이때 하나님은 나에게 대답하셨다.

"그래, 들었다. 건강만 해라. 기다려라."

나도 모르게 외쳤다. "끝냈군! 바보같이, 두 발로 여기까지 걸었다니 대견하다. 하하하……." 다시 생각해 보니 "아유! 어떻게 저 먼길을 걸었을까?" 해파랑길 770km를 2016년 6월 2일 부산 오륙도 공원에서 시작해 12월 12일 통일전망대까지 5차례에 걸쳐 38일간 걸었으니 말이다. 사실 한 구간을 끝낼 때마다 그 길의 끝은 피곤했으나 보람도 컸다. 아무 제약 없이 자유인으로 일어나서 걷고 먹고 그리고 곯아떨어지는 하루, 미친 걷기요 바보 같은 걷기였다. 아니 고난의 행군이었다. 그동안 일상의 비정상적인 순간들, 꿈꾸던 날들이 마침내 끝난 것이다.

제 7 장

지리산 둘레길 걷기의 기쁨과 예찬

7. 지리산 둘레길 걷기의 기쁨과 예찬
- 걷지 않으면 다른 세상을 만날 수 없다

나를 돌아보는 시간, 나를 내려놓고 걷는 기회, 낯선 곳의 경험, 이 모든 것을 채워주는 곳이 어딜까? "우리가 꿈에서 볼 수 있는 것 이상으로 이 세상에는 경이로운 것들이 널려 있다."라고 셰익스피어가 말했던 그곳들 말이다. 이런저런 생각을 하며 택한 곳이 지리산이다. 걷는 중 내 마음을 열고 나를 껴안아 줄 곳이 지리산이라고 여겨졌다. 예로부터 "만 사람이 살만하고 삼재(三災: 전쟁, 기근, 질병)가 들지 않는 곳이 지리산"이라고 하지 않았던가. 사실 지리산은 민초들의 새로운 세상, 살기 좋은 땅으로 여기며 찾아갔던 복지(福地)요 길승지(吉勝地)였다.

나는 이런 지리산을 향해 걷는 것 자체가 현재의 내 삶이라고 생각했다. 길이 있기에 걷는 것이고 걷는 덕분에 몸을 움직이게 되는 것이다. 그리고 직접 생로병사의 과정을 소비하는 것이다. 그래서 더 멀리, 더 깊이, 더 즐겁게 구석구석을 살펴보고 싶은 마음이다. 다시 말해 지리산 실체에 바짝 다가가는 걷기는 또 다른 도전이었다. 나 홀로 혼자 가기에 아까워 친구들 몇 명에게 지리산둘레길 걷기를 제의해 보았다. "K형, Y형, 그리고 L씨! 선경(仙境)을 찾아가 볼래? 지리산 걷기 말이야. 제 자리만 맴돌지 말고 걸어 봐" 하고.

하지만 "나는 아직 누구의 남편이고, 누구의 아빠이고, 누구의 할배"라는 삶의 끈 때문에, 아니면 "다리가 아파서, 심장이 안 좋아서, 바빠서……." 하며 선 듯 나서지 못하는 것이었다. 현실과 환상의 경계에서 서성거리는 모습일 뿐이었다. 대부분의 노년기 사람들이 그렇다. 걷기는 사람이 호기심 속에 살아 있음을 보여주는 원초적 행동이지만 쉽게 걷기를 포기하는 사람들이 많다. 사실 그냥 집에서 무료하게 하루하루 보내는 사람은 '장애인'과 크게 다르지 않은 삶이 아닐까 싶은데 말이다.

"떠나요! 모든 걸 훌훌 벗어던지고 지리산 둘레길로"

봄기운이 완연해지는 2017년 3월 20일 나는 제주에서 늘 같이 걷는 강동환 님과 지리산둘레길을 걷기 위해 떠났다. 마침 봄비가 내리면서 대지는 겨울잠에서 깨어나는 듯했다. 봄꽃 같은 밝음과 따스함, 그러나 여전히 얼음같이 차가운 계절이다. 숙소를 정하기 전에 잠시 남원 요천(蓼川) 천변길을 따라 걸어가는 방문객이 되었다.

모두가 아는 대로 남원시는 사랑의 1번지 춘향의 도시다. 춘향의 흔적이 여기저기서 풍긴다. 내 삶의 흔적이 어디론가 걸으며 길에 끝없이 뿌려지고 있음을 느꼈다. "아! 봄바람이여, 하늘이여 나를 인도해 줄 구원의 소리가 어디서 올까?" 하며 천천히 시내를 돌아보았다. 시간이 멈춘 듯 고요함에 빠지는 시간이었다.

□ 지리산은 어떤 산인가?

내가 걸어야 할 지리산은 특별하다. 지리산은 모든 것을 품어주는 어머니와 같은 큰 산으로 예로부터 어려운 사람들의 피난처였으며 한민족의 자궁 같은 곳이다. 지형적으로 백두대간 줄기를 이루며 남쪽으로 뻗어 내린 지리산은 삼국시대부터 우리 민족의 수난사와 깊은 관련이 있는 곳이다. 특히 크고 작은 항쟁의 무대였다. 근세에 들어와 민족 수난의 소용돌이 속에서 우리 민족의 고난과 피를 함께 한 산이니 그렇다. 여순반란사건과 6.25 전후의 빨치산의 처절한 저항과 군경의 토벌작전으로 벌어진 전투만도 1만 회에 이른다. 이념적 갈등 속에 폭력, 전쟁, 학살로 지리산 곳곳에 붉은 피가 흘렀다. 인간의 이성이 얼마나 잔인한가를 보여주는 역사의 현장이었다.

또 지리산은 우리들의 희망과 영원한 생명의 산이다. 고려시대부터 '지혜롭고 신령스러운 산'이라는 의미의 지리산(智異山)에 대해 이인로(李仁老, 1152~1220)의 《파한집(破閑集)》에서는 "지나는 곳마다 선경이 아닌 곳이 없었다. 천만 봉우리와 골짜기는 다투듯 빼어나고 다투

듯 흘렀다. 대울타리와 초가집이 복숭아꽃 살구꽃에 보일 듯 말 듯 하니 거의 인간 세상이 아니었다.”라고 쓰고 있다. 이중환(李重煥, 1690~1756)의 《택리지(擇里志)》에는 “두류산 골짜기의 동네 주위를 둘러싼 산세가 깊고도 크다. 토질이 비옥하고 두터워 온 산이 사람 살기에 모두 알맞다. 힘들여 농사 짓지 않고도 먹을 것이 넉넉하다.”라고 했다.

지리산은 이인로의 파한집에서 두류산(頭流山)이라 했는데 그 의미는 “백두산의 맥이 흘러온 산”이라는 뜻이고, 또 중국 전설에 나오는 삼신산(三神山, 봉래산, 방장산, 영주산) 중의 하나인 방장산(方丈山)이라는 이름도 갖고 있다. 예로부터 지리산은 신령스러운 기운과 풍족한 삶의 터전, 그리고 빼어난 경치가 우리 민족의 이상향처럼 여겨지는 곳이다. 어지러운 세상을 등지고 은둔하거나 학문에 전념했던 처사, 선비들의 따뜻한 보금자리가 됐다. 외부와의 교류가 용이하지 않은 곳, 속세를 피해 숨어 살기 좋은 곳으로, 그리고 자급자족이 가능한 곳으로 여겨지면서 신비한 동경의 피난처로 여겨졌다. 민초들의 상처를 보듬어 주는 민족의 영산으로서 부족함이 없는 산이라 하겠다.

한편, 내가 만나고 걸어갈 지리산 둘레길은 이렇다.

우선 지리산 둘레길은 3개 도(전북, 경남, 전남)와 5개 시·군(남원시, 함양, 산청, 하동, 구례군), 16개 읍면, 100여 개 마을을 이어가는 800리(300km)에 이르는 장거리 길이다. ‘(사)숲길’ 측에 따르면 300여km를 걷는데 232시간 정도 소요될 것으로 추정한다. 지역적으로 영호남을 아우르는 둘레길은 남원(46km), 경남의 함양(23km), 산청(60km), 하동(68km), 전남의 구례(77km) 등 274km에 걸쳐 있다. 게다가 지리산 둘레길의 고도는 낮게는 50m에 높게는 500~800m 정도여서 사실상 등산에 가까운 코스다.

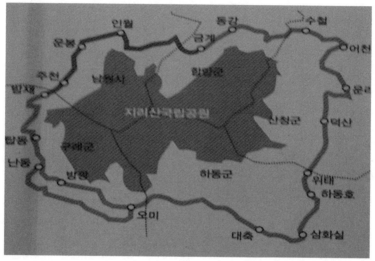

지리산 둘레길 개념도(지리산 둘레길은 영호남을 통과하는 274km의 산비탈 길이고 완주하는 데는 230여 시간 정도 소요되는 상당히 힘든 코스로 구성돼 있다.

□ 지리산 자연을 애무하다

이렇게 힘든 지리산 둘레길이지만 걷기의 특별한 이유는 없다. 걷기가 좋아서 길을 나섰을 뿐이다. 나에게 걷기는 유쾌한 외도이고 내 숨구멍에 다소나마 생기를 받고자 함이다. 걷는 바보로서 자연을 애무하고 사랑하는 '마음씨'를 유지하기 위해서다. 낯선 길을 걸으면서 길과 내가 하나가 되는 것, 순수한 내면과 자연과의 교감, 걷기는 긍정의 에너지로 다가오는 것, 또한 걷기에서 오는 즐거움이다. 걷기는 무의식적인 소망을 갖고 떠나서 그곳에서 뭘 찾는 것, 그것이 걷기의 기쁨일 것이다.

따라서 이번 걷기 역시 내가 정형화된 일상과 무료함에서 일탈해 자유의 충동을 느끼며 걷는 것이다. 겨울에 시들은 내 영혼이 봄기운 속에 다시 힘을 얻어 노년기를 잘 보내자는 소망도 들어있다. 봄을 사랑하는 내 마음속에도 진달래꽃이 피어나리라 기대해 본다. 수많은 길이 있어도 이번에는 "예전의 어떤 길보다 더 아름답지 않을까?" 상상하며 아래 3가지 관점을 확인하고 싶어서 걸었다.

첫째, 지리산이 어떠하기에 "이상향적인 복지, 길지라고 불리게 되었는가?" 하는 점이다. 예로부터 지리산은 난세의 어지러운 세상을 피해 숨어들던 복된 땅이었다. 풍년, 흉년을 모르는 복지(福地)의 땅, 오래 살 수 있고 무수한 인재가 배출되는 복된 땅, 중국 시인 도연명(陶淵明, 365~427)이 말하는 무릉도원(武陵桃源) 같은 이상향이라는 곳이다. 나는 젊어서부터 지리산을 아홉 번 종주한 경험이 있지만 늘 신비로운 새가 천 년을 살아간다는 청학동(靑鶴洞) 등이 궁금했다. 남원 뱀사골, 혹은 구례 성삼재-노고단으로부터 시작해 반야봉, 토끼봉, 명선봉, 형제봉, 천왕봉을 횡단하는 코스였는데 그때마다 산 정상보다 실제로 사람들이 살아가는 산자락, 골짜기 마을들이 궁금했다.

  둘째, 스페인 '산티아고 순례길'에 대한 도보여행일정(2017년 5월 9일)을 결정하고 몸을 다시 한번 점검해 보자는 것이 걷기 목적이었다. 산티아고 순례길 여정은 쉽지 않은 길로서 계속 30~40일간을 걸어야 하는 힘든 코스다. 그래서 멀고 먼길(800km)을 실제 걷는다고 가정하고 배낭의 무게를 10kg으로 맞추고 착용할 등산화, 옷가지, 약품 등 모두를 준비해 가지고 하루 평균 23km씩 10일간 걸었다. 지난해(2016년) 말에는 해파랑길(770km)을 다섯 차례에 걸쳐 38일간 걸은 것도 좋은 경험이었다. 원래 새로운 길을 걷기를 시작할 때는 "무사히 걸을 수 있을까?" 하는 두려움 속에서 시작해 "걸을 수 있다."라는 자신감으로 이어지게 마련인데 나는 이를 지리산에서 시험해 보고 싶었다.

  셋째, 오늘날 삶의 질이 추구되면서 삶의 공간이 어떻게 지리적으로 변하는가를 찾아보고자 했다. 해파랑길을 걸으면서 느낀 것이지만 요새 사람들은 본능적으로 안빈낙도(安貧樂道)의 땅을 찾아다니며 사는 모습이다. 사람들은 더 좋은 곳, 더 특이한 곳, 더 새로운 곳을 찾아 움직이고 있다. 현대인들은 조용하고 쾌적한 힐링 장소(healing place), 자연친화적인 생활을 추구한다. 공간에 대한 웰빙화(well-stay) 개념으로 주택의 효용성이 높아지면서 먹는 것, 패션보다는 주생활(住生活)에 관심이 많아지는 분위기다. 제이 애플턴(Jay

Appleton, 1996)이 말하는 '조망과 피신(prospect & refuge)'의 감정으로 배산임수의 특정 공간을 선호한다는 뜻이다.

사실 지리산은 공간에 대한 욕구를 충족시켜 주는 땅으로서 휴미락(休味樂)의 특별한 자연적 삶, 다시 말해 쉼과 좋은 음식, 자연을 즐기며 살아가고 싶은 곳이다. 도보여행을 하면서 느낀 것이지만 자기만의 공간과 자기만의 역사를 만들어가는 '성채(城砦)' 열풍이 전국적으로 일어나고 있다. 21세기 문화의 강력한 트렌드 가운데 하나인 자연주의(naturalism)와 맥을 같이한다. 도시에서 농촌으로 이동하는 이도향촌(離都向村) 현상도 이 같은 사실을 반영한다. 모두가 풍광이 좋은 임산배수지역의 명당자리를 찾아다니는 사람들이 늘어나고 있다는 의미다. 이해하기 쉽지 않지만 경제적 성장과 더불어 삶의 공간에 대한 인간의 '정체성의 지대(geography of personal identity)'를 형성하는 '지리적 자아(geographical self)'가 어떻게 변하는가를 찾아보는 것이었다.

나는 이러한 관점에서 지리산 둘레길을 그냥 "떠나자"라는 가벼운 기분으로 무모하게 출발했다. 늘 그렇듯이 "걸을 수 있을 때까지 걸어보자, 걷기를 즐기자."라며 숲길을 찾아 나선 것이다. 다만 예전의 걷기와 달리 이번에는 지리산 속에 전적으로 몰입되기보다는 걷기에만 열중하면서 완주만을 목표로 걷기로 했다. 지리산 둘레길에 숨겨진 인문학적, 역사적 사실들을 살펴볼 기회가 없는 11일간의 짧은 여정이었기 때문이다. '걷기'라는 화두를 붙들고 참선하는 선승처럼 걷는 것이 아니라 일단 내 몸을 시험해 보는 뜻에서 '어흥 사자'처럼 뛰며 걸었다. 이 계곡 마을에서 저 들판 마을로 걸어가는 바쁜 발걸음이었다. 동시에 지리산 둘레길 걷기는 육체적으로 힘든 것보다 정신적으로 몇 배로 뭔가 돌려받는 기분도 느꼈다.

걷기는 항상 새로운 길을 찾아가는 행동이다. 우리가 경험하는 모든 자연 현상들이 표현할 수 없는 순수하고 사랑스러운 대상이다. 마지막 끝에 가서 말하겠지만 높은 산 밑에는 야산이 있고 계곡에는 냇물이 흐르고 진흙 길도, 시멘트 길도 있다. 이 모두가 환희를 안겨 주는 대상들이다. 물론 지리산 역시 걷기에 평탄한 길만이 있는 게 아니라 높은 언덕(재)을 넘어야 할 때가 많다. 지리산 둘레길을 거의 걷고 돌아왔지만 많은 힘이 들었기에 지금 이 순간이 과거와 미래를 만나는 소중한 시간이다. 지리산 둘레길을 걸으면서 만나는 촌락들, 아련한 추억과 풍요한 시간, 아름다운 산하가 기쁨을 주었다. 시골 분위기에 나의 감각 기능이 온전하게 열리는 것 같았다.

어느 산책자는 "그대는 어찌하여 먼길을 떠나지 못하는가?" 하고 묻는다. 인간은 어디론가 떠나야 사는 동물이기 때문이다. 그래서 옛날 선비들은 방안에 누워 산수를 유람한다고 했던가. 조선시대 사회경제적 제약 때문에 원하는 대로 마음대로 산에 오를 수 없었을 때 선비들은 누워서 산세를 거니는 와유록(臥遊錄)을 즐겼다고 한다. (유몽인, 2016)

그렇다면 매서운 겨울을 견뎌낸 우리들은 이젠 봄바람 맞으러 가볼까. 살아가면서 그리움, 아쉬움, 결핍감이 겹치는 것이지만 생은 계속되지 않는가. 실제로 당신은 지리산 둘레길을 같이 걷지는 못하지만 옛 선비들이 '와유록'을 즐겼듯이 이 글을 읽으며 따라오기를 바란다. 첫 번째로 걸어갈 코스는 전북 남원시 주천면의 1구간부터 경남 함양군 금서면의 수철 마을까지의 5구간 68.2km의 거리다.

□ 사랑의 1번지 춘향마을 남원을 들러보며

오늘(2017년 3월 21일)은 지리산 둘레길로 나서는 첫날이다. "아! 멋진 아침이네." 어제 비가 왔지만 오늘 아침은 맑고 깨끗했다. 옅은 안개가 낀 남원 요천(蓼川) 길을 걸으며 강가에 떠 있는 돛단배(조형물)를 보면서 '춘향원'으로 향했으나 이른 아침이라 출입문이 닫혀 있었다. 잠시 시골 도시 풍경을 살펴보다가 택시를 타고 둘레길 첫 코스가 시작되는 주천(朱川)으로 달려갔다. 오전 7시 45분경 출발하였는데 산책길의 초목들이 흔들리고 있었다. 울창한 숲길은 "자연 속에서 무엇을 어떻게 바라보아야 하는가?"를 알려주는 듯했다. 나는 뭔가 홀린 듯 뜨거운 열정으로 걷기 여행을 시작했다. 이때 "걸으면서 노는 사람(步遊客)"이 된 나에게 하늘에서 자애로운 메시지가 들려왔다.

"지금 맑은 햇볕 속을 걷고 있나요? 그러면 감사하십시오."
둘레길 제1구간은 남원시 주천에서 운봉읍(농협사거리)까지 이어지는 14.7km에 이르는 구간이다. 우리는 내송마을에서 지리산 둘레길 출발지임을 알리는 화살표를 따라 걷기 시작했다. 풍수지리적으로 마을 뒷산 고개로서 '풀밭에 소가 누워 모습'이라는 의미를 갖는 동네다. 이정표를 따라 턱을 당기고 등을 곧게 하고 걷는다. 소나무, 떡 갈나무를 포함한 숲의 모든 잎사귀들이 춤을 춘다. 숲의 노래를 들으며 내송마을 터밭들을 벗어나니 곧장 흙길로 이어지는 산길이다. 특히 서어나무 숲속을 걸어가니 '개미정지'다. 여기서부터 3.6km가 완만한 오르막 숲길이다. 첫날부터 다리에 힘이 들어가는 오르막과 내리막길이 계속된다.

잠시 길섶에 앉아 휴식을 취한 후 조금 걸으니 '구룡치' 이정표가 손짓한다. 주천면의 여러 마을이 남원 장을 보기 위해 가는 길목으로 소나무 숲길이 비교적 편안하다. 이때 정령(精靈)이 숨은 듯한 소나무를 만나는데 다름 아닌 '용소나무'다. 소나무가 용틀림을 한 모양이다. 신기한 듯 감상하면서 지나니 '사무락다무락'에 이르렀다. 사망(事望) 다락방으로 "좋은 일만 생기기를 비는 담벼락"이라는 뜻이란다. 그리고 이곳을 지나는 사람들이 정성껏 소원을 빌며 쌓아놓은 돌무더기들도 보인다. 자연 속에 우리 삶을 맡기는 표현물이다.

이 같은 사무락다무락을 지나 징검돌 개울을 지나니 다시 2차선 포장도로가 나온다. 포장된 마을길을 잠시 걸으니 억새를 이용한 집들이 한눈에 들어오는 회덕마을이다. 동네 사람에 의하면 6.25 전쟁 당시 마을 전체가 불타버렸다가 다시 일어난 마을이라고 했다. 우리는 마을 한복판에 서 있는 느티나무 쉼터에서 잠시 쉬고 다시 발길을 재촉하니 노치마을이다. 아침 9시 45분쯤 노치마을에 도착했는데 노치마을의 당나무인 느티나무가 반긴다. 힘겨운 민초들의 삶을 아우르는 나무다. 구룡치를 끼고 있는 해발 500m의 마을로 지리산의 북쪽 관문인 고리봉과 만복대, 세걸산을 바라보고 있다. '노치'는 높은 봉우리를 뜻하는 '갈재'라고 하는데 이곳은 백두대간에 자리 잡고 있는 특별한 곳이다.

다시 말해 백두대간 구간에 있어 빗물이 흐르는 방향에 따라 전라도의 섬진강이 되고 경상도의 낙동강이 되는 마을이다. 고작 30가구 정도가 살고 있지만 이 작은 마을은 신라와 백제의 국경지대로 주요 방어지역이었으며 남원시 아영면 아막성(阿莫城, 성터 둘레 632m)에서 정령치-고리봉 산성을 잇는 주요 거점이었다. 아영면 성리는 봉화산을 끼고 있는 마을로 흥부전 판소리 무대가 되는 곳이고 아막성은 백제와 신라가 격렬한 쟁탈전을 벌인 곳이다.

며칠씩 쉬지 않고 걷는 것은 흔한 일이 아니다. 또 자연에 대한 심미안적 관조가 없다면 헛 걷는 것이다. 사실이 그렇다. 노치마을은 가볍게 지나칠 곳이 아니었다. 노치마을 경로당 앞에서 잠시 쉬면서 눈 앞에 펼쳐진 지리산 서부능선들의 위엄에 눈을 뜬다. 노치마을에 있는 암반수 노치샘에서 목을 시원하게 적시고 먼 산을 본다. 인월 쪽의 덕두산(1152m)에서 시작해 운봉지역의 바래봉(1186m), 세걸산(1220m)에 이어 주천의 고리봉(1304m), 정령치(1172m), 만복대로 이어지는 능선이 아득하게 보인다. 겹겹이 쌓인 산을 내가 제대로 보았는지 의문이다. 하지만 "내가 자주 보지 않아도, 내가 늙어서 세상을 떠나도 저 땅은 영원하리라." 하는 믿음은 확실할 것이다.

　노치마을을 벗어나 논둑길을 따라가면서 농사 준비를 하는 농부들의 숨소리를 들을 수 있었다. 파종을 위해 퇴비를 뿌리고 고랑을 내고 있다. 자신의 삶을 땅에 뿌리고 있는 모습이 수태(受胎)를 준비하고 있는 듯하다. 오른쪽으로는 소나무 사이로 보이는 운봉읍 덕산리 수정봉(804m) 밑의 덕산저수지엔 구름이 내려앉는 듯하다. 걷는 산비탈에는 산수국 나무가 생명을 잃은 것처럼 겨울을 버티고 봄을 기다리고 있다. 숲길을 따라 걸어가는 중 동복오씨종친묘역(同福吳氏宗親墓域)을 지나니 '가장마을'(남원시 운봉읍 덕산리)이다. 하늘에서 내려온 선녀가 화장하는 형국이라고 한다.

　아무것에도 막히지 않는 길은 계속된다. 숲으로 만들어진 길을 누가 막을 소냐. 또 다른 길, 걷기가 나를 기다린다. '가장마을'을 들러보며 다시 2차선 포장도로를 지나 맞은편 덕산마을 버스정류장 옆으로 연결된 제방도로를 따라 걷는다. 가정교를 건너가니 들판과 숲길로 이어지면서 기분이 상쾌해졌다. 두더지가 땅을 위로 밀어 올리고 있다. 산 벚나무들이 봄을 준비하는 음이 트고 있다. 질척거리는 농로에는 민들레꽃이 신방을 차렸다. 논두렁에는 파란 새싹이 돋아나고 있다. 모두가 신의 작품들이 아닐 수 없다.

　가장마을을 지날 무렵에 산길인 운봉로에 무인매점이 있다. 이런 곳에 무인 매점이 있다니! 커피 500원, 꿀차 2,000원, 냉막걸리 2,000원으로 적혀있다. 문 앞에는 '계산대 양심함'이 있어 여기에 물건값을 넣으면 이용할 수 있는 곳이다. 잠깐 앉아 있으니 바람이

운봉로 무인매점.

제멋대로 불었다. 우리는 그것을 느끼면서 음료수 한 잔으로 피곤을 달랬다. 그리고 다시 일어섰다. 숨을 내쉬며 더 멀리 더 높은 곳을 향해 걷는다. 도저히 닿을 수 없을 것 같은 먼 곳이라도 가야 하는 여정이다.

봄바람이 살며시 내 얼굴을 스친다. 마음이 넓어진다. 산길 옆에 두릅나무가 젖 봉오리처럼 떠오른다. 솜옷을 입고 피어나는 버들강아지가 웃음 짓는다. 이런 둑길을 따라 약 4km 정도 걸으니 운봉읍(雲峰邑)이 보인다. 운봉읍은 지리산 서북쪽 400~500m의 고원 분지에 있는 비교적 큰 마을이다. 풍부한 수자원과 따뜻한 기후 덕택으로 곡식 등 물산이 풍부한 곳이다. 멀리 덕두산, 바래봉, 세걸산 등 1천m 이상의 지리산이 둘러싸고 있다.

얼굴에 땀방울이 송알송알 흘렀다. 오전 11시 50분쯤 제1구간 종점인 운봉읍에 도착했다. 그곳 전통시장을 둘러보며 '준이네 식당'에서 점심을 했다. 동네 어른에게 "이 근처에서 제일 잘하는 식당이 어디에요?" 하고 물어서 간 식당이다. 두리번거리다가 생선백반 메뉴를 선택했는데 밥값 7천 원에 반찬이 13가지가 나오는 푸짐한 식단이었다. 사실 걸으면서 하루에 적어도 두 개 이상 식당을 찾게 되는데 그때마다 식당의 환경, 주방의 청결 정도, 식재료의 신선도, 입맛을 내는 요리사, 얼마나 시간이 걸리는지를 대충 알 수 있었다. 오늘 찾은 식당은 시골식당이지만 '가성비(價性比)'가 높은 식당이었다.

제1구간 종점인 종점인 운봉읍에서 점심을 먹은 준이네 식당의 정갈한 상차림.

□ 날것들의 만남

점심을 마치고 다시 제2구간을 향해 인월(引月)방 향으로 걸었다. 제2구간은 남원시 운봉읍 동천리에서 서림공원을 지나 인월면 인월리까지 이르는 10.3km 구간이다. 이 구간은 솔바람 코스로 농로와 제방 길, 중산간의 임도로 연결되는 비교적 짧은 거리다. 걷는 동안 스님들의 밥그릇인 바리때를 엎어 놓은 모습과 닮았다는 지리산 바래봉이 가깝게 보인다. '바래봉'에는 하얀 잔설(殘雪)이 아직 남아 있어 봄날에 겨울을 보는 듯하다.

구체적으로 제1구간의 마지막 지점인 양묘사업장에서 서림공원(운봉읍 서천리)으로 향한다. 제2구간이 시작되는 서림공원으로부터 신기마을을 거쳐 비전마을까지 약 4km는 람천(남천) 강둑을 따라 걷는 길이다. 서림공원 내에는 민속자료로 지정된 한 쌍의 돌장승이 버티고 서 있다. 다부진 입과 툭 튀어나온 눈망울로 길손을 응시하는 돌장승은 각각 방어대장군(防禦大將軍), 진서대장군(鎭西大將軍)이다. 남원 등 운봉 사람들에게는 이 장승이 악한 기운을 막아주는, 마을의 행운을 빌어주는 민간 신앙의 수호신들이다.

운봉 들판의 젖줄인 람천 둑길 양쪽으로 논밭이 펼쳐져 있어 지루한 기분도 든다. 비전마을까지 이어지는 람천은 돌들이 많고 물속이 깊은 듯하다. 지리산에서 시작되어 남원의 산내면을 지나 전라북도와 경상남도 도계에서 협곡을 만들며 함양군 임천으로 이어지는 지방2급하천으로 길이는 24.2km에 이른다. 임천은 다시 남강

남원시 운봉읍 서천리 서림공원 내의 돌장승 방어대장군.

을 경유 해 하동, 낙동강 수계로 이어진다. 운봉읍, 산내면, 아영면, 인월면은 낙동강의 상류로서 부산시민들의 주요 식수원이 되는 곳이다.

걷기는 험한 길을 비틀거리며 한 걸음 한걸음 걸어가는 것이다. 그렇게 람천(남천)을 끼고 돌아가니 정면에 우뚝 솟은 황산(698m)이 들어온다. 황산은 마을 뒷산 같지만 비전마을을 안고 있다. 비전(碑前) 마을은 의미 있는 비(碑)가 전해져 내려오는 마을이라는 뜻이다. 혹은 "비를 모신 큰 비각"이라는 것, 즉 황산대첩비가 있다는 마을이다. 실제로 람천 건너편으로 황산대첩비(荒山大捷碑)를 모셔둔 넓은

명창 송흥록이 태어난 생가가 본존되고 있는 동편제 마을.(동생 송광록 고수의 장단에 맞춰
가왕 송흥록의 신명 나는 소리가 울려 퍼질 듯한 석조물)

비각이 보인다. 1577년(선조 10년)에 세워진 비(碑)로써 이성계가 1380년
(우왕 6년) 왜구(倭寇) 아지발도(阿只拔都) 군을 물리친 것을 되새기기 위한
비석이다.

그리고 비전마을에는 판소리의 전통을 보존 계승하는 '국악의
성지'가 있다. '국악의 고장'이라는 의미의 동편제(東便制) 마을 표지
판이 보인다. 동편제의 대가요 가왕으로 칭송되는 송흥록(宋興祿, 1801
~1863)과 중형무형문화재이며 판소리 수궁가(水宮歌)의 예능 보유자
인 국창(國唱)으로 불리는 박초월(朴初月, 1913~1983) 생가가 마련돼 있다.
근처에는 전시관과 체험관도 마련돼 있다. 이 마을에서는 매년 3월

'국악 거리축제'가 열린다고 한다. 우리는 여기서 잠시 배낭을 풀어 놓고 은은히 들려오는 판소리 음악을 들으며 휴식을 취하니 무겁던 몸이 가벼워지는 듯했다.

어렵게 비전마을을 지나니 군화동(軍花洞)이다. 군화동은 1961년 운봉 일대에 대홍수가 났을 때 화수리 이재민들을 돕기 위해 군인들이 새로 마을을 지었다고 해서 군화동이라는 이름을 갖게 되었다고 한다. 마을 앞을 통과하는 중에 나는 어느 집 안마당 살림살이가 궁금했다. 밝고 깨끗한 아담한 집이었으나 긴 장화만 보일 뿐 조용하다. 시골집들은 대개 비어 있거나 노인들만 보여 인구절벽시대임을 짐작할 수 있다. 아무도 까불며 놀지 않는 마을을 지나 군화동 앞 버스정류장에서 차량이 많이 다니는 2차선 도로를 건너 대덕리조트 안으로 들어갔다. 대덕리조트를 왼쪽에 두고 덕두산 자락의 옥계저수지로 가는 임도길은 조금 버거운 산길로 이어졌다. 옥계저수지 부근에는 옥계청류가 있었는데 이곳은 750년경(신라 경덕왕 33년) 거문고의 대가 옥보고(玉寶高)가 이곳 운봉(일명 雲上院)에서 50년간 거문고를 탔다고 전해지는 곳이다.

다시 20여 분 걸었을까? 산모퉁이에서 만나는 사람들, 그의 신분을 잘 알 수 없지만 촌스러워 보이는, 숨김없는 자연의 사람들이다. 그들과 대화를 나누고 싶었으나 그냥 지나치면서 다시 콘크리트 포장도로 쪽으로 내려섰다. 눈 앞에 펼쳐진 곳이 '흥부골자연휴양림'이지만 다시 산허리를 감싸고 걷는 임도길이다. 주위에는 밤나무들이 무성하다. 발끝에 묵은 밤송이들이 밟힌다. 또 인근 습지에서는 개구리들이 요란하게 울어댄다. 처음이나 지금이나 순하기 그지없는 자연 그대로다.

숨을 고르기 위해 멈춰 섰다가 다시 걷고 하는데 어느덧 월평마을(행정리) 입구다. 기와집이 많이 보이는 월평마을은 평화스럽다. 월평(月坪)은 "달이 뜨면 바로 보이는 언덕"이라는 의미의 '달오름마을'이라고도 한다. 월평마을은 농촌 전통 테마마을로 가정집 민박집들이 곳곳에서 보인다. 그리고 산자락 곳곳에 고사리밭이 널려 있다. 고사리 농사는 지리산 자락 마을 사람들의 주요 농가 소득원이라고 한다. 월평마을을 빠져나와 마을 뒤 산길을 지나 일광정(日光亭) 정자에서 숨을 고른 후 7~8분 걸어가니 구 인월교에 닿았다.

참고로 '인월리(引月里)' 이름은 이곳 설명에 따르면 고려 우왕 6년(1380) 왜구(倭寇)가 인월역에 진을 치고 약탈을 일삼았다. 이때, 왜구를 토벌하기 위해 고려군을 지휘하고 운봉에 도착한 이성계(李成桂) 장군은 왜구와 긴박한 전투를 벌이던 중 날이 어두워졌다. 이성계 장군은 하늘을 향해 달이 뜨기를 간절히 기원하자 마침 동쪽에서 바람이 불면서 밝은 달이 떠서 전투를 승리로 이끌 수 있었다고 한다. 이때부터 이 지역 지명을 인월리로 부르게 되었다는 설명이다.

이렇게 지리산 첫날 도보여행은 봄철 노란꽃에 취해 걷는 길이었다. 걷는 중에 피기도 하고 아직 피지 않은 듯한 꽃들, 길섶에서 만나는 야생화 꽃들에서 서정의 물기를 느낀다. 지난밤에 봄비가 촉촉히 뿌려지면서 홍매화와 흰매화 꽃이 만개하고 곳곳에 봄을 알리는 노란 꽃들이 산과 들, 마을을 덮고 있다. 봄에 피는 노란꽃 중에서도 개나리, 영춘화, 산수유, 생강꽃이 묘한 짝을 이루며 피어날 듯 말 듯 하니 더욱 아름다웠다. 그래서 그럴까? 지리산 꽃길은 인간 세상이 아니었다.

하여간 시간을 달려서 목적지에 왔다. 우리는 3시 40분경에 2코스의 종점인 인월에 도착했다. 목적지까지 걸은 사람은 승자로서 털썩 주저앉으면서 승리의 에너지를 느끼게 마련이다. 나 역시 용케 걸었다는 만족감에 죽어가는 사람처럼 휴식을 취하고 싶었다. 우선 마루모텔(309호)을 정해 여장을 풀어놓고 밖으로 나왔다. 마을 터미널 부근에는 산장과 모텔, 재래시장, 민박집과 크고 작은 식당들이 있다. 이런 소도시를 잠시 둘러보니 역시 이곳 사람들의 생동감과 삶의 격렬함은 다른 지역과 다름없었다.

이어 저녁을 간단히 하고 숙소에 들어와 휴식을 취하니 꿈만 같다. 걸으면서 보고 느낀 대상들이 풀려나오거나 무한한 몽상으로 다가왔다. 오늘 걷기의 체험은 '날 것들'과의 만남이라고 할까? 자연에 한 발 더 다가가거나 반대로 세상에서 한 걸음 벗어난 기분이다. 여기서 '날 것'이란 인공적인 것이 아닌 자연 상태의 그대로를 의미한다. 무언가로 채우려는 대상이 아니라 자연 앞에서 비울 때 보이는 자연 자체이니 그렇다.

□ 다랑이길 산 사람길

쉬는 날 없이 걸어온 날(3월 22일) 아침 일찍 일어나니 맑은 날씨에 쌀쌀한 기분이다. 인근의 음식점에서 해장국으로 아침 식사를 마치고 8시에 금계를 향해 걷기 시작했다. 제3구간이 시작되는 인월은 교통의 중심지로서 지리산 태극 능선의 종주 자리 같은 지역이다. 경남 함양과 전북 남원을 오가는 사람들의 쉬어 가는 길목이다. 그리고 인월에서 팔량치(八良峙, 513m)와 함양을 지나 진주로 가는 곳이기도 하다. 남동쪽으로 보이는 덕두산은 바래봉으로 이어지고 있다. 이렇게 지리산이 멀리 보이는 인월 출발지점에 서니 "여기서부터 남원 지리산 둘레길(인월-금계) 제3구간 시작점입니다."라는 안내판이 나온다.

제3구간은 전북 운봉읍 인월과 경남 함양군 마천면 의탄리 금계마을을 연결하는 19.3km 구간이다. 지나가는 주요 지점은 중군마을-수성대-배너미재-장항마을-매동마을-상황마을-등구재-창원마을-금계마을(함양안내소)로 이어지는 코스다. 주로 제방길, 농로, 차도, 임도, 산길(재), 숲길로 이어지는 쉽지 않은 코스다. 적어도 이 구간에서는 높고 낮은 능선 3곳을 넘어가는 끈기와 힘이 소요되는 구간이다.

우선 인월에서 중군마을까지 가는 길은 람천 제방길을 따라 시작된다. 동쪽으로 20분쯤 걸어가니 람천 제방길이 끝나고 60번 도로로 이어지는 곳이 중군마을이다. 임진왜란 당시 군사 요새지였던 중군마을은 군사편제상 전군, 중군, 후군과 선봉대로 나눠지는데 이곳은 중군이 주둔했다고 해서 중군마을이 되었다고 한다. 현재는 마을취락사업으로 대부분의 집들이 한옥으로 개량돼 있었다. 이곳 사람들은 농사일 외에도 호두와 잣, 송이버섯을 채취해서 농가 소득을 올린다고 했다. 그리고 집 담장에는 마을 사람들의 생활을 엿볼 수 있는 벽화 그림이 그려져 눈길을 끈다. 또 이곳에서 보기 드물게 학교 가는 3명의 어린 중학생을 만나니 얼마나 기뻐했던지……

중군마을을 지나 발길을 재촉하니 길이 두 갈래로 나눠진다. 황매암 삼거리로 황매암과 삼신암으로 갈라지는 갈림길이다. 나는 황매암으로 가는 길을 따라 걸었는데 산행 수준의 힘든 코스다. 구불구불한 숲길로 이어지는 오르막 산길이다. 힘들게 30여 분 걸어가니 포장된 임도에 이어 삼신암을 거쳐 오는 길과 다시 만나는 수성 삼거리다. 삼신암을 거쳐 내려온 길과 만나는 곳이다. 농촌 가옥들, 논밭의 분위기가 풍요롭고, 더 나아가 자연스럽게 느껴지는 지역이다.

한참 내리막 포장도로를 따라 걸으니 바래봉과 덕두산 방향으로 가는 '백련사' 이정표가 나온다. 곧 백련사 입구다. 이정표를 따라 임도 왼쪽의 수성대 계곡으로 향하는 길로 이어진다. 백련사 쪽으로 가는 길이 아닌 콘크리트 길을 따라 걷다가 다시 왼쪽 숲으로 이어지는 곳에 수성대가 있다. 수성대(인월면 중군리)는 조선시대 산성을 지키던 병사들이 잠복했다는 유래에서 따온 지명이다. 수성대 계곡을 흐르는 물이 시원하다. 중군마을과 장항마을의 식수원이 된다. 주변환경과 조화롭게 지내는 마을 사람들이 평화롭게 보인다.

여기서 장항마을까지는 약 2km쯤 되고 이어 서어나무숲을 지나는 동안 오르막길이다. 진달래와 생강나무가 꽃을 피워 길손을 기쁘게 한다. 한참 오르니 운봉이 호수일 때 배가 넘나들었다는 배너미재에 닿는다. 배너미재 꼭대기에는 한 뿌리에서 나온 소나무가 둘로 나뉜 뒤 다시 살을 붙이고 나란히 하늘을 버티고 있다. 배너미재를 넘어 숲길이 끝나면서 멀리 넓은 시야가 트인다.

배넘이재로 가는 길을
안내하고 있는 이정목.

장항마을이 내려다보이는 언덕에 수령 400년이 되었다는 노루목 당산 소나무가 서 있다. 장항마을 사람들은 이 나무 아래서 당산

제를 지내며 마을의 안녕을 기원하고 있다. 잠시 땀을 씻으며 앞을 보니 장항마을과 높은 층수의 아파트가 들어온다. 이 당산나무에서 내려와 오른쪽 길은 달궁계곡과 뱀사골로 이어진다. 바래봉으로 가는 '지리산 신선둘레길'이 이곳에서 시작된다.

장항마을이 끝나면서 다시 녹색농촌체험 마을인 매동마을로 접어든다. 마을 왼쪽 능선에 고양이를 닮은 바위가 '묘동'으로 불리다가 매화가 많은 고장이라는 뜻에서 매동마을이란다. 세상의 흐름을 꼼꼼히 보면서 꼬불꼬불한 오솔길과 샛길을 통과했다. 구석진 곳에도 마늘과 파가 자라고 있다. 비탈진 다랑이길과 함께 다랑이논밭이 푸르게 변하고 있다. 곳곳에 고사리밭이 많이 보인다. 마을 사람들에 의하면 매동마을 사람들의 소유 농토 중 고사리 농토가 약 30%를 차지해 매 가정마다 약 1억 원 정도의 농가 소득을 올린다고 한다. 저들의 삶의 터전에서 고향 같은 풍경과 땅의 향기를 느낀다.

그런데 지리산에는 다른 데서 볼 수 없는 길이 있다. 이곳 사람들에 의하면 예부터 다랑이논밭 사이를 걸어가는 '다랑이길'과 지리산에 은거하며 드나들던 빨치산들이 다닌 '산사람길'이 있다고 한다. '산사람길'은 8.15 해방공간과 한국전쟁 당시 남한 정권에 반대하는 공산주의자 빨치산들이 지리산으로 스며들면서 생겨난 길이다. 지리산지구 빨치산 토벌전투에서 남한 정부 군경에 쫓기던 '남부군'의 빨치산들이 비트(은신처)를 만들고 보급투쟁(식량조달)을 위해 계곡 마을을 수시로 드나들면서 생겨난 은밀한 길이다.

지리산 둘레길은 이러한 길을 수시로 접어들면서 이어진다. 허위

지리산 둘레길을 걷다 보면 만나게 되는 비탈진 다랑이길과 다랑이논밭.

이데올로기 속에 어처구니없이 희생된 군경들, 양민들, 그리고 궤멸한 남부군의 원혼이 잠든 곳을 걷고 있는 것이다. 무거운 맘으로 층층이 쌓인 다랑이 논밭 길을 지나니 다시 깊은 숲길로 이어지는 산사람 길을 오른다. 지리산 자락에 영원히 어둠에 묻혀버린 사람들이 얼마나 많은가? 시간 너머로 아픈 역사를 한동안 말없이 지켜보았다.

어느덧 중황리로 들어섰다. 뒤뚱거리는 닭이 모이를 쪼고 있다. 지나온 길과 달리 모던한 기분이 드는 마을이다. 비탈길 포장도로를 지나 느닷없이 최신 건물이 많이 보이는 곳, 오르락내리락 숲길이 끝날쯤 지리산 둘레길 가운데 음식점이 가장 많은 중황마을과 상황마을이 연이어 나타난다. 주민들의 애환이 얽혀 있는 중황리는 상황, 중황, 하황을 합쳐서 부르는 마을로 마을 뒤쪽으로는 백운산이 보인다. 해발 400~500m 지점에 자리한 마을 아래는 계단식 다랑이논밭이 펼쳐진다. 마치 코끼리 등같이 혹은 어머니 주름치마처럼 가지런히 펼쳐져 있다. 억척스럽게 개간해 만든 논밭에서 한 많은 백성들의 피와 땀을 보는 것 같다.

지리산의 천왕봉과 반야봉을 배경삼아 펼쳐진 다랑이논과 산촌 마을이 한 폭의 수채화처럼 아름답다. 주변을 찬찬히 둘러보니 번뇌, 고민 등의 감정청소를 하기에 좋은 곳이다. 둘레길 옆의 풀 한 포기, 꽃 한 송이가 백성들의 고단한 삶을 위로하는 듯하다. 계속 낯설게 느껴지는 계단식 논밭이 왠지 내 머릿속을 깊이 파고든다. 계단식 논밭 끝자락 자투리땅에도 뭔가 과일나무라도 심어서 열매를 얻으려는 흔적들이 돋보여서 그럴까? 농촌 모습에 내가 빨려 들어가는 감정에 빠졌다.

상황마을을 지나 다랑이 논밭을 뒤로하면서 걸어가니 다시 오르막길의 등구재로 향하는 길로 이어진다. 고갯길은 가팔라서 숨소리가 빨라진다. 전북의 남원시 산내면 중황리와 경남 함양군 마천면 창원리와의 경계인 등구재(650m)는 경상도와 전라도를 잇는 길목이다. 예로부터 장돌뱅이들이 봇짐을 지고 수백 년 넘나들던 고갯길이다. 남원과 함양 사람들 간에 시집가고 장가가던, 아니면 문물을 교환하기 위해 넘던 고개다. 자료에 따르면 '거북이의 등(登龜)'을 닮았다는 얘기, 혹은 아홉 굽이를 오르는 고개라는 의미의 등구치(登九峙)라고 한다. 힘들게 등구재를 오르니 운치가 좋다. 오른쪽으로 지리산 주 능선이 아련하게 보인다.

상황마을로부터 콘크리트 길로 이어지는 창원마을까지는 길이 편하다. 천왕봉이 앞산처럼 느껴지는 창원마을이다. 고갯길 둥구재를 넘어 창원까지 3km로 이어지는 내리막 숲길이다. 나는 거침없이 속도감 있게 내달렸다. 하지만 다시 고갯길을 내려서자마자 제기랄! 다시 숨 가쁘게 임도 오르막길로 들어선다. 여기서 길이 헷갈린다. 몇 개의 길이 나 있으나 이정표를 재확인하며 창원마을 윗길인 임도를 따라 당산마을 길로 가야 한다.

걷는 중에 근사한 자태를 뽐내는 나무들, 오르막 임도길 오른편에는 미인송 나무가 우리를 반긴다. 적송(금강송)은 하나 같이 경쟁하듯 하늘로 곧게 치솟고 있다. 그리고 어느 골짜기인지는 모르지만 산속의 집들이 산중 낙원처럼 보인다. 산골짜기에 들어선 프라이빗하우스들이 이색적이다. 수려한 산림 속에 별장 주택들이 들어서고 있다. 산 능선 사이로는 천왕봉을 중심으로 몇천 겹의 지리산 주능선이 감싸고 있다. 신(神)들의 산 천왕봉 밑에 살아가는 백성들의 주름진 얼굴, 눈물을 위로하는 듯하다. 지리산을 더 많이 걸어야 민초들의 삶을 알 것 같다.

이렇게 성스러운 지리산에서 신선처럼 살고 싶은 감정에 빠질 때 오후 3시 10분경 금계마을(함양군 마천면 금계리)에 도착했다. 창원마을에서 금계까지 3.6km에 이르는 곳이다. 금계마을은 원래 '노디목'이란다. 노디는 징검다리를 뜻하는 이 지방 사투리다. 금계마을은 칠선계곡에 있는 추성, 의탄, 의평 사람들이 엄청강(임천강) 징검다리를 건

노디목 금계마을을 안내하는 비석과 지리산 둘레길 이정목.

너는 길목에 있다. 두메산골 오지 마을의 소박한 생활 모습들이 정
겹게 들어온다.

오늘도 쉴 사이 없이 걸었기 때문에 몹시 피로했다. 그렇지만 좀
더 가다가 금계마을에서 일박하기로 했다. '지리산 둘레길 함양관
광안내센터'를 찾아가 잠자리를 알아봤으나 마땅치 않았다. 이곳
마을에 5개의 민박집이 있었으나 영업을 하지 않거나 마음에 들지
않아 서성거리는데 이곳을 지나는 마을 사람에게 물어 찾아간 곳
이 '산모음민박'이다. 처음 보는 낯선 얼굴에 아무 말도 할 수 없었다.

그렇지만 안주인은 매우 활달한 성격으로 지쳐 있는 우리를 친절하게 대해 주었다. 산채 나물로 준비한 자연주의 밥상이 입맛을 채웠다. 자연산 취나물을 간장에 담가 만든 장아찌가 맛깔스럽다. 그런데 입으로 들어간 음식이 사람을 품위 없이 천하게 만드는 느낌이다. 한꺼번에 밀려오는 피로감! 지친 몸을 다독일 때 무념의 밤은 깊어만 갔다.

□ 무속인들의 신선세계

아침에 일찍 깨어났지만 빽빽한 일정 때문인지 몸이 무겁다. '산모음민박집'에서 아침 식사를 마치고 아침 일찍 제4구간 길을 나섰다. 날씨는 맑아 걷기에 좋았다. 오늘도 내 존재의 상당 부분을 쏟아부어야 할 것 같다. 예측하기 어렵지만 반드시 감사할 조건을 찾으며 걸어야 할 곳은 이렇다.

금계마을 앞 버스 정류장을 지나쳐 마을 앞 임천강을 가로지르는 의탄교를 건너면서 제4구간 걷기는 시작된다. 즉 의탄리 의중마을-용유담-모전마을-세동마을(송전)-송문교-운서마을(운서쉼터)-구시락재-후천면 동강리로 이어지는 11.5km 구간이다. 이 구간은 지리산 자락 깊숙이 들어가는 산천 마을들을 지나간다.

남들도 그러하듯 오래 기억에 남을 만한 모험을 해본다. 금계마을을 떠나 임천강을 따라 얼마 안 가서 오른쪽으로 올라가는 나무

계단이 나오면서 가파른 길이 시작된다. 300~400고지의 능선 길로 돌길로 이어진다. 의중마을의 500년 된 느티나무를 끼고 지리산 둘레길은 갈라지는데 여기서 왼쪽으로 가야 용유담으로 갈 수 있다. 서암정사와 벽송사 루트를 거쳐서 가는 길이 있지만 나는 약 3km로 이어지는 용유담으로 가는 길을 택해 걸었다. 눈을 활짝 열고 몸을 굽히며 침묵 속에 걸었다. 의중마을을 떠나 산길을 걸어간 지 약 50분쯤 지나서 용유담에 도착할 수 있었다.

임천강 상류에 있는 용유담(龍遊潭)은 마천면과 후천면의 경계에 있는 강호수다. 기암괴석과 푸른 물이 힘차게 흐른다. 편평한 바위들이 겹쳐 있다. 마적도사와 아홉 마리의 용에 대한 전설이 전해진다. 주변의 강줄기 산세는 금방이라도 용이 솟아오를 것 같은 분위기를 자아낸다. 조귀명(趙龜命)은 '유용유담기(遊龍遊潭記)'라는 시 구절에서 "바람과 구름을 몰고 용이 솟아오른 듯(風雲龍拔出) 새들은 바위 구멍에 집을 지으며 노닐고(巢宅石穿回)"라고 썼다.

또한 김일손(金馹孫, 1464~1498)은 1489년 4월에 지리산을 유람하고 쓴 '두류기행록(頭流紀行錄)'에서 "못은 남에서 북으로 깊이 패여 아득하고 바윗돌들이 기이하여 인간 세상에서 멀리 떠나 천리길을 온 듯하였다."라고 감탄한다. 또 유몽인(柳夢寅, 1559~1623)은 남원부사로 있으면서 지리산을 유람(1611년 3월 29일~4월 8일)하고 '유두류산록(遊頭流山錄)'을 남겼는데 그는 여기서 "고인물은 쪽빛처럼 새파랗고 옥빛 무지개가 비스듬히 누워 있었다. 비파 같은 거문고 소리가 숲 너머로 울려 퍼지고 있었다."라고 했다.

무속인들이 천왕봉, 백무동, 용유담을 지리산의 3대 명당으로 꼽을 정도로 아름답다는 이곳을 지나면서 나는 너무 빠르지도 않고 느리지도 않게 논둑길을 걷고 아스팔트 길을 걸었다. 이때 '마적도사 전설탐방로' 표시가 보이고 저 멀리 임천강을 가로지르는 용유교가 아름답게 보인다. 용유담을 기점으로 상류를 임천강, 하류를 엄천강이라고 부른다. 임천강은 경호강으로, 경호강은 다시 남강으로 흘러가는 지리산의 대표적인 물줄기다.

용유담의 아름다움을 뒤로하면서 걸어가니 모전마을에 이어 산촌 생태 마을인 세동마을이다. 모전마을에서 세동(송전)마을까지 콘크리트 길이다. 높은 산비탈에 그림 같은 집들이 옹기종기 모여 있다. 억새로 지붕을 한 집도 보인다. 주변 산에는 닥나무가 무성하다. 이곳은 닥나무를 이용해 닥종이를 많이 생산하였다고 전해진다. 요새 말로 한지(韓紙)는 1~2년생 닥나무의 껍질로 만든다. 한적한 마을에서 무척이나 따분한 시골, 한평생 지루하게 살았을 그들이 떠올랐다. 걷다가 쉼터에 앉아 들판을 보니 이 땅은 백성들의 피와 땀을 먹고 제 자리에 있는 듯하였다.

이어 운서마을에 도착했다. 운서마을은 송전리와 동강마을 사이에 있는 조그마한 마을이다. 귀농 마을로 알려져 있는 곳으로 약초와 토종꿀, 곶감들을 생산하는 이른바 '아름다운 마을가꾸기 사업' 지역으로 선정된 곳이다. 또 이곳 운서쉼터에서 함양 독바위와 선녀굴(빨치산 이은조 사살 장소) 등을 중심으로 암약하던 비극적인 빨치산 사건의 현장인 송대마을로 연결되는 곳이다. 빨치산들의 비밀 은거지인 산죽비트, 굴비트가 남아있는 빨치산 루트(산사람길)다. 휴전협정 이후 1953년 8월까지 수년간 빨치산과 군경토벌대의 전투가 벌어졌던 민족의 아픈 역사가 서려 있는 곳이다.

구시락재 고갯길에 서 있는 이정목.

운서마을을 지나 구불구불한 시멘트 도로를 따라 올라가니 구시락재다. 구시락재는 운서마을에서 동강마을로 내려가는 고갯길이다. 조선 유학자 김종직(金宗直, 1431~1492)이 걸었던 옛길 고개에 서니 함양군 후천면 동호, 원기 마을이 보이고 산청군 금서면 자혜마을이 한눈에 들어온다. 또 가깝게는 꽃봉산(236m)이, 멀리 산청군 왕산(923m), 필봉산(818m)이 보인다. 옛날 김종직이 지리산을 유람(1472)한 후

지리산 유람기로 '유두류록(遊頭流錄)'을 남긴 곳이다. 김종직은 창불대(唱佛臺, 천왕봉 근처 바위)에서 올라 승려 해공(解空)과 대화를 나눈 기록문을 남겼다.

김종직은 함양군수를 지내면서 지리산에 대한 몽상을 하다가 더 늙기 전에 신선이 놀던 곳, 천왕봉을 올라가야겠다고 마음먹고 지리산을 유람하였는데 그때 그의 내적인 동기를 다음 글에서 엿볼 수 있다.

"두류산(지리산)은 바로 내 고향의 산이다. 몸은 날이 갈수록 파리해지고 다리의 힘도 노쇠해지니 이번 해에 유람하지 못하면 다음해를 기약하기 힘들 것 같다. 천왕봉에서 달을 감상하고 다음 날 닭이 울면 해 돋는 모습을 보고, 그런 다음 사방을 두루 유람한다면 한꺼번에 여러가지를 겸하여 얻을 수 있으니 마침내 유람하기로 마음먹었다."(유두류록, 遊頭流錄)

나는 김종직이 보았던 지리산 풍광을 되새기며 구시락재를 내려오니 넓은 논밭 평야지대와 함께 동강마을이 들어선다. 산과 강이 함께 흘러서 동강마을이다. 어떠한 제약도 없이 자유롭게 살고 싶어지는 마을이다. 또 세동마을 근처에서 잠시 벌어졌던 임천강이 다시금 저 멀리에서 흐른다. 주변에는 막 피어나려는 벚꽃들이 세월을 기다리고 있다. 동강마을 어귀에는 400년 된 느티나무가 마을을 지키고 있다. 비슷하지만 지리산 자락 마을에는 수백 년 된 느티나무와 팽나무가 마을 사람들의 안식처가 된다. 제4구간의 종착지인 동강마을에 도착(11시 30분)하니 허기도 느껴진다.

오솔길 옆 다랑이밭(봄 감자를 심어놓은 밭고랑 모습이 예술품 같다.)

　이렇게 높고 낮은 산길과 숲길 마을길을 따라 걷는 기분은 상쾌했다. 길을 침묵 속에 걷는데 거기에 무슨 말이 필요한가? 하지만 나뭇잎에 찾아오는 봄에 대한 반응, 걷는 중에 6개의 산중 마을을 지나치며 그곳 사람들의 농사준비를 하는 모습들을 보는 것만으로도 재미있었다. 오솔길 옆으로 다랑이 논밭들의 모습, 봄 감자를 심은 모습이 예술이다. 임천강 줄기를 바라보며 마음의 위안을 얻고 원기를 회복하는 시간들이었다. 그래서 그럴까? 나도 모르게 소리쳤다. "지리산 길은 영원하리라." 하고. 내가 걸었고 계속 내 후손들이 걸을 것이고 그래서 역사가 될 것이다.

　동강마을에서 점심을 간단히 하고 낮 12시경 제5구간인 수철마을을 향해 또다시 걷기 시작했다. 동강마을 입구에서 '동강수철1'이라는 이정표 방향을 따라 걸어갔는데 주요 통과지점은 함양군 휴천면 동강마을-방곡마을-상사폭포-쌍재-산불감시초소-고동재-산청군 금서면 수철마을로 이어지는 12.1km 구간이다. 이 구간도 직선 길이 아닌 삐뚤빼뚤한 곡선의 길이다. 이번 길 역시 짐승들이 다니고 빨치산들이 돌아다닌 길이다. 주의력이 분산되는 길이지만 나의 시선을 무언가로 채우고 경이로운 경험을 기대하며 걷는다. 내면의 고향은 산길 따라 계속되었다. 세한고절(歲寒孤節)의 상징인 매화, 동백이 향기를 품어낸다.

지리산 둘레길 5구간은 우선 동강마을은 평촌과 점촌 기암 등 3개 마을로 이뤄진 자연 마을을 지나간다. 동강마을과 임천강을 끼고 걷다 보면 오른쪽으로 방곡마을 이정표가 나온다. 방곡마을과 점촌마을을 지나는데 여기서부터 행정구역상으로는 산청군이다. 산청군은 함양군과 하동군과 경계를 이루는 곳이다. 여기서도 멀리 지리산 자락인 왕산과 필봉산이 손짓한다. 경남 서북부의 있는 산청읍은 아름다운 자연과 풍광, 돌담과 기와집, 골목길이 어우러진 한국적 미가 느껴지는 전통마을이다. 산청읍을 지나는 지리산 둘레길은 함양군에서 산청을 거쳐 하동군으로 이어진다. 모두가 지리산을 삶의 터전으로 삼아 분주하게 살아가는 하나의 생활권이다.

방곡마을로 들어서기 직전 산골 오지에 쓸쓸하게 놓인 '산청 함양사건 추모공원'이 보인다. 전쟁 중인 1951년 2월에 희생된 산청군 금서면 가현, 방곡마을 사람들과 함양군 휴천면 점촌마을, 유림면서주마을 주민들이 희생된 것을 기리는 합동묘역이다. 8.15 해방공간과 한국전쟁 당시 남한 정권에 반대하는 공산주의자, 남부군 빨치산들과 군경 간에 벌어진 전투에서 희생된 사람들을 추모하는 곳이다. 특히 주야로 지배자가 바뀌는 틈바구니에서 양민들의 수난은 너무나 컸다. "낮에는 대한민국이, 밤에는 인민공화국"이 낮과 밤을 사이에 두고 지배자가 바뀌는 악순환이 지속되면서 양민 학살이 충동적으로 행해졌던 지역이다. (자세한 내용은 이태(李泰)가 쓴 '남부군, 2014) 차길전의 '또 하나의 전쟁: 빨치산토벌대장 차일혁의 기록' 2014 참조)

상사폭포 계곡물에 발을 담그니 1분 이상 견딜 수 없을만큼 계곡물은 차디차고 짜릿했다.

지난 역사적 사실로부터 자유로울 수 없는 현실이 아니던가? 이런 추모공원을 지나 방곡마을 쪽으로 향했다. 왼쪽 숲길로 들어서 걷다가 다시 시멘트 길이 나왔다. 오봉천을 건너서 본격적인 흙길과 함께 깊은 산속으로 이어진다. 갈수기라 오봉천 물의 양은 적지만 갈대숲과 함께 봄을 알리는 물소리가 잔잔하다. 왼쪽으로 흐르는 물줄기를 따라 올라가니 상사폭포가 반긴다. 방곡마을로부터 갈대와 소나무 시어나무가 있는 산길 2km쯤 올라가서 만나는 상사폭포다. 웅장하지 않지만 지난 겨울에 내린 잔설이 녹아내리는 20m의 폭포가 땀을 씻어준다. 차가운 계곡물에 얼굴을 씻고 발을 담그니 짜릿하다. 1분 이상 담글 수 없을 정도로 계곡물은 차디차다.

상사폭포 위로 한적한 산길이 이어지고 있다. 사랑스러운 풀씨들이 솟아나 녹색으로 점차 변하고 있다. 눈이 멀어도, 앉아 있어도 소리 없이 오는 봄을 느낄 수 있다. 가파른 산길을 넘어가는데 쌍재까지 2.1km 남았다는 이정표가 보인다. 쌍재로 가는 길은 계곡을 오른편에 두고 걷는데 곳곳에 돌계단을 만들어 놓아 쉽게 걸을 수 있다. 나는 친근한 눈길로 주위를 살피며 걷고 있는데 대나무 목책으로 '사유지'라는 표시가 눈에 들어온다. 저렇게 울타리를 치고 살면 이웃이 있을까? 이꼴저꼴 보기 싫어 산속으로 들어와 사는지 궁금해진다. 뚫고 들어갈 수 없는 숲속까지 들어가 약초, 산삼재배를 하는 모습도 보인다. 이런저런 풍경에 빠져서 오르막길을 걸어가니 쌍재이다. "마을로 넘어서는 두 고개가 서로 닮았다." 하여 쌍재라고 한다.

쌍재와 방곡마을 가는 길을 안내
하는 이정목.

산청군 금서면에 있는 왕산(王山) 중턱쯤의 높고 낮음의 산길을 걸
어가는데 시야가 시원해지는 '산불감시초소'에 이르렀다. 이곳에 서
니 왕산, 필봉산 능선이 보이고 멀리 산청읍이 아득하게 보인다. 이
곳 지형이 궁금해 감시초소에서 근무하는 60대 남자에게 "수철마
을까지 얼마나 가야 하나요?" 하고 물었다. 하지만 그는 문도 열어
보지 않은 채 "저 아래 빨강색 지붕이 있는 마을"이라며 시니컬하게
대꾸했다. 재차 "창문 좀 열어보시지요?" 했지만 그는 문을 열지 않
고 귀찮다는 얼굴로 나를 쳐다볼 뿐이었다. "왜 저렇게 맛이 간 사
람일까? 우리 이웃에서 '상냥문화'는 아직 어려운가?" 하는 아쉬운

낮에는 대한민국이, 밤에는 인민공화국이 낮과 밤을 사이에 두고 지배자가 바뀌는 악순환이 지속되면서 양민 학살이 충동적으로 행해졌던 수철마을로 가는 길을 안내하는 이정목.

기분이 들었다.

세상은 나에게 호의적이지 않다. 저 감시원처럼 말이다. 나는 무관심한 냉대를 너그럽게 받아들이며 힘없이 걸었다. 산불 감시초소를 뒤로하면서 다시 오르막길을 반복하다가 바위 전망대에 닿았다. 이곳에서도 산청읍은 물론 '산청 함양사건 추모공원'이 있는 방곡리가 보이고 반대쪽에는 수천리가 내려다보였다. 잠시 아기자기한 풍광을 즐기다가 내리막 산길로 달려가니 '고동재'이다. 원격 감지 장치를 해 놓았는지 스피커에서 길 안내, 산불 조심 멘토가 흘러나온다. 자세히 들어보니 삶의 공간을 가꾸는 책임은 관청, 기업, 개인 모두에게 있음을 상기시킨다. 땀을 식힌 후 고동재에서 내려가는 시멘트 길 3.6km를 걸어갔을 때 지리산 둘레길 5구간의 종점인 산청군 금서면 '수철마을노인회관'에 도착했다.

걸어온 길을 돌아다보니 금계-동강-수철리 두 구간의 23km를 걸었다. 오늘 걸은 길 역시 자동차가 질주하는 넓은 도로가 아니라 논밭길, 야생동물의 길을 가는 여정이었다. 큰길보다 좁고 굽어진 골목길들이 더 아름답다. 지도에 없는 길이 대부분이었다. 겹겹이 연결된 산 밑으로 실개천들이 한곳에서 만나 강물을 이루며 흘러간다. 저 강물에 마음 씻고 몸 씻으며 같이 흘러가고 싶은 하루였다. 400~600m 높이의 산과 계곡을 지날 때마다 내 가슴이 얼마나 뛰었는지 위로를 받았는지 모를 일이다. 어느덧 내 머리 위에 머물렀던 햇볕은 서서히 떠나가고 있었다. 오늘은 그만! 지도의 좌표를 닫아야 하겠다. 내일 다시 열기로 하고 홀가분한 여유를 즐기자!

제 8 장

의 그림자를 따라 걷는 강화나들길

8. 추억의 그림자를 따라 걷는 강화나들길

사람들 역시 뭔가 시작하는 동물이다. 지난해 3월 20일에는 '지리산 둘레길(274km)'를 걸었고 이어 6월에는 스페인 '산티아고 순례길(800km)'을 완주했다. 올해도(2018년) 어딘가 걸어보자는 생각이 발동했다. 그래서 올해 초부터 생각하던 길이 강화나들길이다. 걷기 바보처럼 힘들더라도 걸어보자. 살아간다는 것이 얼마나 아름답고 소중한지를 다시 깨달으며 말이다. 장자크 루소가 자신을 어슬렁거리며 걷는 소요자(逍遙者)라고 했듯이 나 역시 소요자처럼 방랑길에 올랐다. 나이에 관계없이 사람은 자기 의지, 확신을 갖고 자기 삶을 만들어 가는 창조자들이 아닌가? 그것도 더 나은 내일을 위해서. 걷기는 '더 나은 내일(better tomorrow)'을 만들어가는 내 삶의 한 부분이 되었기 때문이다.

□ 강화 도심의 역사 문화길을 걷다

우선 걷기 바보가 걸은 강화나들길은 어떤 길인가? 강화나들길
은 풍경과 이야기가 있는 걷기 여행길로 잘 알려진 길이다. 강화군
관광자료에 따르면 20개 코스에 310km 거리의 장거리 도보 여행길
로 역사 문화의 길, 호국돈대길, 고려 왕릉 길, 해가 지는 마을 길, 낙
조 보러 가는 길, 철새 보러 가는 길, 석모도 바람길, 주문도 길, 볼
음도 길, 강화도령 첫사랑 길, 고려궁 성곽길. 서해 황금들녘 길, 고
인돌 탐방길, 갯벌 보러 가는 길 등 다양하게 지역 특성을 나타내는
길로 구성돼 있다.

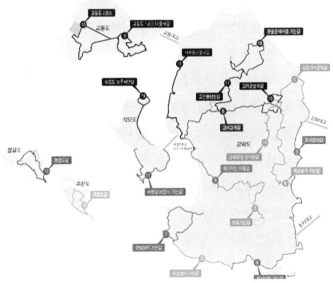

강화나들길 개념도.(강화나들길은 20개 코스에 310km 거리의 장거리 도보 여행길로
14개의 테마 길로 구성돼 있다.)

특히 강화나들길 자료에 의하면 "강화나들길은 우리나라 역사의 집합체이며 생생한 역사의 현장인 이 땅에 선조가 심어놓은 학문과 역사와 지혜를 마음으로 새기고 몸으로 느끼며 걷는 도보 여행길"이라고 설명하고 있다. 다양한 체험과 힐링의 땅, 생태 마을, 뱃길, 끝이 보이지 않는 갯벌, 저어새 집단 서식지, 100년 이상 된 기독교 교회들, 외적의 침입을 방어하는 돈대(墩臺, 陣地), 그리고 밴댕이, 숭어, 백합조개 등 수산물이 풍부해 별미를 즐길 수 있는 지역이다.

나는 서울에 살면서 자주 마니산을 오르거나 강화풍물시장을 둘러보았던 기억이 있다. 또 강화를 비롯해 볼음도, 주문도, 김포 지역은 6.25 전쟁 때 피난 나오던 길이기도 하고 잠시 살았던 곳이다. 걷기를 계획하면서 피난 시절 저녁이면 석유 등잔불을 켜놓고 온 식구들이 좁은 한방에서 먹고 잠을 청하며 지내온 추억도 새롭게 떠올랐다. 볼음도의 안말, 영뜰해변에서는 파도 속에 밀려와 모래밭에서 썩어가는 시체의 모습을 보고 놀란 적이 있다. 8살 소년이었던 나에게는 삶과 죽음의 경계가 무엇인지 공산당이 뭔지 모르고 즐겁게 놀던 때였다. 그런 전쟁 중에 나의 피난길은 무슨 길인지도 모르고 마치 꼬까옷 입고 소풍을 떠나듯 부모 따라 시작된 길이지만 70년이 내다보고 있다. 긴 세월 북쪽의 고향 땅, 그곳 가족들과 상상의 연대를 하며 살아왔다.

강화도는 바다 건너 땅 황해도 해주, 연백, 옹진, 해성면 등지에서 피난 온 사람들이 많이 사는 곳이었다. 이제 피난 1세대들 거의가 세상을 떠났으나 그 아픔은 곳곳에 남아있다. 당시 피난민들에게는

강화를 비롯해 볼음도, 주문도, 김포지역은 필자가 6.25 전쟁 때 피난 나오던 길이기도 하고 잠시 살았던 곳이기도 하다.

하루하루 비참한 삶을 견디는 고통 그 자체였다. 하지만 곧 집으로 돌아갈 수 있다는 희망을 갖고 있어서 피난민생활을 구태여 비명으로 여기지는 않았다. 70여 년이 흘러간 지금 강화나들길을 걸으며 지척에 있는 북녘땅을 생각하니 고향에 있을 혈육들, 어린 시절 놀던 뒷동산, 빨갛게 물들이던 진달래 동산이 다가온다. 할미꽃처럼 허리 굽어지는 나이여서 그럴까? 나의 끝 없는 선문답이 이어졌다.

칠레의 민중시인 파블로 네루다(Pablo Neruda)의 '망각은 없다'는 시구 중에 이런 표현이 나온다. "나더러 어디서 왔느냐고 묻는다면 나는 망가진 것부터 얘기할 수밖에 없다. 내가 아는 것이라곤 뒤에 두고 온 바다뿐, 오! 울고 있는 누이여, 그리고 왜 무거운 영혼 얘기부터……." 나 역시 망가진 기억이지만 밤이면 야밤 두더지처럼 걸어나오던 피난길에서 무심히 물속에 떠 있는 달빛은 밝았고 물속을 걸어가는 달의 모습을 잊을 수 없다. 아직 진행형이지만 할아버지 할머니, 누이가 그리워진다. 혈육은 그 자체로서 존엄한 것이다. 그런 생과 사의 길을 노년이 되어 다시 회상하며 걷는 길이니 감회도 새로웠다.

생과 사의 길을 노년이 되어 다시 회상하며 걷다 보니 감회도 새로웠다.

그래서 그럴까. 나는 "걷기야 내 몸을 부탁해." 하며 2018년 3월 21일부터 행복한 동행자 강동환 님과 함께 걷기 시작했다. 제주도를 출발하는 날, 세차게 봄눈을 맞으며 나선 길이지만 마음만은 가벼웠다. 여행한다는 것은 지금 이곳을 떠나 다른 곳에서 자유롭게 '너'와 다른 '나'를 즐기는 것이 아닌가. 내가 떠나기 전에 "나와 다른 나"를 만나는 것이 걷기의 가치가 아닐까? 바람을 만나고 역사를 만나고 사람을 만나고 진달래꽃을 볼 수 있으니 말이다.

강화나들길 첫 코스는 강화 버스터미널에서 갑곶돈대에 이르는 18km 구간이다. 제주도에서 아침 일찍 출발해 강화도에 도착한 후 낮 12시부터 걸은 코스는 강화버스터미널-동문-성공회 강화성당-용흥궁-고려궁지-북관제묘-강화향교-은수샘물-북문-오음약수-연미정-갑곶성지-갑곶돈대에 이르는 길이다. 걷는 길은 포장길, 마을길, 산길, 성곽길, 논밭길로 이어지는 비교적 편안한 길이었다. 안내 표식도 비교적 잘 돼 있었다. 강화 나들길 캐릭터인 '발밤이' 이정표는 물론 방향 표시, 노랑과 진초록으로 된 안내 리본을 따라 걸었다. 강화가 '지붕 없는 박물관'으로 불린다고 하듯이 이름난 사적지, 유적지들이 오랜 역사를 품고 있다. 어렵게 존재하는 문화유적지들이 아닐 수 없다. 농촌의 고운 집 그림자가 산자락에서 어른거린다. 저 멀리 바닷가에서는 고깃배들이 춤을 춘다.

오랜만에 다시 찾은 강화풍물시장은 새 건물을 지어 현대식 시장으로 활기가 넘쳤다. 강화 특산물인 순무와 바닷물고기, 인삼, 기타 과일가게 주인이 손님을 부르고 있다. 사람들은 '시간 죽이기'의 삶이 아니라 긍정적이고 창의적인 삶을 살아가는 듯했다. 나는 70대로 보이는 음식점 할머니에게 다가가 인사를 건넸다. "여기서 오래 사셨어요? 옛날 풍물시장이 아니라 백화점 같으네요. 많이 좋아졌어요." 하고. 이때 할머니는 유쾌한 표정으로 "30년 넘게 장사를 하는데 이곳에서 애들 다 키웠어! 이제 요양원에 안 가려고 열심히 살아요." 하고 웃는다. 덧없는 인생이라는 사실을 익히 알고 있었지만 정작 이곳은 사람 냄새가 풍기는 시장이었다.

이어 강화군청을 지나 용흥궁 쪽으로 걸어갔다. 걸으면서 가능한 강화도의 '날것'을 보고 싶었다. 도심에서 보는 멋진 빌딩, 패션, 상가들보다 농촌의 소박한 농가, 논 밭길, 양지바른 언덕과 숲길 같은 곳들, 이른바 "결핍의 미학이라고 할까?"라는 곳들 말이다. 그런데 강화도 도심지역의 좁은 골목길, 낡고 낮은 건물, 길게 바다와 육지를 가르는 둑방길 등을 상상했지만 곳곳에서 도시와 같은 권력과 자본의 힘을 발견할 수 있었다. 이른바 각종 명목으로 진행되는 개발로 인해 전통의 파괴가 일어나고 있었다.

그런데 강화 유적지를 따라 걷는 중에 역사에 대한 아쉬움도 컸다. 17~18세기 우리나라는 항전의 시대인가? 아니면 평온한 태평시대인가? 물론 이 시기는 아직 세계를 향한 개혁 개방이 아니라 외침을 막으려는 쇄국의 시대였다. 몽고, 미국, 프랑스 등의 외침이 계속되면서 크고 작은 충돌로 인해 백성들은 말할 수 없는 고통 속에 지내야 했다. 이러한 역사의 아픔을 간직한 용흥궁, 고려궁지, 갑곶돈대, 초지진 등 수많은 역사유적지가 이를 암시한다. 지금은 낭만의 힐링 길이지만 역사 속에 남겨진 삽화 같은 흔적들은 걷는 이의 마음을 아프게 했다.

하여간 오늘 첫날 잘 걸었다. 18km의 풍경을 다 보기에는 해가

연미정 잔디밭에 앉아 깊은 상념에 잠긴 필자.

짧았다. 낮은 산자락을 따라 들어선 동문, 성공회 강화성당, 용흥궁,
고려궁지, 연미정, 갑곶돈대 등 문화유적지는 백과사전보다 더 많은
말을 하고 있었다. 미국의 지리학자 제이 애플턴(Joy Appleton)이 말하
는 '조망'과 '피신'의 땅이 아닐 수 없다. 강화도는 명품 관광지로서
이름난 '조망(prospect)'지이고 옛날부터 국난을 피해 '피신(refuge)'하던
역사의 땅이니 그렇다. 훼손되지 않는 기억을 더듬으며 나를 다시
돌아보는 발걸음이었다.

　시간이 정지된 역사 속의 풍경, 강화 땅에 보석 같이 박힌 유적지
들은 무엇을 어떻게 말하려는가? 역사의 결과로 남은 흔적이 아니
라 역사의 진행 과정을 알아야 하지 않을까? 왜 우리는 사회역사발

전에서 뒤쳐져 외침을 받아야 했는가 등을 말이다. 늦은 오후 연미정 잔디밭에 앉아 많은 상념에 잠길 때 풋말에 적혀있는 '연미조범 (燕尾漕帆)'이라는 글귀에서 옛날 사람들의 생각을 읽을 수가 있었다.

"연미정 높이 섰네 두 강 사이에 / 삼남지방 조운길이 난간 앞에 통했었네 / 떠다니던 천 척의 배는 지금 어디 있나/ 생각컨대 우리 나라 순후한 풍속이었네."

어느덧 내 그림자가 길어지는 것을 보니 멈출 시간이다. 해가 질 무렵 갑곶돈대를 벗어나 제2코스로 접어들다가 더리미 장어촌에 있는 유성모텔에 지친 몸을 맡겼다. 오늘도 내가 걸은 길이지만 정작 길은 말이 없었다. 땅 위의 존재들 자체들로서 세상을 말하고 있었을 뿐이다. 우연일까? 오후 해질녘에는 세차게 내리는 봄눈이 나에게 말했다. "걷고 싶은 대로 가라. 거기서 너는 신을 만나리라."라고. 독일 영화 '나의 산티아고'(줄리안 폰 하인츠 감독, 2016)에서 이런 대사도 기억난다. 산티아고 길은 "당신을 무너뜨리는 동시에 다시 일으켜 세우는 길"이라고. 오늘 내가 걸은 강화나들길 제1코스 역시 지난 해 힘들게 걸은 800km의 산티아고 길 못지 않은 해피워킹의 여정이었다. 나를 다시 일으키는 걷기였다.

□ 피난살이 아픔이 서린 볼음도 길(13코스)

며칠을 걸어서 주문도를 떠나 3월 25일 오후 3시 가까이 볼음도

볼음도 선착장에 사람과 차량을 싣고 내왕하는 차도선이 접안해 있다.

선착장에 도착했다. 강화도 서북단의 주문도, 아차도, 볼음도, 말도 섬들을 한데 묶어 행정구역상으로 강화군 서도면으로 구성되어 있는 곳이다. 섬 면적은 주문도보다 약간 큰 6.3km로서 120여 가구에 280여 명이 사는 작은 섬이다. 북한 황해도 연안군 청단지역과 5.5km 떨어진 민통선 안의 지역으로 해병대 군인들이 지키고 있다. 사람들 왕래가 뜸해서 그럴까? 볼음도는 무공해 천정지역으로 농토가 넓어(35ha)서 한해 농사를 지어 3년 이상을 먹을 수 있는 수확량이 나온다고 한다. 작은 섬 안에 이런 넓은 평야가 자리 잡고 있다니 놀랍기도 하다.

　게다가 해산물(대합조개, 모시조개, 소라, 망둥이, 굴, 숭어)이 풍부해 축복받은 땅으로 여긴다. 그리고 영뜰해안, 조개골해수욕장이 잘 발달해 있어 4계절 관광객이 끊이지 않는 휴식처요 놀이터로 이름나 있다. 그래서 그런지 여러 곳에서 민박집이 보인다. 볼음도(乶音島)는 이름 자체에서 암시하듯이 '보름달'의 '보름'을 본따서 쓴 지명으로 최근에는 이곳에 새로 거처를 마련하거나 "세컨 하우스"를 마련하기 위해 외지의 사람들이 자주 찾는다고 했다.

이러한 볼음도는 내 생애에 있어서 특별한 지역으로서 오후에 볼음도 선착장에 내리면서 많은 옛 추억으로 가득 찼다. 어딘가 특별한 곳에 온 것을 직감했다. 우선 생각을 더듬으며 선착장에 내리자마자 강화나들길 제13코스라는 '볼음도길'을 걷기 시작했다. 선착장에서 시계방향으로 조개골 해변-영뜰해변(새말)-처녀골-죽바위-요옥산(102m)-서도은행나무-안말-볼음초등학교-볼음교회-민박집(숙소)로 연결되는 11km 구간이었다. 그리고 이튿날 당아래 마을로부터 용화리로 이어지는 해안 둑길을 걸었다. 이틀간이지만 북쪽으로 보여야 할 북한 땅의 연안염전 해안 뚝은 짙은 안개로 인해 볼 수가 없었다.

그런데 늙은 나이에 내가 왜 여기를 걷는가? 이번 강화나들길 코스에 볼음도가 들어있기에 기쁜 마음으로 선택하는 계기도 되었지만 무엇보다 70년 가까이 잊고 있었던 곳, 내 기억 속에서 완전히 삭제되었던 기억들이 스쳐 갔기 때문이다. 이번에 볼음도를 걸으며 어린 시절의 추억을 소환하는 기회가 된 것이다. 볼음도는 그동안 내가 없었던 시간들이요 공간이었다.

그러면 내가 겪은 전쟁은 내 일생에 어떤 자국을 남겼을까? 전쟁을 모르는 사람에게는 아픈 과거가 없을 것이고 전쟁을 겪은 사람은 과거의 상처가 남아있을 것이다. 무슨 말인가? 그것은 1951년 1·4후퇴가 있었던 해 8월 말쯤 황해도 고향을 떠나 세 식구(어머니, 누나, 나)가 38선을 안전하게 넘겨주는 '안내자'를 따라 피란길에 올랐던 아픔이 있기 때문이다. 간단한 간식과 옷가지를 챙겨 인민군의 감시를 피해 며칠간 밤에만 걸어서 남한 땅에 닿을 수 있었다. 당시 내 나이 만 일곱 살 때이지만 어른을 따라 피란 나오던 길, 인민군에 쫓기다 죽는 사람들, 지뢰를 밟아서 죽는 사람, 적의 박격포 공격을 받아 공중으로 날아가 죽는 사람 등 아픈 기억들이 생생하다. 평생 내 기억의 시간에 저장되었던 전쟁의 잔상들이다.

작고 이유 있는 황당함도 있었다. 피란길 과정을 다 말할 수 없지만 목이 말라 바닷물을 한 모금 입에 넣고 울컥하며 토해냈던 기억은 잊을 수가 없다. 연안염전 해안 뚝을 넘어 갯벌 바다를 걷는 중 어느 무인도(암초, 지금은 북한땅)에 쉬면서 마신 물이 생전 처음 맛보는 짠 물이었다. 그것도 누이가 고무신으로 단물을 떠다 준다고 했는데 그 물이 염기가 있는 바닷물인 것이었다. 나도 모르게 짠 물을 토해냈지만 목마름은 가시지 않았다.

니체는 낙타나 사자보다 '어린아이'를 가장 이상적인 인간 전형으로 보았다. 어릴 때는 거리끼는 것 없이 보냈던 것 같다. 6.25 전쟁 중이었지만 볼음도에서 어린 시절을 보내는 동안 고생이 뭔지도 모르고 놀았기 때문이다. 매일 총알 따먹기, 딱지치기, 굴렁쇠 굴리기,

1951년 1.4 후퇴 때 부모님을 따라 월남한 필자는 볼음도에서 어린 시절을 보냈다.

바닷가로 나가 조개 캐기와 망둥어잡기, 자치기 등이 참 재미가 있었다. 또 불발된 박격포탄을 돌로 치며 놀다가 부모에게 들켜 혼난 적도 있다. 그때 흔하게 버려진 박격포 뇌관을 뾰족한 돌로 정확하게 맞추었더라면 내 생명은 끝났을지도 모른다.

당시 사람들은 전쟁이 오래가지 않을 것으로 생각했던 모양이다.

피난민들은 고향 땅에서 가장 가까운 곳, 이곳 볼음도 혹은 김포 내지 교동도에서 통일이 되기를 기다렸다. 당시 피난민들은 "고향 땅을 뚫어져라 바라보며 돌아가기"를 기다렸다. 우리 가족 역시 고향 땅에서 가장 가까운 볼음도에서 2년간을 기다렸다. 그런 것이 평생 기다림의 세월이 되고 말았지만. 오늘날에도 내가 만나는 피난민 1세대들은 목을 길게 내놓고 멍때리기를 반복하면서 통일되기를 기다리는 모습이다. 내 부모 역시 나그네, 떠돌이라는 생각을 갖고 살다가 세상을 떠나셨다. 부친은 늘 내가 죽으면 고향 땅에 묻어달라고 했다.

나는 그렇게 고향 가기를 기다리던 땅을 늙어서 걷고 있다. 70년이 지나가는 지금, 볼음도 영뜰 해변을 걸을 때 나는 한참 더듬거렸다. 조개 잡으며 놀던 곳이다. 당시 떠밀려오는 시체를 친구들끼리 끌어다가 모래구덩이를 파고 묻어주었던 곳이기 때문이다. 물론 찾을 수 없었지만 당시 전쟁 때 죽은 시체가 썰물 밀물 때면 종종 떠밀려와 모래사장에 얹혀 있었던 것이다. 그런 일이 좋은 일인지 나쁜 일인지도 모르고 보기에 흉하니 그저 보기가 무서워서 얼떨결에 같이 놀던 친구들과 묻어준 것뿐이다. 그런데 그날 집으로 돌아와서 저녁밥을 먹는데 내 몸에서 이상한 냄새가 나는 듯했다. 손을 씻어도 소용이 없었다. 아마도 지레짐작이겠지만 그 사실을 부모님에게도 말할 수 없었다.

또 볼음도를 걷는 중에 만나는 '서도은행나무'는 특별하다. 내가 어릴 때도 보았겠지만 자료에서 보니 800년 전 수해가 났을 때 북쪽 어느 곳에서 떠내려온 것을 심은 것이 성장하여 오늘에 이른 것이라고 한다. 밑동 둘레가 9.8m, 높이 24m쯤 되는 노거수(老巨樹, 보호수)로 매년 1월 30일 이곳 주민들이 모여 마을 안녕과 풍어제를 지낸다고 한다. 은행나무 가지를 다치게 하거나 부러진 가지를 태우면 목신(木神)이 진노하여 재앙을 받게 된다는 전설이 내려온다. 내가 피난민 1세대여서 그런지 모르겠지만 은행나무는 암수로 나눠지는데 여기에 있는 나무는 수나무, 북쪽 황해도 어느 지역에 암나무가 있을 터이니 "서로 꽃가루를 받으며 열매를 맺을지" 궁금해진다.

수령 800년의 서도은행나무 밑에 앉아 훼손되지 않는 옛 기억을 더듬으며 다시 자신을 돌아보는 필자.

특히 은행나무로부터 북쪽으로 있을 고향 땅은 보이지 않지만 어린아이 시절 할머니의 젖을 놓고 삼촌과 늘 싸우던 기억이 새롭다. 말이 할머니지 실은 30대 말의 새댁이었을 것이다. 이미 1985년 5월

세상을 떠나셨다는 소식을 들었지만 할머니의 목소리가 지금도 찬 바람을 타고 메아리로 돌아오는 듯했다. 손자인 나도 늙어 가지만 하늘에 계신 할머니의 염원이 지친 내 몸을 일으켜 줄 것이다.

많은 상념 속에 걷다 보니 볼음초등학교에 이르렀다. 내가 초등학교에 처음 입학했던 곳이다. 생애 처음 학교를 시작한 곳으로 늘 내 마음속에 있던 초등학교다. 그런데 "이 웬일인가? 폐교가 되었다니……." 운동장에는 잡풀이 무성하고 갈라진 정문 담장 틈에는 녹슨 쇠줄에 묶여 있었다. 내가 1952년도 어느 봄날 입학했을 때에는

필자가 생애 처음 학교를 시작한 볼음초등학교(폐교된 채 녹슨 쇠줄에 묶여 있는 운동장을 거닐며 둘러보고 있다.)

운동장에 학생들이 가득했던 것 같은데……. 우리나라가 처한 문제지만 아이들을 낳지 않기 때문이리라.

해질 저녁에는 피난 나와서 볼음도에서 곁방살이하던 당시 집주인의 딸을 만났다. 당시 곁방은 안채가 아니라 바깥채에 부엌을 임시로 만들어서 살게 했던 방이다. 당시 많은 피난민들은 현지 주민들의 여러 도움으로 이렇게 하루하루 생활했다. 그때 같이 놀던 여자아이가 이제 78세의 할머니가 되어 이곳에서 지금까지 남편과 살고 있었다. 놀라웠다. 반가웠다. 그녀는 나를 정확히 기억했다. "아이구, 살아 있었네……." 하며 반겼다. 70년 전의 과거로 돌아가 서로 기억을 더듬으며 지난 삶을 헤아려 보았다. 그녀는 저녁을 정성껏 차려주며 자주 만나자고 했다. 집에서 기르는 오골계 달걀을 삶아 배낭에 넣어주면서 매년 여름이면 조개잡이 철이 되니 꼭 오라고 했다. 평생 인연의 깊음을 잊었던 누이를 만난 기분이었다.

그리고 볼음도 교회당을 둘러보면서 그 주변에서 미국이 보낸 구호물자를 받던 생각이 났다. 구호물자는 주로 옷가지들과 옥수수가루, 밀가루, 분말우유, 압맥(눌른 보리쌀), 안남미 쌀, 때로는 1일 식량 봉지(군용 C레이션) 등 다양했다. 당시 사람들에게는 참으로 생명과 같은 물품들이었다. 구호물자가 나오는 날이면 피난민들은 서로 더 좋은 옷을 받으려 하거나 받은 옷을 서로 자기 몸에 맞게 바꿔 입으면서 고생을 이겨 나갔다. 피난민들끼리는 옷가지, 음식, 그리고 정(사랑)으로 서로의 모자람을 채웠다. 오히려 아무것도 없으니 결핍과 부족함이 진정한 의미의 '피난민 연대'를 강화시켰을지 모르겠다. 나는 구호물자를 나눠주던 곳을 한참 헤아려 보았지만 그곳은 새 건물로 변해 있었다.

그런데 내가 어려서 잘 몰라겠지만 지금 부끄럽게 생각나는 기억이 하나 있다. 당시 어른들이 긴급 구호물자로 지원되는 쌀과 보리로 깡소주를 내려 먹었던 것이 과연 옳은 행동이었을까 하는 점이다. 막 내린 맑은 소주는 독했는지 종이에 소주를 적셔서 불을 붙이면 훨훨 타오르는 것이었다. 지금 생각하니 그 당시는 한 톨의 쌀이 귀할 때였는데 술까지 내려 먹다니. 전쟁으로 인한 전 국민의 사회적 고통(social suffering)이 클 때 그런 낭비들은 바보들에게나 허락된 것이 아니었을까?

볼음도 길은 나에게 특별한 의미로 다가왔다. 피난 나와 보내던 어린 시절을 기억나는 대로 이야기했지만 아직 할 얘기가 많다. 하지만 오늘은 수많은 생각을 끝내자. 혹시 낡은 기억에 얽매여서 나만의 프레임에 갇혀 있는지도 모르겠다. 그러나 분명한 것은 지나간 과거는 이미 지나간 절대적 과거이지만 세월의 흐름 속에 끊임없이 재생되고 새로워지는 피난사를 가슴에 안고 살아가는 것은 어쩔 수 없는 내 삶이 아니던가.

이미 해가 넘어가면서 컴컴해지고 있다. 미리 예약해 놓은 민박집으로 가서 방을 배정받아 무거운 짐을 풀어놓았다. 뭔가 엉성하지만 방은 따뜻했고 욕실에 더운물도 잘 나왔다. 몇 시간 후면 나타날 아침의 모습을 기다리며 어둠 속에 몸을 맡긴다. 내일 아침 07시에는 안개가 걷혀서 강화도로 무사히 나갈 것을 고대하며 꿈속으로 들어갔다.

그러나 그런 기대는 어긋났다. 오늘도 역시 아침에 배가 안개로 인해 뜨지 못한다는 동네 알림 방송이 나왔다. "제기랄! 또 못 떠나네." 하고 나도 모르게 불평이 나왔다. 할 수 없이 침실에서 컵라면을 하나 끓여 먹고 용화리 해변으로 아침 산책에 나섰다. 내가 어린 시절 이곳에서 고구마 이삭을 줍거나 어른들이 바다 웅덩이에 수류탄 혹은 다이너마이트를 터뜨려 고기를 잡던 곳이다. 지금은 철책선이 설치돼 해안가 갯벌로 나갈 수 없었으나 그때 모습만은 생생하게 되살아났다.

용화리 해변으로 아침 산책을 나가 안개 속에 묻힌 북녘을 바라보고 있는 필자.

그러면서도 내 눈은 북쪽을 향하고 있다. 안개로 인해 보이지 않았지만 예전엔 멀리 보이는 북한 땅에서 소달구지를 끌고 가는 모습이 자주 보였던 곳이다. 그럴 때마다 어른들은 "저 건너 고향 땅을 언제나 가보려나……." 하며 한숨을 짓던 곳이기 때문이다. 나 역시 지금도 가보고 싶은 고향 땅이다. 그러나 단절의 철책선이 70년 넘게 계속되고 있으니 피난민들의 아픔은 아직도 계속되고 있는 것이 아닌가. 지척의 고향이지만 아주 먼 이방인의 땅이 되고 말았으니 말이다. 이때 현재명의 '고향생각' 노래가 절로 나왔다. "해는 져서 어두운데 찾아오는 사람 없어……." 내 고향 바다 너머 아득할 뿐이다. 언젠가 내 '영혼의 땅'에 갈 수 있으려나. 끔찍한 갈증이요 아픔이다. 하나님은 그때 말씀하셨다. "그래, 네 소리를 들었다. 더 기다려라." 나는 대들었다. "그러면 언제까지요?" 하고.

다행히 오후에 안개가 걷히면서 2시 선편으로 볼음도를 떠날 수 있었다. 어렵게 볼음도를 떠나면서 무한한 추억을 느끼지 않을 수 있으랴. 이틀간 볼음도를 찾아서 걸으며 과거의 사건, 현재 눈에 보이는 무엇을 응시하는 기회였고 불행한 자학(自虐)인지 모르지만 많은 생각을 하게 된 여행이었다. 멀어지는 섬들, 무질서한 마을 모습, 땅을 일궈가며 살아가고 있는 사람들의 질펀한 삶의 스타일, 마당 한구석에서 모이를 쪼는 닭들, 어지럽게 놓인 농기계들이 섬사람들의 구김 없는 삶의 풍경들이다. 2~3일간 나는 수많은 추억 속에 내 마음이 흔들리기도 했었으나 관조의 심오한 고요를 느끼는 순간들이었다.

□ 전쟁과 평화의 최전선 교동도(9코스)

걷기 자체로 보면 역시 즐겁고 유쾌한 날이 계속되었다. 3월 26일 아침 9시경 강화군청 앞에서 70번 버스를 타고 교동으로 향했다. 그런데 교동대교를 넘으면서 기쁨보다 슬픈 생각이 들었다. 여기서 3~4km를 북쪽으로 올라가면 고향땅이 가까워지지만 결코 갈 수 없는 금단의 땅이 되었으니 내 한탄만 길어지기 때문이다. 대충 알고 있겠지만 교동은 전쟁과 평화의 최전선이다. 내 고향 역시 저 바다 건너편이다. 북한군 병사가 해안 초소 옆에서 총을 들고 졸고 있을 것이다. 배가 고파서 울고 있는지도 모른다. 오늘은 고향땅보다 하늘이 더 가깝게 느껴지는 것을 보니 70여 년의 세월의 간격이 큰가 보다. 이 땅에 깊이 흐르는 백성의 고통은 언제나 끝날 것인가.

교동도(喬桐島)의 면적은 46.8㎢로서 우리나라에서 14번째로 큰 섬이다. 행정구역상으로는 강화군 교동면으로 강화도와 연육교인 교동대교로 연결돼 있다. 북위 38도 근처로 북한의 연안군과 개풍군에서 2~3km 떨어져 있는 최북단의 섬이다. 6.25 때는 황해도 일대에서 피난 나온 1만 5,000여 명의 사람들이 통일을 기다리며 살던 곳이다. 이곳에 사는 실향민들에 의하면 지금은 거의 세상을 떠나고 1천~2천 명만이 살고 있으나 거의가 와상(臥床) 상태에서 생을 이어간다고 했다.

그렇다면 내가 강화버스터미널에서 쏜살같이 달려간 교동은 어떤 길일까? 나는 버스에서 내리자마자 우선 피난민들의 생활 터전

교동도는 북위 38도 근처로, 북한의 연안군과 개풍군에서 2~3km 떨어져 있는 최북단의 섬이다.

이었던 대룡시장을 찾았다. 50~60년대의 피난민들의 삶의 흔적이 그대로 남아있어 내가 경험한 피난살이 모습 그대로였다. 대룡시장은 전쟁 중에 피난 나온 사람들이 임시로 정착하면서 장사를 하기 시작해 지금의 전통시장으로 남아있는 곳이다. 우리가 찾은 날은 수요일이어서 그런지 사람이 별로 없고 상점 문을 닫은 집도 많아서 좀 썰렁했다. 하지만 옛 시골 장터 같은 느낌, 60년대의 선거 벽보도 붙어 있는데 이런 모습들이 전혀 낯설지 않았다. 놀라울 정도

60년대의 선거 벽보가 아직도 붙어 있는 교동도 대룡시장 골목길 정경.

로 시간이 멈춰버린 듯하다.

한참 발길 따라 이곳저곳을 돌아보니 생명의 순결이 느껴진다. 당시 피난민들은 쫓겨 다니는 삶이었지만 주어진 생명을 지키는 것이 최고의 가치였을 것이다. 목구멍이 포도청이었기에 장사를 해서 생명을 이어 갔으리라. 삶의 위기에서 무방비 상태로 옹색하지만 살아야 한다는 절박함에서 천막을 치거나 하꼬방(판잣집)을 짓고 장사를 하기 시작한 곳이다. 또 남의 집에 더부살이를 하면서 농사일을 돕거나 아니면 보따리 행상(行商)을 하면서 생계를 이어갔다. 나 역시 6.25 전쟁 때 피난 나온 세대로서 이들의 삶과 하나가 되는 기분이다.

이때 "우리 저기로 들어가 볼까?" 하면서 걷기가 불편해 보이는

교동도 대룡시장에는 아직도 북에서 피난 나와 가게를 운영하며 생계를 이어가는 피난민 1세대들이 북으로 돌아갈 날을 손꼽아 기다리고 있다

노인 3~4명이 가게 안에서 서성거리는 것이 보였다. 내 고향 사람들일지도 모른다는 생각에서다. 들어간 곳은 보잘것없는 '청춘 부라보' 간판이 붙은 상점이다. 문을 열고 들어가니 깡마른 체구의 80대의 할아버지가 반긴다.

황해도 연백에서 10대에 피난 나와 이제 죽을 때가 되었다며 허탈해 한다. 할아버지는 나와 공통점이 많아서일까? 곧 이런저런 말이 오고 갔다. 고향이야기부터 지금까지 힘들게 살아온 삶의 보따리를 풀어놓았다. 그러면서 황해도식의 강정과자 한 봉지(3000원)를 사서 고향 맛을 느껴본다. 이런 시간도 잠시, 우리는 함께 웃다가 헤어졌다. 노인은 "고향 생각나면 날씨 좋은 날 다시 오라."고 했다.

모두가 흥미롭고 놀랍다. 내가 대룡시장 골목길을 걷는 것은 본능적으로 고향 같은 특정한 장소를 향한 발걸음이다. 이 골목 저 골목을 서성거리며 교동 찹쌀 꽈배기, 똥이호떡도 사 먹고, 옛날 다방에 들어가 아가씨가 갖다 주는 커피 한 잔이 생각났다. 마침 궁전다방이 보였다. 진하게 시골 냄새가 풍기는 70년대식의 커피로 향수를 달랬다.

그런가 하면 골목 안에서는 상점 주인들이 특별한 황해도식의 음식과 떡을 팔며 쉬어가라고 소리친다. 좁은 골목길, 골목 안의 사람들과 눈을 맞춰 보는 것도 즐거웠다. 그들의 얼굴로부터 뭔가 걱정, 소망, 불만을 느낄 수 있었다. 내 느낌이지만 그들에게 도움의 신이 필요한 것 같았다. 허름한 건물 벽에는 한 많은 시구가 몇 편 걸려 있었는데 고향을 그리워하는 의미의 '가리라'라는 시구가 눈에 띈다.

가슴으로 오는 저 육지가
사무친 이밤 새파란 유년의 불면에 뒤척인다...(중략)
시간도 사랑도 강물에 녹아 철책과 씨름하는 석회질
무릎...(중략)

그래도 가야하리

저 건너 내 육지

익숙한 박 넝쿨 토담길

어머니 품으로. (김홍기 지음)

대룡시장 이 골목 저 골목을 둘러보다 교통사진관에서 잠시 휴식을 취하며 망중한을 즐기는 필자.

또 교동사진관(스튜디오)에 들려 고등학교 교복을 빌려 입고 사진
촬영을 했다. 이곳을 찾는 여행객들이 옛날 학창시절로 돌아가 즐
거워하는 이벤트 사진 찍기다. 한번 찍는데, 즉 한 컷당 5,000원이
었는데 사진집 여주인은 "모두가 옛날 교복 입고 사진을 찍으며 좋
아한다."라고 했다. 아마도 옛 추억이 그리워서 그럴 것이다. 나 역시

사진을 보니 잠시 고등학생 시절로 돌아간 기분이다. 그런데 착각일까? "오늘이 내 인생에서 가장 젊은 날이다."라는 것을.

이렇게 옛 추억 속에 대룡시장을 한 나절 돌아보고 이어 제9코스를 걷기 시작했다. 즉 공기 한 모금을 빨아들이며 대룡시장-남산포-동진포-월선포선착장-교동교회-교동향교-화개사-연산군 유배지-교동면사무소-대룡시장으로 돌아오는 코스로 16km 구간 거리다. 교동도에는 강화나들길로 9, 10코스로 나눠져 있다. 그러나 우리는 우선 9코스를 택해 걸었다. 바닷가 길과 산길, 들판의 오솔길을 걷는 것이어서 걷기에 좋았다. 지금 걷고 있는 건 장거리 도보여행이라기보다는 간단한 산책 같은 기분이었다.

존재의 유한 속에 숨어 있는 자연의 무한을 본다. 대룡시장을 벗어나 초록빛으로 변해가는 들판을 걷고있는 것이다. 놀라운 것은 끝없이 깔린 평원, 남서쪽으로 넓은 농지가 끝없이 전개되고 있었다. 참 좋은 마을처럼 보인다. 좋은 마을이라면 좋은 이웃들도 될 것이 아닐까? 마침 대룡리를 지나 남산포로 걷는 중 밭에서 일하는 60대 남자를 만나서 "아저씨, 얼마나 농사 지세요?" 하고 물으니 약 2만 평 정도 된다는 답이 돌아왔다. 간척으로 인해 얻은 땅으로 인해 전국에서 가구당 경작면적이 가장 많은 곳이라고 하며 웃는다.

걷다 보면 처음에는 풍광을 좋아하다가 나중에는 풀 한 포기 꽃 한 송이에 감동을 받게 마련이다. 월선포를 지나 교동향교, 그리고 산길을 통해 화개산성에 이르니 잠자던 나무는 기지개를 펴고 있다. 아기두더지가 꿈틀거리며 흙을 밀어 올리고 있다. 펄벅(Pearl S,

교동사진관(스튜디오)에서 망중한을 즐기다 여주인의 권고로 고등학교 교복을 빌려 입고 고등학생 시절로 되돌아가 본 필자 모습.

Buck)은 "봄이란 모든 사물에 생명이 살아 숨 쉬는 때"라고 하지 않았던가. 이어 고구리에 있는 '연산군 유배지'에서는 삶의 과정 자체가 비극적임을 보여준다. 중종반정(中宗反正)으로 1506년 폐위된 후

강화나들길의 백미, 교동도 다을새길을 안내하는 이정목.

죽음을 맞이할 때까지 외롭게 밀려오는 고독감, 분노, 정신적 미로 속에서 오는 고통은 얼마나 컸을까? 잠깐의 세속적 영광은 얼마나 허무했을까?

걷기는 무상(無償)의 행위다. 무한의 자유를 얻을 수 있기에 더없이 좋은 것이 걷기다. 느리게 걸었으나 오후 3시경 다시 대룡시장으로 돌아왔다. 떠나기가 아쉬워지는 시간이다. 막상 떠나려니 지척의 고향땅이 생각나고 잃어버렸던 기억들이 비가 되어 내렸다. 이곳에서 피난살이를 하면서 먹고 즐기던 사람들은 이미 저승으로 건너갔을 것이다. 남은 사람들도 5~6년 안에 세상을 떠날 것으로 생각하니 더욱 머리가 멍멍해진다. 다시 버스를 타고 강화로 돌아오는 길에 우울한 생각마저 들어서 나도 모르게 자연스럽게 옛날 가곡을

지붕 없는 역사박물관으로 불리는 강화도는 나들길을 걷다 보면 선사시대부터 현대에 이르도록 수천년 간 생성된 각양각색의 시대별 역사문화유적을 만나게 된다(사진은 인천광역시 강화군 선원면 선행리에 있는 조선시대의 사당인 충렬사 외삼문 정경)

부른다. '그리운 금강산'과 '가고파' 노래를 흥얼거린다. 창밖에는 만물이 봄을 반기고 있었다.

제 9 장

제주올레길에서 보는 걷기의 서사

9. 제주올레길에서 보는 걷기의 서사

나는 두 번에 걸쳐 올레길 걷기를 마쳤다. 2014년 3월부터 10월까지 전 코스를, 그리고 지난해 2월부터 6월 24일까지 두 번째로 전 코스를 완주했으니 두 번 합쳐서 800여 킬로미터를 걸은 셈이다. 물론 지금도 시간 나는 대로 계속 걷고 있다. 한 주에 한 코스 혹은 두 코스를 걷기도 하고 더운 여름, 추운 겨울을 피해서 놀멍 쉬멍 걸었다. 제주도 말로 '간세다리'로 걸은 셈이다. 간세다리란 '게으름뱅이'라는 제주 방언이지만 주위를 돌아보며 천천히 걸으니 제주 속살을 볼 수 있었다.

게으름뱅이처럼 걸으며 꽃과 대화하고 하늘, 구름, 바다를 보는 것이 즐거웠다. 봄, 여름, 가을, 겨울 계절이 바뀔 때마다 새로운 풍경, 따뜻한 감성을 느낄 수 있었다. 신록의 숲길, 푸른 바다, 뭉게구름, 눈길을 만나면서 걸으니 힘들었지만 즐거운 걷기였다. 특히 올레길 장거리 도보 길을 걷는 것은 일종의 개인적 정신체험이다. 이를테면 산에 오를 때의 느낌, 푸른 바다, 조용한 호수, 숲과 나무, 그리고 인간의 살아가는 세밀한 모습들이 새로운 기쁨으로 다가오는 체험 말이다.

아울러 주어진 하루, 그리고 하루하루가 모아져서 한 해가 되어 지나가는 것, 내가 올레길 427km 거리를 두 번 완주한 시간들은 무엇과도 바꿀 수 없는 삶의 순간들이었기에 걷기의 경험과 느낌은 오랜 추억으로 남았다. 내가 어떤 길을 선택해 걷는 것은 뭔가 새롭고, 영원히 사라져 가는 시간이었고 좋은 경험이었다. 내 노년기 삶을 외면할 수 없었던 걷기였다.

□ 제주올레길에서 무엇을 보았는가?

이미 잘 알려진 것이지만 도보여행 열풍을 일으킨 제주올레길은 제주도를 한 바퀴 도는 정규코스 21개와 산간, 섬 등을 걸어서 여행하는 5개 부속 코스 등 모두 26개 코스로 구성되어 있다. 그렇다면 제주 걷기에서 머스트 씨(must see)로 각광 받는 곳은 어디일까? 곳곳에서 각자에 따라 색다른 감동을 받을 수 있겠지만 2~3일 걸어도 아쉬움이 남을 수밖에 없는 곳들이 많다. 특히 볼거리가 남다른 올레길 코스는 6코스(쇠소깍-외돌개), 산방산과 송악산을 바라보며 걷

제주올레길 개념도(21개 정규 코스와 5개 부속 코스 전체거리 425km 구간으로 구성돼 있다.)

는 10코스(화순-모슬포), 곶자왈을 품은 14-1코스(저지-무릉), 안덕면 쪽의
무능·신평 곶자왈이 있다. 그리고 19코스에서는 항일운동과 제주
4.3사건의 북촌마을을 돌아보며 한(恨) 많은 역사와 만나게 된다. 서
귀포 해안 풍경과 함께 문화의 거리로 이중섭 거리(6코스), 김영갑갤
러리 두모악(3코스)에서 문화의 향기를 찾아볼 수 있다.

　제주도 해안코스 중에는 절경이 많다. 예를 들면 고산-신창 해안
길, 한림-애월 15-1의 해안길, 세화-성산 해안도로 등이 가장 멋진
걷기 혹은 자동차 드라이브 길로 이름나 있다. 천주교 순례길로는
김대건 길(빛의 길)을 시작으로 정난주 길 등 4개 코스에서 천주교의
발자취를 엿 볼 수 있다. 뿐만 아니라 제주지질트레일로드가 마련
돼 있어 제주도 땅의 생성과정을 엿볼 수 있다. 제주도는 섬 전체가

제주올레길 6코스를 걷다가 만나게 되는 <외돌개> 앞바다 정경.

지질공원이라 해도 지나친 말이 아니다. 동쪽에는 성산 일출봉에서부터 산방산, 용머리 해안, 그리고 서쪽 끝의 고산 수월봉(높이 77m, 녹고물오름)에 이르는 곳이 지질공원으로 지정돼 있다.

이러한 제주도의 도보 여행지인 올레길은 제주도 전역으로 연결돼 있다. 동네 어귀길, 오르는 길(오름), 해안가 길, 농장을 가르는 밭길, 동네의 꼬불꼬불한 골목길들로 이어진다. 햇빛이 땅에 내리며 만드는 빛, 곳곳에 어우러진 돌담, 그리고 푸른 숲, 높게 떠 있는 뭉게구름과 바다 등이 계절에 따라 시간에 따라 옷을 갈아입는다. 뜰에는 늘 푸른 무 배추와 브로콜리, 마늘, 당근, 보리, 비닐하우스로 지은 유기농야채단지들이 펼쳐져 있다.

제주올레길은 동네 어귀길, 오르는 길(오름), 해안가 길, 농장을 가르는 밭길, 동네의 꼬불꼬불한 골목길들로 이어지며 제주도 전 지역으로 연결돼 있다.

제주도 관광객 연 1,500만 명 시대, 당신은 제주도에서 무엇을 보는가? 물론 아름다운 자연풍광에 흠뻑 젖어든 경험이 있을 것이다. 제주도는 구름의 섬, 바다의 섬, 돌의 섬, 바람의 섬으로 알려져 있지 않은가? 바람과 대지, 내가 한몸이 되는 곳이다. 비가 오는 날도 많지만 하늘은 너무나 맑고 푸르다. 가끔 저 너머에 조각구름이 손짓한다. 붉은빛으로 물드는 애월, 협재, 이호, 함덕 해변의 석양에 비치는 바다 색깔 또한 천국의 빛깔일까 싶다. 바다 지평선으로 넘어가는 햇볕 뒤에 오는 밤에 자연의 소리가 들리는 듯하다. 바다와 있어 아름다운 곳, 돌과 바람이 많아서 공기가 깨끗하다.

제주 돌담은 크게 이승에 살아 있는 자들의 돌담과 죽은 자를 위한 돌담으로 나누어진다. 생존을 위한 생활 속의 돌담은 초가의 집담(축담), 집 안으로 들어가는 올레담, 농사를 위한 밭담, 마을 공동 목장의 잣성과 캣담, 해안가 공동 어장인 원담, 해녀의 탈의장인 불턱, 옛 군사 방어용이었던 진성(鎭城)과 환해장성, 신의 집인 본향당(本鄕堂) 따위가 있다. 죽은 자를 위한 돌담으로는 들녘이나 밭머리에 쌓은 산담이 있다.(사진 속의 밭담은 지난 2013년, 세계중요농업유산으로 인정됨으로써 제주 돌담의 가치는 더욱 주목받고 있다.)

　　이러한 산을 찾고 뜰을 걷는 것은 자연으로 돌아가려는 인간적인 욕구다. 경쟁이 아닌 전쟁터 같은 사회에서 잠시 떠나 휴식을 취하며 걷는 모습이 그렇다. 시간에 제약 없이 공간을 비우고 살아가는 여유로움이 그리워지는 것이 현대인들이 아닌가. 이러한 욕구를 채워주는 곳이 제주도라면 실제 어떤 것들이 여행자들에게 매력적으로 보이고 감동을 안겨줄까?

　　이와 관련해 내가 걸으면서 느낀 몇 가지만 예를 들어보자.

1) 제주의 자연 풍광이 이국적이다.

공항부터 종려나무, 야자수 나무의 열매가 여인의 치마폭처럼 늘어져 있다. 멀리 보이는 한라산이 손짓한다. 한라산을 끼고 동서 남북의 해안선을 따라 포구가 발달해 있고 생을 만들어가는 농어촌 마을들이 둥지를 틀고 있다. 마을 앞뒤로 바다와 들판, 산에는 온갖 생명들이 자신들의 왕국을 펼치고 있다. 제주도는 사면이 바다여서 곳곳의 포구가 있고 해수욕장이 마련돼 있다. 여름이면 크고 작은 모래사장에는 피서객들로 붐빈다. 해안가의 파라솔이 펄럭이고 나신(裸身)의 욕망들이 출렁거린다. 그리고 추운 겨울날 한라산에는 눈이 쌓이면서 겨울왕국을 이룬다.

2) 끝없는 돌담들이 예술이다.

제주도의 돌담들은 자연미의 공공예술이다. 세계농업유산 등재를 신청하면서 돌담 길이가 총 36,355km라고 한다. 중국의 만리장성보다 긴 흑용(黑龍)이라고 불린다. 수백 년을 거치면서 쌓인 초인적 의지의 산물이다. 그 종류도 다양해서 '산담'은 무덤 주위를 둘러싼 담이다. '잣담'은 밭 한쪽에 길게 쌓은 담이다. '밭담'은 밭 경계 담이다. '집담'은 집 주위에 싼 담이다. '원담'(갯담)은 바다에 고기를 가두어 놓은 담이다. '통싯담'은 돼지우리를 둘러친 돌담이다.

그리고 이런 돌담은 쌓는 형태에 따라 외담과 곁담으로 나눠진다. 한 줄로 쌓은 것이 외담이고, 두 겹으로 쌓은 것이 곁담이다. 돌담 쌓기는 바른층쌓기(성층쌓기)와 막쌓기(허튼 돌을 쌓은 것)가 있다. 사용되는 돌은 제주 특유의 검은색의 현무암이나 회녹색의 조면암 등이 주로 사용된다. 이런 돌담은 '돌챙이(石手)'라는 사람들에 의해 만들어진다.

3) 봄의 전령인 유채꽃 향연이다.

"봄 봄……." 제주에 봄을 알리는 유채꽃이다. 이른 3월부터 섬 전체가 노란 유채꽃으로 가득해진다. 광치기 해변을 비롯해 섭지코지에 이르는 구간이 아름답고, 산방산에서 용머리 해안으로 가는 길 양쪽에, 그리고 녹산로 근처 유채꽃이 방문객을 반긴다. 매년 표선면 가시리의 유채 꽃길에서 유채꽃 축제도 열린다.

4) 억새풀의 물결이다.

제주도에 삼나무, 편백나무가 녹색 벽을 이루고 있으나 곳곳에 펼쳐진 억새풀은 장관이다. 억새풀은 미친 듯이 흐드러지게 피어 고독한 가을 노인을 연상케 한다. 억새꽃이 피기 시작하는 6월에는 붉은색을 띠다가 10월 이후 황갈색, 은색으로 변한다. 주로 수십 개의 오름과 오름으로 이어지는 길, 그리고 크고 작은 도로변에서 출렁인다. 억새가 눈, 바람, 햇볕을 온몸으로 버티며 출렁이는 모습이 걷는 사람들에게는 큰 기쁨이 아닐 수 없다.

5) 한라산에 쌓이는 눈이다.

겨울에는 푸른 하늘과 새하얀 눈 그리고 푸른 나무들이 어우러진 겨울왕국을 이룬다. 눈이 많이 오면 온 산이 눈 세상으로 변한다. 한라산 등산로 자체를 분간하기 어려워서 빨간 안내 깃발를 따라 걸어야 한다. 윗세오름 길에는 매년 12월 말쯤에는 1~2km의 눈이 쌓이면서 입산이 금지되기도 한다. 제주를 찾는 사람이라면 겨울에 한라산을 오르는 것이 여행의 백미다. 인천에서 왔다는 40대의 남자는 "하얀 눈꽃이 어우러진 눈길을 걷고 싶어 매년 겨울에 와서 한라산의 4개 등산 코스를 모두 걷는다."라고 했다. 필자 역시 겨울이 오면 한라산의 눈을 기다리게 된다. 한 주일에 한 번꼴로 어리목 코스를 택해 윗세오름을 오르지만 겨울 산이 제일 좋다. 그때마다 나는 산신령에게 묻는다. "여기가 정녕 요정이 사는 설국인가?" 하고.

6) 곶자왈지역의 원시자연 숲이다.

제주지역 곶자왈은 용암이 흐른 암괴지대에 형성된 자연숲으로 생태계의 허파로 불리는 용암 숲이다. 숲속에는 온갖 존재의 어울림이요 기어 다니는 벌레들, 뛰고 날아다니는 날 짐승들의 낙원이다. 빼곡히 들어선 숲속은 '쥬라기공원'을 연상시킨다. 곶자왈의 자연 상태는 가공되지 않은 예술이다. 이곳을 걸으면 완벽한 힐링을 얻는 기분이다. 어떤 이는 "제주 곶자왈은 생식기 부위처럼 생명의 잉태와 출산이 이뤄지는 곳"이라고 했다.

7) 제주 해녀들의 물질이 이색적이다.

제주 해변 어디서나 볼 수 있는 광경이다. 제주 해녀는 유네스코 인류무형문화재 등재를 신청해 놓은 상태다. 제주 해녀들은 잠수복을 입고 허리에 5kg의 무거운 납덩어리를 매달고 물질을 한다고 한다. 가까운 해안가에서 물질을 하거나 배를 타고 나가 모든 걸 안고 물속으로 들어간다. 한 조각의 스티로폼 통을 의지하여 바닷속을 헤엄치고 다니면서 전복, 소라, 해삼, 미역 등을 건진다. 해녀들은 구덕을 메고 갯바위를 오르내리며 생계를 돕는다. 그들에게 있어서 바다는 삶의 터전이요 생의 싸움터다. 가까이서 보니 해녀들의 몸매는 여성의 각선미가 아니라 자연의 민얼굴의 몸매다.

그야말로 제주도는 영혼이 치유 받는 땅이다. 제주도의 바람, 돌, 숲, 신선한 공기 등은 '자연자본'이다. 현대인이 바라는 자연친화적인 삶의 공간, 생태심리적 치유를 받을 수 있는 돌과 바람, 바다, 아름다운 산으로 칭송되는 자연보고이다. 특히 제주도는 세계 여행자들에게 열린 공간이요 18,000여 신들의 고향이다. 고된 삶에서 쌓인 독을 빼고 살을 빼는, 영혼의 안식을 얻는 치유의 땅이다. 제주의 환경 자체가 훌륭한 예술이기도 하다.

□ 나는 왜 제주올레길을 즐겨 걷는가?
  - 걷는 사람들이여 나랑 얘기 좀 할까?

어느덧 걷기만 하는 '걷는 바보'가 되었다. 나는 '제주도 나그네'

다. 한라산 코스와 수십 개의 오름, 올레길을 주로 걷는다. 집에서 나와 숲으로 산으로 들판으로 해변으로 떠도는 바보 뚜벅이 방랑객이다. 이렇다 보니 한 달 생활비가 얼마 드는지, 가스 사용량, 전기료, 여러 가지 명목의 세금, 자동차 보험료 등이 얼마인지도 모르고 또 관심도 없다. 시장 마트에서 물건을 산 영수증이 맞는지 틀리는지도 모른다. 그저 시간 있는 대로 바람과 구름, 바다에 이끌려 자연을 보며 작은 걸음으로 돌아다닌다. 바람이 불어도 비가 와도 덧없는 삶으로 세월을 보낼 뿐이다. 이제 늙으니 '루저'의 감정이 더 순수하고 바보가 되는 것이 순리가 아닌가 싶다.

특히 은퇴 후 캐나다 뱅쿠버 쎄미아무트레일 로드를 걸으면서 걷기는 내 삶의 일부분이 되었다. 더구나 육지를 떠나 제주도로 거처를 옮긴 후에도 걷기는 일상의 삶이 되었다. 지름신이 안내하는 대로 발길 닿는 대로 걷는다. 특히 올레길을 처음으로 걸으면서 제주도 매력에 빠지게 되었다. 2014년 봄부터 1코스를 걷기 시작했는데 그 이유는 우선 제주 지형을 익히기 위해서였고, 두 번째는 제주에서 미처 보지 못했던 풍경을 다시 찾아보자는 것이었다. 사실 올레길 두 번을 완주해도 무엇인가 놓치고 걸을 때가 한두 번이 아니었다. 남들이 올레길을 걷고 올린 사진과 경험담에서 보면 그렇다. 제주에서 4년간 살아도 알 수 없는 것이 제주도다. 눈에 보이는 것이 전부는 아니어서 보기를 했지만 인지하지 못했을 무엇, 그것을 놓친 것이다. 다시 말해 각 지역의 심연을 보지 못하면 잘 걸었다고 할 수 없는 것이다.

매일 아침 습관적으로 두어 시간 걷기를 즐기는 필자.

그렇다면 나에게 걷기란 무엇인가? 그 답은 단순하다. 어떻게 하면 노쇠해가는 몸을 지키며 불행한 노후생활에서 벗어날 수 있을까? 가능한 가족들에게 피해를 주지 않기 위해서 걷기는 시작되었다. 늙음의 길목에서 내 영혼이 갈망하는 것은 무엇인가? 나의 걷기는 어둠을 뒤집어쓴 영혼이 아니라 내 삶이 밝은 세상으로 나가고 싶어서다. 닿을 수 없는 세계(유토피아)를 향한 상처받은 인간의 고뇌가 그리고 고독에 대한 치유와 그리움의 여정이라고 할까? 어떤 때는 즐겁고 어떤 때는 완주했고, 어떤 때는 그리움이고, 어떤 때는 행복하게 느껴지는 걷기였다.

또 걸음은 내 삶의 바깥을 떠돌아다니는 것이기도 하다. 내 삶의 행복과 삶의 길을 다른 세상과 마주해 보자는 것이다. 그렇다고 걷기가 늘 즐거운 신선놀음은 아니었다. 문제는 걷는 자는 침묵과 고독을 감수해야 한다는 사실이다. 가끔 바다에 나가서 낚시를 즐기고 사계절 따라 변하는 한라산을 오르며 제주도의 속살을 볼 수 있지만 제주 생활이 늘 편안한 것은 아니다. 올레길을 두 바퀴나 완주한 것도 고독을 이기고 건강을 위해서였다. 노년기 늘 엉덩이를 붙이고 앉아서 보낼 수 없다는 나의 생활 소신이었다.

"아! 이 몸을 축복해 주소서."
　앞으로도 올레길은 다시 걷고 또 걸을 마음이다. 올레길이 이름난 명품길이라는 점에서 제주도에 사는 동안 계속 걸어야 할 길이다. 그것도 아주 가벼운 마음으로 자주 산책을 즐기는 마음으로 걷고자 한다. 그럴 때 올레길은 나의 놀이터가 될 것이고 치유의 길이 될 것이다. 한라산을 비롯해 오름을 오르는 것도 마찬가지여서 늙으니 아내보다 산이 좋아지는 기분이다. 흙 속에서 진주 찾기처럼, 매의 눈으로 생태계를 살펴보는 것도 또 다른 재미다. 그리고 걷기는 건강에 도움이 되지만 또한 철학적 사유의 기회가 되기도 한다. 중세기부터 속죄를 위한 순례 여행이 대중화되고 오늘날에는 인기상품이 되어 있는 것도 결코 우연이 아닌 인간의 존재 양식일 것이다.

□ 길 위의 즐거움

사람은 감정으로 사는 동물이 아니라 감정을 조절하며 살아가는 것이다. 걷는다는 것은 내 마음을 가라앉히는 순간이요 일종의 수행시간이다. 바로 이 순간 이곳에서 일어나는 일이 걷기요 생명의 진화다. 당신은 독일 사회학자 지그문트 바우만(Bauman)이 말하는 정원을 가꾸는 '정원사'인가 아니면 끝임없이 먹잇감을 찾는 '사냥꾼'인가? 만약 늘 무엇을 잡으려는 '사냥꾼'처럼 살아왔다면 여기서 잠시 벗어나 자유롭게 걸으면서 사색해 보라. 당신 자신의 내면에 대해서 모른다면 한 권의 책, 현인의 멘토보다 산길을 걸어보자. 그럴 때 심층의 자신을 발견할 수 있을 것이다. 흔히 주어진 휴테크, 즉 며칠간의 휴일을 어떻게 잘 보낼까 하고 망설여질 때 아름다운 숲길, 해안가를 쉬멍 놀멍 걸어보라. 그럴 때 아래와 같은 걷기의 의미, 즐거움을 느낄 수 있는데 아래와 같은 걷기의 즐거움을 느낄 것이다.

첫째, 치유의 길이다.

상처받지 않는 삶이 어디 있으랴. 걸어가는 뒷모습을 보면 "저 사람은 뭔가 괴롭고 힘들어서 지쳐있구나." 하는 느낌이 들 때가 있다. 사실 걷다가 만나는 사람들과 대화를 해보면 상처를 안고 걷는 사람이 많다. 누구나 한 번쯤 경험했겠지만 진정한 위로는 자연에서 온다. 걷는다는 것, 산행은 독을 빼고 살을 빼고 울화병을 치유하는 걸음이다. 저마다 상처와 아픔을 머금은 세상의 패배자들이 찾는 곳이 산이요 올레길이다. 참을 수 없는 고독과 고요함이 찾아올 때도 마찬가지다. 걷다가 중단하더라도 아름다운 중단이다. 그런 점에서 제주올레길은 우리나라에서 보기 드문 힐링 로드요 웰빙의 길이다.

둘째, 사색의 길이다.

걷기는 자기와의 대화 시간이다. 걷는 동안 자기 자신을 되돌아볼 수 있는 시간이다. 번뇌, 잡생각 내려놓기는 건강에 도움이 된다. 사색은 철학자만 하는 것이 아니다. 논어(論語) '위정편'에는 "학이불사즉망(學而不思則罔)"이라는 말이 나온다. 즉 "배워도 사색하지 않으면 아무것도 없다."라는 뜻이다. '걷기의 역사'를 쓴 레베카 솔닛(Solnit, 2001)은 "걸음을 멈추면 생각도 멈춘다. 나의 마음은 언제나 나의 다리와 함께 작동한다."라고 했다. 그렇다. 걷다 보면 셰익스피어의 고뇌와 천상병의 시적 감성이 생겨나게 될 것이다. 어느 50대 직장인은 올레길을 걸으면서 "아무 생각 안 하고 걸어요. 쉼도 마음의 여유도 찾고 싶어서 왔어요. 잠깐 시간 내서 왔는데 아주 좋아졌어요." 하며 웃는다.

셋째, 일탈의 욕구를 해소하는 길이다.

사람은 무언가 탈출구가 필요할 때가 있다. 인간은 일정한 공간(장소)에 거주하고 시간 속에서 존재하며 자기만의 삶을 만들어가지만 권태를 느끼게 마련이다. 그럴 때 사람들은 일상으로부터의 일탈을 꿈꾼다. 직장으로부터, 가정으로부터, 사회로부터 탈출 기회를 찾는다. 더구나 그런 일탈이 어려울 때 혹은 쉴만한 공간이 없으면 심신의 탈진 상태에 빠지게 된다. 그럴 때 어디론가 도망가고 싶은 일탈 심리는 인간의 정상적인 반응이다. 산을 오르고 들판을 걷는 사람들이 아무것도 하고 싶지 않아서, 아무것도 하지 않고 좀 쉬고 싶어서 떠나는 것도 일종의 일탈이다. 걷는 것은 사회적 구속으로부터 피해 보는 것, 명령과 복종의 경제사회적 공간에서 나만의 자유로움을 얻으려는 행동이다.

넷째, 내려놓고 비우는 삶을 배운다.

걷는 사람들 모습에서 "무슨 권력이 있고 돈이 있고 욕심이 있겠는가. 그저 나 좋아서 걸어가면 되는 것이지." 하는 식으로 모든 걸 내려놓고 걷는 모습들을 볼 수 있다. 나 역시 걸으면서 한라산 같은 욕망을 내려놓고 올레길에 뿌리니 마음이 가벼워진다. 그런데 요새 언론에 자주 오르내리는 어느 부장검사의 욕망이 가관이다. 연 수임료가 100억 원에, 선임계 없이 '몰래 변론'으로 34여억 원의 세금을 내지 않았다는 검사가 있다. 또 수십억 원대의 호화저택에서 살면서 무명화가에게 돈 몇 푼 주고 그림을 그리게 하고서는 거기에 자기 사인을 해서 수백만 원씩 받아 챙기는 70대 가수의 탐욕스러움이 부질없다. 불가능한 상상이지만 이런 사람들이 비움의 철학을 언제나 깨닫게 될까?

다섯째, 길 위의 사람들과 만나는 즐거움이다.

어디론가 떠나는 것은 떨어짐이다. 떠남은 곧 새로운 만남을 의미한다. 걷다 보면 많은 사람을 만난다. 그렇지만 "당신은 누구인가?"라며 말 걸기가 망설여진다. 오히려 외면하기도 한다. 사실 우리나라 사람들 10명 중 1명 만이 낯선 사람을 신뢰할 수 있다고 한다. 그러나 길 위의 인연을 만들어가는 것은 자연스런 행동이다. 길 위에서는 열등감과 우월감도 없다. 빈민촌 달동네에서 왔든 서울 강남에서 왔든 모두 올레길 친구가 된다. 같이 걷다 보면 처음에는 자연풍광이 좋고 나중에는 사람들이 보이게 마련이다. 헤어질 때는 아쉬워서 "저 친구 또 어디서 만날까?" 하며 헤어진다. 마치 냇물이 만나서 흐르다가 또 각자 다른 곳으로 흐르는 것과 같다. 길에서 만나는 사람들과 사랑하고 위로하고 소통하며 살고 싶은 마음이 생긴다.

여섯째, 느리게 살고 싶어진다.

장거리길 걷기는 느림의 재발견이다. 걷다 보면 사람들은 은연중에 자연 속에서 슬로우 라이프를 꿈꾼다. 숲길을 천천히 걸으며 바쁘게 어렵게 달려왔던 지난날들을 되돌아본다. 흙에서 찾는 안식을 상상한다. 빨리 빨리와 느림의 미학을 연상하며 저녁이 있는 삶을 추구한다. 슈퍼카를 타고 달리는 분노의 질주, 300km로 달리는 무한 질주보다는 천천히 여유롭게 슬로우 스타일로 살아봤으면 하고 동경하게 된다. 오늘 못하면 내일 하고, 내일 못하면 글피하고 이런 식이다. 그래서 그럴까? 요새 귀향 귀촌의 트렌드 역시 이와 무관치 않으리라. 프랑스 지리학자 실뱅 테송(Sylvain, Tesson)의 《여행의 기쁨: 느리게 걸을수록 세상은 커진다》(2016)에서 세상을 알기 위해서 걷는다고 했다. "호랑이에게 쫓기듯이 허겁지겁 하루를 달려 온 후 허탈감이 밀려드는가, 그렇다면 느리게 살라."고 외친다.

일곱째, 생태적 삶을 느끼게 한다.

"아! 자연에 살어리랏다." 자연에 순응하고 싶은 마음이 사람들을 제주올레길로 이끄는 것 같다. 올레길을 걷다 보면 야생의 숲과 만난다. 숲의 나무들이 그야말로 인간의 간섭없이 자유분방하게 제멋대로 무정형적으로 자라고 있다. 그리고 시골 냄새도 곳곳에서 코끝을 자극한다. 시골 냄새는 인공적 향수가 아닌 자연 향기다. 우리 마음을 녹이는 향기가 아니지만 풀밭의 향기, 소와 말똥의 냄새도 우리들 삶의 에너지로 다가온다. 그래서 하이데거는 인간은 '자연 내 존재(In-der-nature-sein)'라고 하지 않았던가. 자연 내 존재는 자연과 생태환경 속에서 적응하며 살아가는 실용적 존재다. 걸으면서 누구나 생태친화적 세계관을 가질 수 있다는 얘기다.

이상을 다시 요약하면 많은 사람이 제주도에 들어와 바람 따라 파도 따라 올레길 따라 세상을 유랑한다. 마을 길, 해안 길, 숲길, 돌담길을 따라 걷다 보면 제자리를 지키는 자연과 사람이 하나 됨을 느낀다. 그래서 걷는 것은 단순히 시간을 소비하는 놀이가 아니라 치유의 길이 되는 것이다. 일상과 잠시 떨어져서 자신을 돌아다 볼 귀중한 시간이 된다. 그런고로 더 재미있게 걷기 위해서는 새로운 길을 찾아 걷는 것, 오감을 깨우는 걸음, 인간 역시 자연의 일부라는 사실을 기억한다면 산길, 올레길 걷기는 값진 걸음이 될 것이다. 박노해 시인은 '다시'라는 시에서 이렇게 읊었다. "길 찾는 사람은 / 그 자신이 새길이다."라고. 그렇다면 걸어라. 행복해질 것이다.

□ 최근 걷기의 트렌드

우리나라에서 걷기는 1990년대 말 정착기를 지나 지금은 확산기로 접어들었다. 곳곳에 둘레길, 산책길, 골목길이 정비되면서 많은 사람들이 걷기를 즐긴다. 이렇게 걷기가 유행인 것은 우리나라의 경제사회적 구조와 무관치 않다. 고비용 사회구조, 경쟁과 갈등이 충돌하는 세상으로부터 탈출하고 싶은 마음이 작용한다는 얘기다. 사람들은 도시 생활에서 억눌린 삶, 집에서 겪는 사소한 스트레스, 이 모든 것을 한 번에 터뜨리고자 걷기 여행을 택하는 것이다.

게다가 사람들의 개인생활이 중시되면서 근로자들이 자유롭게 자신의 근무형태를 선택할 수 있고, 노동의 유연성과 이동성이 증가하면서 새로운 휴식문화가 자리잡아 가고 있다. 또 경제성장과 함께 사회안전망이 갖춰지면서 레포츠 활동 등의 즐기는 문화가 확산되고 있다. 우리나라 직장인 10명 중 6명은 황금연휴엔 어디든 떠

제주도는 봄, 여름, 가을, 겨울 계절마다 수많은 관광객이 찾아와 걷기를 즐기고 돌아가거나 몇 달, 몇 년 씩 눌러살다가 돌아가는 천혜의 관광지로도 유명하다.

나고 싶어 한다. 미생들은 힐링차 휴가를 떠나 휴·미·락의 꿈을 실현해 가려고 한다. 자연친화적이고 건강한 생활양식을 추구하는 사회현상이다.

앞으로 경제사회 발전과 함께 삶의 질이 개선되면서 걷기는 더 활성화될 전망이다. 산업 4.0은 산업생태계 변화뿐만 아니라 노동의 양식도 변하면서 사람들이 시류에 휩쓸리지 않으면서 건강을 얻고 자아를 찾는 시간을 가져보는 것, 이것이 현대인들의 소망이다. 이런 추세를 충족시키기 위해 문화체육관광부는 동·서·남해안과 비무장지대(DMZ) 접경지역을 잇는 4,500km의 '코리아 둘레길'을 조성할 것이라고 한다. 동해의 해파랑길, 남파랑길, 서해안길, 평화누리길, 제주올레길을 연결한다는 계획이다.

그렇지 않아도 제주도의 경우 관광객이 점점 많아지고 있다. 2019년 제주를 방문한 관광객은 1,500만 명으로 사상 최고치를 기록했다. 웰빙 관광지역으로 인식되고 있는 것이다. 제주를 찾은 사람들은 자신의 '생존증명'을 보이기 위해서 이곳저곳을 누비고 다닌다. 많은 사람들이 시간을 쪼개서 한라산과 올레길을 걷는다. 한라산 국립공원 주요 탐방로인 어리목(6.8km), 영실(5.8km), 성판악(9.6km), 관음사(8.7km), 돈내코(7.0km) 코스 등을 택해 걷는다. 여기다 지리산 둘레길 100km 걸으면서 숱한 생명을 만나게 된다. 그리고 제주도를 한 바퀴 돌아보는 올레길이 어디든지 연결돼 있기에 마음만 있으면 쉽게 걸을 수 있다. 또 제주도는 해안을 따라 한 바퀴 도는 총연장 218km에 달하는 자전거 길도 젊은이들에게는 환상의 코스다. 이러한 길들은 비어 있는 듯하지만 뭔가로 가득하다. 꽃들로 장식된 길들이 펼쳐져 있다. 길섶에는 온갖 잡초들이 가로누워 있다. 이런 길을 걸을 때 사람들은 직장과 가정 일을 잠시 잊는다. 자동차의 붕붕거리는 소리를 벗어나 조용한 오솔길을 걷는 것이 즐겁다. 바닷바람에 귀를 씻어낸다. 온전히 자신과 대화하고 삶과 내면의 가치를 발견하는 계기가 된다.

이와 관련 제주올레길을 걷는 사람들의 최근 변화된 모습을 찾아보면 아래와 같다.

1) 어린이와 부모가 함께 걷는 모습이다.

어린애들이 자연 속에서 산과 바다를 껴안고 놀아보라는 소박한 부모의 마음이다. 아이들 때문에 도시를 떠나는 '한 달 살이' 생활을 하면서 구석구석을 여행하는 사람들도 늘어나고 있다.

2) 여성이 차지하는 비중이 높아지고 있다.

엄마와 딸이 혹은 언니와 동생이 함께 거니는 여성 걷기 족들이 많아지고 있다. 직장인들도 그룹을 지어 찾고 있는데 대충 여성과 남성 비율이 6:4쯤으로 여성이 많다. 숲길을 걷는 처녀들의 모습이 펑키하면서도 은은한 로맨틱한 보헤미안처럼 보인다.

3) 홀로 걷는 사람이 많아지고 있다.

이른바 '혼행'(혼자 여행)을 즐기는 사람들이다. 나 홀로 여행의 장점은 내 마음대로 할 수 있어서 좋다고 한다. 자기만의 시간을 갖고 세상을 관조하는 사람들이다. 아마도 홀로족이 늘어나는 추세와 무관치 않을 것이다.

4) 상실감에 빠진 사람들이 많다.

잘 내보이지 않지만 사업에 실패했거나 취직이 안 돼서, 일감이 없어서, 혹은 건강을 회복하기 위해서 찾는 사람들이다. 우울하다고 카페 한구석에 숨어 커피를 마시기보다는 힐링차 걷는 사람들이다.

어떻게 보면 올레길은 인생 축소판이다. 걷기에서 만나는 사람들과 대화하다 보면 '현실의 삶'을 이해할 수 있다. 가야 할 길이 있고, 못 갈 길이 있고, 평지 길이 있고, 좁은 골목길이 있듯이 사람들이 살아가는 모습도 크게 이와 다르지 않다. 이러지도 저러지도 못할 때 훌쩍 떠나서 걷는 사람들이 많다는 뜻이다. 상처받은 인생, 낡은 세상에서 잠시라도 벗어나 다르게 생각하고 새로운 것을 찾아보자는 동기에서다.

"자주 많이 걸어 봐. 때로는 먼 길을 걸어 봐. 걸으면 많이 달라질 거야."

나는 제주도에 와서 굴러다니는 돌처럼 굴러다니며 살아간다. 인생은 바람이고 구름인 것을 깨닫게 된다. 제주도에는 지천에 돌이 많은데 이런 돌과 함께 굴러가는 삶에 길들여지는 중이다. '걷기의 행복'을 쓴 프랑스 자연철학자 이브 파갈레(Yves Paccalet)는 "나는 걷는다. 그러므로 나는 존재한다."라고 했다. 나 역시 걷기를 통해 내 존재의 의미를 깨닫는다.

나는 아직 이 땅에 '남겨진 사람'이다. 제주 땅에 존재하는 한 생명으로서 가능한 많은 걷기를 통해 삶의 공감을 주는 '걷기의 서사 (walking narrative)'를 이어갈 생각이다. 올레길에 사람이 없다고 빈 길은 아니지 않은가? 우거진 숲, 이름 모를 꽃들, 새들이 자신의 존재를 나타내고 있지 않은가? 또 "난 걸을 거야 뒹굴면서도 갈 거야." 하는 걷는 사람들도 점점 많아지고 있으니 이들을 만나 세상 사는 얘기를 듣는 것도 큰 재미다.

제 10 장

걷기의 미래

10. 걷기의 미래
– 속도의 시대, 걷기란 무엇인가?

　21세기의 현대사회를 '4차산업혁명' 시대라고 한다. 4차산업혁명의 큰 특징은 빠른 변화속도, 기술융합과 결합의 활성화, 시스템의 혁명, 인공지능발달 등 인간 정체성의 변화로 요약된다. 로봇의 발전, 인공지능(AI)의 발달로 일자리가 상실된다는 우울한 보고도 있다. 현재의 직업 중 약 60%가 자동화, 무인화, 인공지능의 영향을 받는다고 한다. 이러한 4차산업혁명은 새로운 문화로 이동하고 있음을 의미한다. 기계(컴퓨터)가 일하고 인간은 더 많은 시간을 얻게 되어 자기개발은 물론 행복의 조건인 여행을 즐길 수 있다는 점이다. 인공지능의 발달은 우리의 삶의 질, 정체성까지 바꿔주고 있는 것이다.

　그렇다면 4차산업혁명과 걷기는 어떤 상관관계일까? 걷기의 미래는 어떻게 될까? 결론부터 말하면 걷기는 세계적으로 더 활성화될 것이다. 세상이 아무리 바뀌어도 걷기는 인간의 본능이요 자신을 위한 행동이니 그렇다. 이동시간이 짧아지는 첨단 교통수단이 발달하고 있지만 걷기는 '특별한 취미'로 각광을 받고 있다. 디지털 시대에서 상호인간관계가 줄어들면서 걷기는 강렬한 체험의 갈망, 호기심으로 받아들여진다는 뜻이다. 한마디로 '생존의 걷기 철학'이라고 할까? 걷기는 탈(脫) 물질문화를 추구하는 것과 관련돼 있다.

□ 걷기는 인간의 본능적인 행동이다

사람들이 걷기에 매력을 느끼는 이유는 무엇인가? 그 대답은 간단하다. 걷기가 단순하지만 놀라운 효과를 가져올 수 있기 때문이다. 우리의 문화유산을 보존하고 생각을 자극하며 우리 삶의 생존과 지속 가능성에 기여할 뿐만 아니라 세계에 대한 이해와 인식의 확대, 영성을 고양하는 수단이 된다. 그리고 현시대 속도의 시대에서 생활을 늦추고 보다 건강하게 행복해질 수 있는 방법이라는 점에서 그렇다.

이런 맥락에서 걷기가 당연시되지만 습관적 걷기는 더욱 필요해지고 있다. 여가시간이 많아짐에 따라 뭔가 새로운 공간과 장소에 대한 기대감도 커지고 있다. 걷기는 공간뿐만 아니라 시간의 여행이다. 이른바 도보여행과 관광이 융합되는 시대를 맞고 있다. 이를테면 최근 웰리스관광(Wellness tour) 혹은 힐링 관광이 뜨고 있는데 웰리스 관광 상품은 문화체험을 제공하는 것이고, 힐링 관광은 도보여행, 관광, 템플스테이 등이 이에 속한다. 여기다 '워라밸' 즉, "일과 삶의 균형"(work life balance)을 추구하는 경향, 그리고 "한 번뿐인 인생 현재를 즐기며 살자."라는 욜로(YOLO: You Only Live Once)족들의 라이프스타일도 또 다른 걷기 열풍의 배경이 되고 있다.

게다가 도보 여행자 대부분이 속세를 떠나 자연으로 돌아가는 삶을 추구한다는 사실이다. 세상을 거니는 사람들, 장거리를 도보로 여행하는 사람들 대부분이 일상생활에서 벗어나 자연과 만나기 위해 걷는다. 걸으면서 만나는 주홍빛 아침에서 깨달음의 길, 치유의 빛을 느끼려는 것이다. 우아하게 앉아서 커피를 마시기보다는 야외에 나가 땅을 만지고 꽃을 감상하며 걷는 즐거움이 중시된다. 걷는 동안 자신의 삶에 대해 사유하는 시간이 되고 끝난 후 일상으로 돌아갔을 때 좀 더 나은 삶을 찾을 수 있기 때문이다. 다시 말해 먼 거리 걷기는 디지털 습관을 끊고 삶의 독을 빼는 탈출구가 되는 것이다.

나 역시 걷는 바보다. 우리의 피와 땀으로 이루어진 삶의 공간들, 인간의 삶이 녹아든 시골길, 산길을 자주 찾아서 걷는다. 국내 이름난 명산을 비롯해 앞에서 언급한 제주올레길, 부산 갈맷길, 동해 해파랑길, 지리산 둘레길, 강화 나들길 등을 걸었다. 더구나 우리나라에는 각 지방자치단체마다 걷기 좋은 길들을 만들어 놓고 있다. 예를 들어 강릉시에는 신사임당길, 전남 강진군에 정약용 남도유배길,

경북 영양군 외씨버선길, 조지훈 문학길, 충남 단양군 황금구만냥길, 충남 공주시 고마나루명승길이 있다. 이런 곳은 시와 문학, 종교를 잉태한 곳이다. 전국 어디를 가나 걷기 친환경으로 둘레길이 만들어져 있을 뿐만 아니라 걷기 축제가 이곳저곳에서 열리고 있다. 한마디로 '워크 코리아(Walk Korea)'다.

걸으면서 여행하기는 해외에서도 마찬가지다. 뉴욕, 파리, 런던, 어느 곳에서든지 고요와 놀라움, 즐거움을 주는 아름다운 곳을 찾아서 걷는다. 걸을수록 중독되고 이겨내며 함께 할 수 있는 변화의 트레킹 코스들은 스페인 산티아고 순례길 780km을 비롯해 히말라야 트레킹 코스(로체봉, 에베레스트, 낭가파르바트), 북미의 애팔래치아 트레일(Appalachian trail, 3360km)코스, 콘티넨털 디바이드 트레일(CDT), 고대 상업로인 차마고도, 살아남는 자만이 지날 수 있는 서역의 실크로드, 프랑스 이탈리아 스위스를 잇는 투르 드 몰블랑(Tour du Mont Blanc) 코스, 일본의 시코쿠(四國) 순례길, 심지어 인간이 전혀 살지 않았다는 북극 오지 지역인 난센란(Nansenland)도 찾아가 보고 싶은 욕망을 느낀다. 이러한 곳들은 매 초마다 풍경이 바뀌는 곳이다. 죽음을 초월하는 곳, 내일을 잊고 걸어가야 하는 험난한 길들이다.

이뿐만이 아니다. 최근 미국에서 유행하는 마이크로 워크(micro-walks) 트렌드가 있다. '미시적 워크'라고 할까? 몇 걸음이면 충분하다는 의미도 있다. 이는 공원을 걷거나 직장 내 정원, 혹은 동네 길의 100~200m 내 공간을 차근히 살피며 걷는 방식이다. 작은 새싹의 가냘픈 생명, 허약함을 보고 나 자신을 돌아보는 것이다. 현미경으로 들여다보듯 꽃이 피고 지는 모습, 개미나 달팽이들의 움직임을 관찰하며 생명의 경외감을 느끼며 걷는 것이다.

이러한 걷기와 자연에 대한 관찰은 니체(F, Nietzsche, 1844~1900)를 빼놓을 수 없다. 그는 걸으면서 사계절 대자연 변화에 감동과 힐링을 얻었다. 그는 "새싹들이 땅을 밀어 올리며 성장을 준비하는 것, 새로 태어나는 생명이 얼마나 값진 일인가?" 하며 감탄했다. 12세기 프랑스 클레르보(Clairvaux)의 승려 베르나르도(St Bernard(1090~1153) 역시 "책보다 숲에서 더 많은 것을 발견할 것이다."라고 했다.

이렇게 걷기는 여러 각도에서 이해할 수 있다. 예부터 다져진 모든 길, 그리고 최근의 마이크로 워크는 탈 디지털문화운동과 같은 것으로 자연을 벗 삼아 살아가려는 몸짓들이다. 얼핏 '걷기의 종말' 같이 느껴지는 4차산업혁명이지만 요새는 이에 거역이나 하듯이 '걷는 사람'들이 세계적으로 늘어나고 있다. 이론이 필요 없는 치유를 얻고자 할 뿐만 아니라 스스로 자연으로부터 위로를 받고 현재를 즐기며 살자는 것이다.

더구나 걷기는 사회생활에서 오는 피로감, 복잡하고 바쁜 생활에서 벗어나 고독과 사색할 기회를 얻고자 하는 적극적인 행동이다. 걷기가 개인 차원의 건강, 명상에 그치지 않고 사회문화 영역으로 삶의 질을 높이는데 결정적 영향을 미치고 있는, 따라서 속도의 시대 이동의 시대에서 느림의 미학을 즐기는 사람들이 늘어나면서 걷기의 철학이 요구되는 시대가 되었다.

□ 포스트모더니즘 사회에서 걷기란 무엇인가?

급격한 사회변동 속에서 걷기가 인기를 끌고 있다. 동네 둘레길을 걷거나 장거리 도보여행을 떠난다. 그 이유야 많겠지만 제약 없는 길에서 자유를 느끼고 싶어서, 혹은 사회적 고통을 느낄 때, 절망감이 자신의 영혼을 괴롭힐 때 낯선 곳으로 걸어가고 싶은 것이다. 걷기를 좋아하는 사람은 길 조건을 탓하지 않고 떠나는 것이다. 걷기를 마다하지 않는 것은 무엇보다 '내면의 진화'에 있다. 그러면서도 개인 차원의 몸의 정체성, 자기성찰, 개인행복과 자율성 견지 등 자기 삶의 돌봄 노력을 게을리하지 않는다.

흔히들 요즘은 "지구촌 어디까지 가 봤니?" 하고 묻는다. "익사이팅한 여행지는 어디일까?" 하고 여행지를 검색해 본다. 험한 등산이 아니라 배낭을 메고 유명한 도시, 관광지를 따라 걷는 것을 즐긴다. 과거의 걷기 등산은 산의 정상을 올라야 한다는 수직적 등정, 정해진 목적지까지 가야 한다는 강박감이 작용했지만 현대는 장거리를 피하지 않는 수평적, 사회적 방향으로의 걷기가 주류를 이루고 있다.

거듭 말하지만 우리는 세상 어디에서나 두 발로 걸을 수 있다. 어느 길이라도 걸을 가치가 있다. 그런 점에서 걷기에 정해진 길은 없다. 존재하는 길은 누구나 걸을 수 있다. 원하는 곳이며 언제나 떠날 수 있다. 어느 곳이든지 "보지 못한 자연"을 찾아가는 것이 여행자의 즐거움이다. 국내는 물론 해외로 도보여행을 떠나는 걷기 열풍이 이어지고 있는 것도 같은 맥락이다. 아름다운 곳, 새로운 길이 자꾸 우리를 부르지 않는가.

그래서일까? 요즘 해외여행은 10명당 미국은 4.8명, 일본 7.5명, 독일은 한 명 꼴로 해외로 나가는데 비해 우리나라는 대충 2명 중 1명이 해외로 나간다. 지난해 한국인 2,200만 명이 세계 각지를 돌아다녔다. 심지어 미세먼지, 공기 오염을 피해 떠나는 폐 세척 관광(lung washing tour)이 인기다. 더 빨리, 더 멀리, 더 경쾌하게 떠난다. 한국인들은 지구촌을 활보하는 유목민이 된 모습이다. 내가 산티아고 순례길을 걸을 때도 한국말이 여기저기서 많이 들려와 여기가 한국인가 착각할 정도였다. 그러면 현대인들이 적극적으로 걷기에 나서는 배경은 뭘까?

첫째, 사람들은 정신 불안정 증가로 인한 존재론적 안정을 추구한다.

사회적으로 더 분리되고 붕괴되는 과정에서 가족, 종교, 공동체에서의 휄로십(fellowship)이 약화되면서 안정을 요구하게 된다. 하이데거(Heidegger)는 "인간이 타고난 불안에 대처하기 위해 걷는다."라고 했다. 더구나 우리나라는 저효율, 사회갈등, 사회적 응집력 저하, 저발전(저성장)의 악순환이 되는 상황으로 불안사회다. 현대사회를 관통하는 키워드는 불안이다. 이른바 '존재론적 안정(ontological security)'을 추구하는 것으로 심리적으로 '심리적 복지'의 개념이라고 할 수 있다. 말인즉 걷기는 자기 마음상태를 알아가는 움직임이다. 많이 걷는 사람은 잘 걷는 사람이 아니라 스스로의 고통, 외로움, 증오, 슬픔, 기쁨들의 원인을 찾아 잘 대처하는 사람이다.

둘째, 삶의 자체가 개인화(individualization)되고 있다.

사람들은 구조적이고 고정된 틀에서 벗어나려는, 기존의 삶의 방식에 실증을 느끼는 데서 벗어나고자 한다. 욕망이 지배하는 사회에 대한 염증과 사회적 불안 불평등에서 벗어나 치유 받고자 하는 발길이다. 그것은 개인화되는 '자유로움'의 추구로 이어지게 마련이다. 혼자 여행하는 사람이 늘어나는 것도 같은 이유다. 10명 중 3명이 나 홀로 여행하는 '혼행족'이 대세다. 남녀별로 1인 여행객 중 여성이 52.3%, 남성은 47.7%로 남성에 비해 여성이 1인 여행에 적극적이다. 그래서 혼밥, 혼술 등 1인 경제를 뜻하는 '1에코노미'(1 economy) 시대라는 말도 나온다. 포스트모던 사회에서 '자아 정체성'을 전통 문화, 가족, 종교에서 찾지 못하고 흔들린다는 반증이다.

셋째, 걷기는 사회성을 제고한다.

도보여행은 정적인 것이 아니라 끊임없이 변하는 사회적 현상이다. 순례길 걷기는 공동체 의식이 작용하는 사회적 관계를 촉진한다. 인간은 늘 새로운 장소를 찾아가며 사회적 관계를 맺으며 살아가기 때문이다. 길은 사람을 만나고 대화하고 서로 이해하는 공감력이 발휘되는 공간이다. 가령 같이 걷는 사람이 매일 일찍 일어나서 걸으려면 같이 먹고 서로 격려하고 이해하고 협력 정신을 보여야 한다. 예를 들어 산티아고 길 순례자들은 공동 목적지인 산티아고 대성당에 도착하기 위한 '연대'로 이뤄지게 된다. 포스트모던 사회는 새로운 이동성이 증가하면서 초국가적 공동체의 형성, 다문화 사회로 변하고 있음을 뜻한다. 그래서 4차산업혁명 시대는 지구적으로 모든 사물이 연결되는 '하이퍼 커넥트드 소사이어티(超連結社會, hyper-connected society)'라고 한다.

넷째, 미래지향적인 삶을 다시 설계하는 기회다.

걷기, 말하기, 생각하기는 서로 연결돼 있다. 걷는다는 것은 하나의 생명체로서 건강은 물론 절망과 불안에서 새 삶을 회복하는 계기가 된다. 사실 수많은 고난, 나를 힘들게 하는 데서 벗어나 순수한 나를 찾아가는 길, 우리 자신이 될 수 있는 것이 곧 우리 인생에 부여된 위대한 사명이 아닐까? 제임스 조이스(James Joyce)는 작품 《율리시스(Ulysses, 1882)》를 통해 이렇게 말한다. "사람은 걷다가 강도, 유령, 거인, 노인, 젊은이, 여자, 과부, 형제를 만난다. 그러나 항상 자신을 만난다"라고. 더구나 오늘날 '소비주의 가짜 문화(pseudo culture of consumerism)'에 많은 사람들이 갈등을 겪는다는 사실에서 걷기는 진정한 나를 찾는 방법이다.

이제 이해할 것 같다. 사람은 오랫동안 가면을 쓰고 살 수 없는 법이다. 삶의 단순성을 찾아야 한다. 그것이 치유의 길이다. 사회화된 몸에서 '자연적 존재로서의 몸'으로 돌아가는 것이 치유의 길이다. 《어느 인문학자의 걷기 예찬》(2016)을 쓴 아널드 홀테인(Arnold

Haultain)은 "자연은 인류의 자궁이자 무덤"이라고 했다. 걷기는 유전자처럼 인류에게 각인된 본능이라는 것이다. 결국 누구나 걷기를 할 수 있지만 지속적으로 걷는 것, 걷는다는 것은 개인으로서 삶의 지속 가능한 생활 습관이 필요한 것뿐이다. 그저 한 걸음씩만 걸으면 된다.

□ 걷기는 행복의 블루오션이다

우선 걷기의 역사를 간단히 살펴보자.

인간은 호모에렉투스(homo erectus)다. 즉 '서 있는 사람(直立人)'이라는 뜻이다. 두 발로 보행하는(Bipedalism) 의미로 아프리카를 떠난 최초의 인간에서 유래한다. 기원전 400만 년 전(과학적 철학적 논쟁 중)부터 두 다리 걷기가 시작되었다고 한다. 두 발 걷기는 도구를 만들고 나무, 풀뿌리로 신발을 만들어 착용하면서 험한 자연 속을 걸었던 것이다. 보아하니 인류 발전과 함께 문명화의 과정을 거치면서 걷기는 생존의 몸짓으로 진화되었다. 당시 원시인들은 새로운 길을 만들어 걸은 것이 아니라 산 짐승들이 다닌 길을 따라 수렵활동을 했다. 다시 말해 애초의 길은 동물들이 먹이 활동의 흔적(발자국)으로 인해 생겨난 것이다. 인류가 진화 발전하면서 길은 산을 가르고 강을 건너며 마을로 이어졌고 이어 문명의 만남으로 이어졌던 것이다.

그런데 인류 문명을 훨씬 넘어 오래전엔 먼길을 걷는 것이 끔찍한 일이었다. 오히려 큰 형벌이었다. 귀족이나 여유 있는 사람들은 말이나 낙타, 마차를 이용했다. 걸어가는 것은 거지나 불량배의 표시였다. 천민계급들이 주로 걸었다. 당시에 걷는 사람은 유랑자이고 아웃사이더였던 것이다. 그러나 18세기 말부터 도보여행이라는 새로운 걷기오락이 생겨나기 시작했다. 문헌들을 찾아보니 1864년에 독일에서 처음으로 보행클럽(Wanderverein)이 생겨나면서 많은 사람들이 걷기에 나섰다. 1900년 초까지 유럽과 미국에서 대표적인 스포츠가 걷기로 여겨지면서 보행자 시대가 되었다. 믿을 수 없는 사례지만 미국에서는 잘 걷는 사람이 오늘날 농구선수보다 더 많은 돈을 벌어들였다고 한다. 이때의 에드워드 페이슨 웨스턴(Edward Payson Weston)은 '현대 보행주의의 아버지'가 되었고 이때부터 사람이 사는 곳에는 산책로가 생겨났다.

우리는 앞으로 나가기 위해 걷는다. 누구라 할 것 없이 이웃을 만나면 "자! 가자. 걸어보자."라며 걷기를 재촉한다. 걷기가 유행하면서 여행하는 방법과 걷기에 대한 태도도 달라졌다. 인간에 미치는 걷기의 효율성을 새롭게 깨닫게 되면서 자연 속에서의 '순수한 존재감'을 느끼게 된 것이다. 특히 19세기 중반 산업화가 가속되면서 걷기의 효율성은 확대되었다. 영국인들은 삶의 좌절로 인한 몸과 마음이 황폐화되는 것을 깨달으면서 걸어야 한다는 자각이 일어났다.

미국 역시 이와 비슷했다. 1990년대부터 걷기가 인기 있는 운동 형태로 변하면서 한해 6,500여 만 명이 운동을 겸해서 걷기를 즐겼다. 교통혁명, 기술발전을 이룩한 선진국가에서는 사람들이 거의 걷지 않는 것처럼 보이지만 사실은 그렇지 않다. 현재 미국과 서구에서는 인터넷상에 '워킹사이트'를 개설해 각종 걷기 프로그램을 만들어 운영하고 있는 것도 그만큼 사람들이 걷기에 관심이 높아졌다는 의미다. 2016년부터는 건강정보와 관련한 워킹사이트와 함께 '베리웰'(Very Well)이라는 이름으로 불리면서 건강 피트니스는 물론 재미를 위한 다양한 '걷기 앱'(walking apps)이 소개되고 있다.

　지극히 평범하지만 불가사의한 것이 걷기다. 매일 같은 길을 걷더라도 걷는 것은 인생에서 즐거운 일이고 우리가 살고 있는 다양한 모습이다. 걷기는 아름답고 흥미로운 세계를 만나는 행동이니 그렇다. 걷기는 지속 가능한 형태의 레크리에이션 중의 하나다. 야생의 삶이 문명의 삶보다 더 좋아지는 기분을 느끼는 것이 걷기의 매력이 아닐까? 물론 매일 걷는다고 출세하는 것도 아니고 돈이 생기는 것도 아니다. 먼길에 힘들다 보면 낙타를 타고 가고 싶은 욕망을 느낄 때도 있다. 내가 산티아고 순례길을 걸을 때도 그랬다. 하지만 그럴 수 없는 일, 오히려 경외감 속에서 "노루야 만세, 꽃들아 고맙다!" 하며 걸을 때 우리의 삶을 긍정적으로 이끌었던 것이다. 바로 여기에 우리는 귀를 기울이어야 한다. 걷기에서 오는 감동은 돈으로 살 수 없는 느낌을 받는 것, 그것이 워킹스피릿(walking spirits)이다.

　내가 걷기에 대해 과장하는 것은 아닌지 모르겠다. 그러나 내가 확신하건대 걷기는 행복의 블루오션이 된다는 사실이다. 걷기에서 느끼고 본 것은 삶의 큰 경험으로 삶의 지혜가 된다. 걷기는 속도의 시대에서도 그 느림의 미학과 가치를 느낄 수 있다. 걷기는 모든 것을 '아주 좋게(very well)' 만든다. 우리가 알듯이 사회는 이동, 움직임, 흐름, 변화다. 인간은 식물처럼 한 곳에만 있을 수 없는 존재다. 인생은 많이 걸어본 사람만이 더 사고할 수 있고 걷지 않으면 인생도 모른다. 걸으면서 배고픔과 배부름, 풍족함과 부족함에도 처하면서 걷는 것이다. 삶 자체가 문제투성이다. 생존의 위협, 한계에 직면했을 때, 괴로울 때, 교실이나 강의실이 아니라 걷기의 현장에서 색다른 경험, 느낌을 통해서 배울 수 있는 것이 걷기다. 한마디로 "몸-마음(영혼)-걷기-생각이 하나"라는 것을 믿었던 니체의 말이 새롭게 다가온다.

너무 확장되었지만 이 글 중에 미래지향적으로 붙잡을 내용은 다음과 같다.

● 걷기에 대한 의미 변화다. 걷기는 4차산업혁명이 몰아치지만 선택적 여가뿐만 아니라 사유, 명상의 가치가 더 중요해지고 있다.
● 걷기에 대한 욕구가 더 커지고 있다. 노동시간의 단축, 자연친화적인 생활 트렌드가 뜨면서 걷기가 일상화되고 있다.
● 걷기는 더 깊은 곳, 더 새로운 곳, 세계의 길로 확대된다. 듣도 보도 못한 상상하지 못한 극한지역으로 발길을 돌리고 있다.
● 걷기는 삶의 변화를 이끈다. 한 발자국은 미미하지만 계속 걸을 때 자기 삶의 사용법을 터득할 것이다.

끝으로 걷기는 현시대에 건강에 대한 욕구와 사회적 가치가 일치하는 영역이다. 가령 "집에 갇혀 있다."라는 기분이 들 때가 있을 것이다. 그것은 뭔가 만족하지 못하는 상태, 욕구의 결핍 때문이다. 걷기는 불만족과 관련돼 있다. 삶이 불안하고 불만족하면 사회활동도 위축되기 마련이다. 그러하기 때문에 걷기는 사회활동력을 높이는 수단이 된다. 물론 정신도 맑아진다. 잘 걷는 것은 건강의 원천이지만 걸으면서 사유, 명상하는 것은 지혜의 영역이다. 그러니 급격한 사회변동 속에서도 걷고 머물고 먹고 즐기고 체험하라. 마지막 인생에서 가장 중요한 한마디! "당신에게 허락된 시간, 그리고 시간이 얼마나 남았는지 헤아려 보라."고.

제 11 장

에필로그

11. 에필로그

걷기는 유쾌한 외도다. 나의 노년기는 "걷기와 함께 한 인생"이다. 우연한 걷기는 아니었다. 과거로 돌아가 보니 내 삶의 걷기는 아주 어릴 때부터 시작되었다. 6. 25전쟁이 일어나고 이어 1·4 후퇴 때인 7살 나이에 어디를 가는지도 모르고 부모를 따라 남쪽으로 피난 나올 때부터 시작되었다. 피난길은 무리 지어 걸어가는 코끼리의 걸음과 같았다. 극도의 긴장감 속에 숨을 죽이고 걸었다. 인민군의 습격은 짐승의 사냥감을 쫓는 것과 다르지 않았기에 6일간 매일 8, 9시간씩 밤에만 인적이 없는 논길 밭길을 따라 자유의 땅으로 오는 피난길이었다. 걷기는 생존의 탈출이었다.

힘들게 걸었지만 그럼에도 불구하고 걷기도 철학 하듯이 물음표를 던진다. 왜 그렇게 힘든 길을 혼자 걸어야 하나? 10kg 이상의 배낭을 메고 40여 일 이상을 걷는 이유가 뭘까? 물론 뭐 특별한 이유는 없다. 하루 종일 걷고 나면 옷에서 '죽음의 냄새'가 나겠지만 '건바'로서 걷기 자체가 목적이다. "그저 내가 나대로 살아가기 위해 혼자 걷는 것" 뿐이다. 이유가 있다면 내 성격의 '예민함'을 내려놓는 것이다. 일상생활에 둔해지고 싶은 마음이 간절하다. 또 매일 걷고 만나고 깨닫고 건강하게 살다 죽으면 그보다 수지맞는 일이 어디 있을까? 혼자 걸을 때 한(恨) 많은 생각으로 채워진 고독을 즐기는 것이라고 할까? 사실 인간은 살기 위해 고독을 즐겨야 한다.

어느 목적지까지 걸어야 한다는 목표는 있겠지만 자신감이 없으면 그 목적지에 다가갈 수 없다. 걸을 수 없다는 두려움 속에서 실행하지 못한다. 그러나 어린애가 걷기를 배우며 한 걸음 앞으로 내디딜 때 몇 km를 걸을 수 있다. 나는 장거리 도보여행을 하면서 숙소를 예약하지 않고 걷는 데까지 걷고 다녔다. 그 예약한 장소까지 가야 하는 의무감이 구속되기 때문이다. 가다가 만나는 여관, 게스트하우스, 모텔, 심지어 노숙에다 아무 데나 들어가 쉬면서 걸었다.

먼길을 걷다 생기는 발바닥에 물집을 어루만지거나 상처가 커지고 있다. 어떻게 터질지 세어본다. 때로는 걷다가 쉬면서 등산화 밑창에 끼인 소똥과 말똥을 떼어내면서 웃는다. 등 뒤에 배낭을 지고 걸을 때는 힘들지만 저돌적인 걷기로 아픈 노년을 어루만진다. 숲속에는 침묵이 흐른다. 검고 푸른 나무 벽을 만들고 그 안에서 서로서 있는 나무들이지만 각자 움직이며 몸을 바람에 맡기고 있다. 풀씨 하나, 도토리, 밤톨 하나도 자기 소명을 완수하려고 부드러운 땅속으로 숨어든다. 파도처럼 구불구불한 언덕 위로 바닷바람과 빛나는 햇살이 부드럽게 흐른다. 폭염이 지나간 자리에 바닷바람 산바람이 맞으며 걷는다. 나와 세상 사이에는 언제나 몸의 감각이 있다. 내 몸속에 감각이 반응한다. 지금 내가 겪고 있는 고통은 외부세계의 조건이 아니라 내 정신이 일으키는 정신적 반응일 뿐이다.

발 있는 자는 걸어라. "걷기는 말이야. 걸어 봐! 많이 달라져." 누구나 현실을 피해서 어디론가 도피하고 싶을 때가 있다. 그럴 때 걸어보는 일이다. 2~3일부터는 마음이 가벼워지고 고민했던 일들도 별것이 아닌 것처럼 느껴진다. 사람과 환경이 바뀌기 때문이다. 누구나 걸을 수 있다. 가보지 않은 길을 가보는 것, 그것도 도전이요 모험이다. 의식적으로 걷기를 말하는 것이다. 1%의 가능성이 있으면 꿈을 꾸며 도전해야 한다. 걷기는 소박함과 단순함이다. 소박함이란 내려놓고 걷는 것이요 단순함이란 무거운 짐을 줄이고 걷는 것이다. 걷기의 이점은 사람에 따라 다르겠지만 내가 걸으면서 많은 사람과 대화를 하며 느낀 점을 요약하면 다음과 같다.

○ 육체적으로 효율적인 유산소 운동이다.
  걷기는 예방의학과 같은 역할을 한다.
○ 마음을 안정시키고 편안하게 한다. 걷기는 쉼이다.
○ 자신과 주변환경을 즐길 수 있다.

❍ 먼 거리를 걸으면서 인내심과 역경을 이기는 법을 배우게
된다.

❍ 당신이 몸의 주인이 되고 자신이 설정한 삶의 목표를 달성
하는 계기가 된다.

걸으면서 "너 스스로를 물어도 될 거야! 무엇이든지" 이 같은 암시는 길 위에 답이 있다는 뜻이다. 반대로 뜬금없는 얘기 같지만 걷기를 멈추면 모든 게 끝이다. 프랑스 철학자 로제 폴 드루아(Roger-pol Droit, 2016)는 걷기를 멈추면 "인류의 소멸이 될 것"이라고 말한다. 더 이상 걷지 않는다면 사회변화도 역사도 없다는 뜻이다. 본질상 걷지 못한다면 우리는 흔한 아름다운 풍경도 감상할 수 없다. 걷기의 필연성을 아무리 강조해도 지나침이 없는 것이다.

나는 일본 시코쿠 순례길 1,300km 중 300km를 걷다가 중단하고 귀국했다. 그 이유는 지친 몸에다 외부의 조건인 산악길, 태풍의 희생물이 되어 가는 기분이 들었기 때문이다. 사실 나는 귀국해 건강 진단을 받은 결과 전혀 생각지도 못했던 '림프암 4기'라는 암 선고를 받고 6개월간 전신 항암치료를 받는 암 환자가 되었다. 지금도 재발의 위험성을 경계하면서 1~2개월마다 검진을 받으며 건강을 돌보고 있다. 나에게도 건강할 권리가 있다. 내일 건강의 위기가 올지 모르지만 긴장하며 힘든 길을 절박하게 걷는다. 몸이 다소 회복된 나는 올해 새해부터 다시 신발 끈을 단단히 묶는다. 그리고 계속 걷기를 준비한다. 아침저녁 매일 7~8km를 걸으면서도 늘 죽음을

새기며 걷는다. 난 내 인생의 주인이며 '나'라는 정체성을 만들어가기 위해서다. 영화 '터미네이터 2-심판의 날'에서 "운명은 없다 개척해 갈 뿐이다."라고 했다. 모든 창조는 생명을 살리는 것이지 죽이는 것은 아니다.

이 글을 끝내면서 나를 다시 돌아본다. 아무 때나 걷는 바보, 자유인이 되었다. 걷기가 내 나름의 라이프스타일이 된 것이다. 늘그막에 걷기는 나에게 일종의 병이자 취미라고 할까? 걷기는 일종의 보약이고, 매일 걸어야 하는 고통 속에 즐거움이다. 시간을 죽이려고 걷는 것이 아니라 한 걸음 한 걸음 내디디면서 그 땅의 기운, 자연을 받아들이는 것이 노년의 내 생활이다. 그리고 매일 2~3페이지 분량의 글을 쓰고 모아서 블로그에 올리는 것도 삶의 한 부분이다. 올려진 글을 통해 다른 사람들과 소통하는 것이 늘그막에 세상을 살아가는 즐거움이다.

장거리 걷기 여행은 자기와의 싸움이다. 특히 노년기에 걷기로 얻어지는 내 경험들을 전하고 싶다. 그러니 "독자 여러분! 당신도 더 걸으세요. 오늘 걸어보세요." 하고 권하고 싶다. 100세 시대를 살아가려면 체력, 끈기, 열정이 필요하기 때문이다. 걸으면서 깊은 심연을 찾아보는 사색의 즐거움이 계속되기를 기대해 본다.

이 책을 마무리하면서 내 삶의 치유와 안식을 주는 신에게 감사한다. 언젠가 내가 죽으면 묘비명에다가 "먼길을 잘 걷고 간다."라고 쓰면 어떨까 싶다. (끝).

참고 자료

가즈오 이시구로(2009) 『남아 있는 나날』, 송은경(역), 서울: 민음사.

니체(2016), 『니체와 걷다: 당신은 아직 더 갈 수 있다』. 시라토리 하루코(편), 이신철(역), 서: 케미스토리.

다닐로 자넹(Danilo Zanin, 2017, 『나는 걷는다 고로 존재한다』, 오경희(역), 서울: 새로운 제안.

마리아 베테티니 스테파노 포지(2017), 『여행, 길 위의 철학』, 천지은(역), 서울: 책세상.

막스 칼로92017), 『나폴레옹5: 불멸의 인간』, 서울: 문학동네.

발저, 로버트(2016), 『산책』, 박광자(역) 서울: 민음사.

브르통, 다비드 드 2002), 『걷기 예찬』, 김화영(역), 서울: 현대문학.

베르나르 올리비에(2014), 『실크로드 여행스케치』, 고정아(역), 서울: 효형출판사.

-------------(2017)『내가 걸어서 여행하는 이유』. 김태영(역), 서울: 북라이프.

실뱅 테송 (2016), 『여행: 느리게 걸을수록 세상은 커진다』. 문경자(역), 서울: 어크로스.

유몽인. 최익현 외, 『조선 선비의 산수기행』, 서울: 돌베개.

에릭 호퍼(2016), 『길 위의 철학자』, 방대수(역), 서울: 이다미디어.

이정면(2015), 『고대 한일 관계사의 진실』, 서울: 이지출판사.

장자크 루소(2016), 『고독한 산책자의 몽상』, 서울: 문학동네.

장크리스토프 뤼팽(2015), 『불멸의 산책』, 신성림(역), 서울: 뮤진트리.

카를 포르랜더(2001), 《칸트의 생애와 사상》, 서정욱(역), 서울: 서광사.   크리스토프 라무르(2007), 『걷기의 철학』, 서울: 개마공원.

케빈 클린켄버2016), 『걷기의 재발견』, 김승진(역), 서울: 아날로그.

하페 케르켈링(2007), 『산티아고 길에서 나를 만나다』, 박민숙(역), 서울: 은행나무.

홀스테인 아놀드(2016), 『어느 인문학자의 걷기 예찬』, 서영찬(역), 서울: 프로젝트.

헤이든, 게리(2016), 『조글 트래킹: 플라톤부터 러셀까지 철학자들과 함께 한 영국 종단기』, 곽성혜(역), 서울; 유노북스.

황송영 외(2013), 『지리산 둘레길』, 고양시: 터치아트.

Appleton, Jay(1996), The Experiment of Landscape, NewYork: Wiley-Blackwell.

Benjamin, Walter(2016), One Way Street. eBook, Harvard University Press.

Campbell, Ffyonan(1996), The Whole Story: A Walking Around the World, Londin: Orion Book.

Florence, Williams(2017), The Nature Fix, ww Norton & Company.

Gros, Frederic(2015), A Philosophy of Walking, Verso.

Dolores French & Linda Lee(1988), Walking: My Life as a Prostitute, New York: E.O Dutton.

Frey, Nancy Louis(1998), Pilgrim Stories On and Off the Road to Santiago, Berkeley: University of California Press.

Finlay, John(2004), The Pleasure of Walking, New York: Vnagword Press.

Marily Oppezzo and Daniel L. Schwartz(2014), Give Your Ideaa Some Legs: The Positive Effect of Walking on Creative Thinking, Journal of Experimental Psychology, 2014, 40(4), 1142-1152.

Morley, Christopher(1967), "The Art of Walking", in the Aarson Sussman & Ruth Goode, The Magic of Walking, New York: Simond and Schuster.

Morris Marples(1996), Shank's Pony: A Study of Walking, London: J.M. Deut & Sons,

Solnit, Rebecca(2001), Wanderlust: A History of Walking, New York: Penguin Books.

Strayed, Cheryl(2013), Wild: From Lost to Found on the Pacific Crest Trail, New York: Vintage Book.Stafford, Ed(2015), www.edstafford.org , www.walkingtheamazon.com

Thoreau, D(1980), Walden: Civil Disobience, Penguin Books.

Wallace, Anne(2006), Walking Literature and English Culture, Oxford; Oxford University Press.

저자 소개

우 정(禹 晶)

사회학 박사.

황해도 연백에서 태어나 6.25전쟁과 피난 생활, 산업화, 민주화를 목격하며 70평생을 살아왔다. 현대노년사회포럼 대표 및 자유기고가로 활동하고 있다.

한양대학교 대학원에서 사회학으로 박사학위를 받고 국가정보대학원 교수, 한양대 겸임교수, 미국 유타대학 사회과학대학 연구원으로 활동했다.

은퇴 후는 하고 싶은 일만 한다는 집념 속에 제주에 칩거하며 노년의 문제를 다루는 노년사회학에 관심을 갖고 있다. 성공적인 노화와 관련된 이론과 방법론을, 그리고 건강을 돌보는 걷기, 숲철학에 대한 글쓰기와 강의로 일상을 보내고 있다.

주요 저서로는 『휴미락의 탄생 : 쉬고(休), 먹고(味), 즐김(樂)의 인문학 수업』(2020), 『죽음의 인문학적 이해』(2018), 『인문학에 노년의 길을 묻다』(2015), 『북한 사회의 성과 권력』(2012), 『9988의 꿈과 자전거 원리』(2010), 『정보경영론』(2008), 『정보소비의 이해』(2009), 『북한사회구성론』(2000), 『분단시대의 민족주의』(1996) 등이 있다.

기타 블로그로 《네이버 : 우정의 어모털 세상 읽기》를 통해 노년사회의 문제, 경험적인 걷기철학, 숲과 야생의 위로를 폭넓게 소개하고 있다.

주 소 : 제주특별자치도 제주시 애월읍 고성 남4길 34.
지 번 : 제주특별자치도 제주시 애월읍 고성리 963-19
전 화 : 010-2446-9039
e메일 : neolamo@naver.com.